智能传播变革丛书

驱动传播

陆小华　著

天津大学出版社

智能传播变革丛书　ZHINENG CHUANBO BIANGE CONGSHU
驱动传播　QUDONG CHUANBO

图书在版编目（CIP）数据
驱动传播 / 陆小华著. -- 天津 : 天津大学出版社,
2024. 8. -- (智能传播变革). -- ISBN 978-7-5618
-7788-3
Ⅰ. G219.2
中国国家版本馆CIP数据核字第2024U1X984号

出版发行　天津大学出版社
地　　址　天津市卫津路92号天津大学内（邮编：300072）
电　　话　发行部：022-27403647
网　　址　www.tjupress.com.cn
印　　刷　北京华联印刷有限公司
经　　销　全国各地新华书店
开　　本　710mm×1010mm　1/16
印　　张　17
字　　数　253千
版　　次　2024年8月第1版
印　　次　2024年8月第1次
定　　价　76.00元

“智能传播变革丛书”导读

随着生成式人工智能的突破和迅速迭代，新闻传播不仅进入数据驱动、算法分发的智能传播时代，而且进入人类生产内容与人工智能生成内容共同影响人的智能传播新阶段。在智能传播时代，匹配移动需求成为基本规则，实时匹配个性需求改变了传播逻辑，智能传播强烈放大了影响力生成中分发所占的权重。生成式人工智能在文字、图像、视频、音频生成方面不断推进，可用性不断增强，特别是其“生成即传播”的特性，深刻影响着人们的信息获取、知识萃取、观点表达、意识形成。不仅媒体等专业组织的工作范式发生重大转换，形成人与人工智能协同生产内容的新工作模式，而且，多模态大模型等生成式人工智能工具可能成为超级传播主体，并可能与推荐算法、社交机器人、人形机器人协同运行[①]，从而对传播格局产生颠覆性影响，也可能进一步改变影响力生成逻辑。因而，如何应对智能传播变革，如何有效落实“探索将人工智能运用在新闻采集、生产、分发、接收、反馈中”[②]的要求，特别是切实落实“用

① 2024年3月1日和5日，在北京、天津两个机关的内部讲座中，我都曾预测，大模型可能与人形机器人协同运行，当时选择分别由国外和国内制作的两款人形机器人 Figure 01、Walker S 作为案例。这个设想的实现快得出乎预料。2024年3月14日，美国机器人创业公司 Figure AI 正式发布了 OpenAI 大模型加持的 Figure 01。2024年4月初，优必选公司宣布与百度合作，尝试将大模型接入 Walker S 中。

② 习近平：《加快推动媒体融合发展 构建全媒体传播格局》，《求是》2019年第6期。

主流价值导向驾驭‘算法’，全面提高舆论引导能力”[①]的要求，就成为党政机关、企事业单位、新闻媒体等负责任的传播主体必须深入思考、努力践行的重大课题。因此，我把近年来对“智能传播变革”所做的系统研究的部分成果纳入本套丛书，交付出版。

本套丛书包括《智能认知》《数字变革》《内容竞争》《驱动传播》《重塑融合》，这五本书既分别论述五方面的趋势把握、战略设计、对策选择、案例解剖，又构成一个整体，体现以推动多方面变革来适应智能传播变革。本套丛书的内在逻辑和阅读顺序为《智能认知》《数字变革》《内容竞争》《驱动传播》《重塑融合》，即在智能变革中从优化认知开始，谋划适应数字变革的战略和策略，以有效手段赢得多媒体、多模态条件下的内容竞争，学会并善于驱动传播以改变原有传播模式、增强传播力，并要在智能传播新阶段重塑融合，改变原有融合认知与模式，走向智能融合。

本套丛书体现了智能传播变革中应有的认知框架、战略谋划和对策设计。其中，《智能认知》阐述了应对“与人工智能共生”新阶段的重要战略；《数字变革》提炼了适应新闻传播领域数字化变革中思维方式、运作方式变革的生存规则；《内容竞争》解析了增强内容竞争力、传播力、说服力的底层逻辑和创新方法；《驱动传播》在解析四种重要传播模式的基础上阐述了驱动传播的理念、策略与方法；《重塑融合》阐述了中华民族集体智慧中对“势”的感知、把握、运用、塑造，探究了如何顺应智能科技发展并积极有效得当运用，从深度融合走向智能融合，从融媒体向智媒体加速演变，从而重塑媒体融合。

《智能认知》一书共有“把握趋势”“刷新认知”“塑造能力”“优化战略”四章。本书系统探讨如何把握智能内容生成等新趋势、新变局，把握“与人工智能共生”的智能变革新阶段的演变特点与规律，把握生成式人工智能实质、生成逻辑与运行范式，把握智能传播

① 习近平：《加快推动媒体融合发展 构建全媒体传播格局》，《求是》2019年第6期。

演进规律与底层逻辑，以提升认知水平、把握智能变革先机，以催生创新溢价与创造协同价值获得变革成效，以塑造智能竞争力、提升数据话语权赢得舆论博弈。本书还探讨了如何通过优化内容战略、协同战略、拓展战略、规则战略来进一步提升传播力、引导力、影响力、公信力。

《数字变革》一书共有“生存规则”“变革逻辑”“运行范式”“融合体系”四章。本书系统阐述“坚持移动优先战略”“强化媒体深度融合”“成为新型主流媒体”“谋求体系枢纽地位”四个方面的政策要求和生存规则；深入解析数字化变革周期的演化趋势，阐述新型主流媒体应是智媒体的底层逻辑，阐述为什么必须把体系协同作为适应社会生产体系需求的战略选择。本书还系统论述了数字变革中运行范式变化的关键所在，即再组织化、再专业化、再服务化、再社会化、再体系化；并系统解析融合运作体系的构建，提炼智媒体平台设计基点、智媒体平台构建的核心目标，分析融合运作体系构建之关键所在。

《内容竞争》一书共有“竞争核心”“创新依据”“竞争策略”“创意案例”四章。本书系统阐述什么内容才值得生产与传播、为何竞争焦点在于赢得第一解释权、网络内容建设原则与突破点、如何通过价值发现实现基于新历史方位解析中国。本书系统解析如何把握智能传播变革中的创新规律，即数字内容应蕴含传播策略的表达逻辑、支撑短视频传播力竞争力的底层逻辑、新媒体内容与服务产品设计原则所体现的匹配逻辑和凭审时度势善于利用赢得内容竞争的传播之道。本书还系统探讨了作为新传播格局中竞争方法关键之一的需求匹配，新媒体产品供给形态演化所体现的领先制胜和适应新的内容生产分发方式的布局思维。本书以重大庆典多现场、多媒体直播报道为案例，系统解析如何基于塑造引导力构建现场演播室，如何基于体现思想力进行框架建构与报道实现，如何依托洞察力进行画卷构思与创意实现，如何通过效果想象与创意实现追求表达力，如何通过内容挖掘与创意提炼激活发现力，如何通过能力养成与创意验证锻造实现力。

《驱动传播》一书共有“模式认知”“战略选择”“对策实

施”“案例解析”四章。本书重新定义并系统解析关系链传播、驱动再传播、多模态传播、对抗性传播四种传播模式的核心秘诀及其在智能传播变革中的创新表现，深入解析对抗性传播在国际传播、舆论博弈中的应用规律。本书系统探讨了中国共产党的新媒体战略，探讨了最有助于实现战略传播效益的谋势战略和适应新媒体传播的驱动传播战略。本书基于中国实践探讨了如何进行策略谋划，如何让解释和观点在合适的节点体现，探讨了危机报道中的战略权衡与思路拓展、灾难报道中的能力展现与必要约束。本书还系统解析了三组案例，阐述政治传播境界在于既有温度又有深度，事件传播的关键在于多媒体协同传播策略设计与实现，频道运作的关键在于成为基于影响力的引导性媒体。

《重塑融合》一书共有“顺势得生”“重塑则成”“见识制胜”“智媒塑融”四章。本书系统探讨如何识势、蓄势、应势、取势，以顺应数字变革取向与智媒体转型要求；深入解析如何有效利用新媒体产品影响机制、驱动力量；系统阐述在重塑融合进程中如何推进观念重置、模式重构、资源重组、策略重设，如何推进构建适应新媒体竞争的运作模式，如何以颠覆式变革思维谋划融合变革，如何以整合需求、主动干预激发内在活力，如何从把握需求结构入手优化竞争策略。本书重点论述如何通过体现见识、增进共识、明晰标识、传递卓识来实现见识制胜，彰显解释力、凝聚力、说服力。本书系统地阐述了如何推进智媒塑融，以自趋深融来体现新竞争逻辑与融合运作，以协同共融在竞争格局中占领制高点，以变革促融适应新传播格局、赢得融媒体竞争，以智能交融实现深刻变革、适应智能变革。在系统探讨如何把握多约束条件、适应多维度竞争，通过智能化融合有效运用智能科技强大赋能作用的基础上，本书特别提出，适应智能变革，重塑融合是必然选择。本书探讨如何通过目标重置，以智能融合构建智媒体；如何通过内核重塑，构建人工智能驱动的数字媒体；如何通过体系重构，塑造适应人工智能的运作体系。

本套丛书的写作愿景，是希望帮助读者朋友提升“把握人工智能等新科技革命浪潮”[①]的能力，有效运用包括人工智能等在内的数字科技新技术赋能。在我看来，能力学习比知识学习更重要。能力学习的重心，就是思维方式和方法论。因而，基于既长期从事新媒体研究，又长期从事新闻传播实践，既管理过新闻传播业务，又负责过音视频技术系统规划、建设和运维[②]，我努力以多重视角、文工交叉思维解析智能传播变革规律与应对方法，既系统阐述智能传播变革趋势、战略、方法、路径、对策，又在方法论层面做了多方面探索、总结、提炼，紧扣中国实践，直面发展趋势和现实问题并提出解决办法。

“智能传播变革”这套丛书最初谋划于2023年1月初我写完关于ChatGPT[③]在催生什么智能传播新变局的几篇论文和研究报告之后的寒冬；交付此套丛书全部稿件则已是2023年9月秋暑正炽时。2024年初夏，又加入了2024年3月关于Sora[④]的研究成果，探究生成式人工智能从ChatGPT到Sora的发展特点与其间的联系。至于100多万字清样的多轮校订，大部分是在出差途中的飞机、高铁上和秋色、冬雪、春风、夏雨错落变换、交相映衬的各种客舍中进行的，也曾有把已看过的部分清样遗落在飞机上而再重新细读的经历。其间，虽曾错过“秋林苍野立，幽谷淡云横。叶落千枝挺，寒起万草丰”[⑤]的璀璨秋色，却也可以在细读清样后掩卷揉眼、倚窗眺望，感受“风急马鬃乱，山远古树铿。地阔天更静，星明月正升”[⑥]。本套丛书虽是学术著作，但也希望读者

---

① 《习近平主持召开二十届中央财经委员会第一次会议强调 加快建设以实体经济为支撑的现代化产业体系 以人口高质量发展支撑中国式现代化》，《人民日报》2023年5月6日，第1版。

② 本丛书作者主持建设的“新华社全球视频智媒体平台”项目获2019年“王选新闻科学技术奖”一等奖。“王选新闻科学技术奖”是科技部国家科学技术奖励工作办公室批准的传媒科技奖励项目。本丛书作者对通信技术的最早接触是从少年时阅读《无线电》杂志、尝试做矿石收音机和寻找2AP9二极管等开始的。

③ ChatGPT，Chat Generative Pre-trained Transformer，生成式预训练聊天模型。

④ 由美国的人工智能研究机构OpenAI开发的由文本生成视频的模型。据称，Sora这一名称源于日文，天空之意。

⑤ 陆小华：《秋林》，写于2015年9月27日。

⑥ 同⑤。

在阅读中能有类似的感受和体悟。

人类文明史就是直面挑战、以变革求发展的历史。今天的中国，“正在谋划和实施一系列全面深化改革重大举措”[①]，“进一步全面深化改革、推进中国式现代化”[②]。我们面对智能传播变革，必然需要直面挑战、以变革求发展。应当如此、必将如是。

以此导读，亦为自序。

2024 年 5 月 25 日，于客舍中

① 《习近平会见美国工商界和战略学术界代表》，《人民日报》2024 年 3 月 28 日，第 1 版。

② 《中共中央政治局召开会议 决定召开二十届三中全会》，《人民日报》2024 年 5 月 1 日，第 1 版。

目录

第一章　模式认知

当今世界的传播模式正在发生复杂多样的变化。

与传播有关的基础技术一步步发展，在推进新旧媒体代际更替的同时，催生了不同的传播模式，如人们常提到的报纸杂志与印刷传播、广播电视与电波传播、互联网与网络传播、移动平台与移动传播、推荐算法与智能传播等。

然而，换一个维度解剖数字变革中传播模式的变化，就会发现现实传播世界中还存在另外四种传播模式，体现着新媒体传播的特殊规律与底层逻辑。

关系链传播，是新传播模式的认知重点和传播变革的推动力量。基于天然带有社交属性的互联网的发展，在社交平台推动下，关系链传播成为传播的基本样式。关系链传播以互联网典型行为——分享为实质，体现了互联网是如何把传播者和公众个体变为协同传播者的。正是因为关系链传播模式的存在和影响，受众群越来越显著地呈现出粉丝型受众特征，传播者不仅要发现需求、分析需求、匹配需求、满足需求，还要管理需求。要真正实现有效传播，不仅需要从以满足受众为中心走向以用户为中心，还需要重新发现基于关系链的服务链，从而在提供更匹配需求的服务的过程中实现更有效的传播、更有力的引导，也需要在从传播关系链到服务关系链的转换中发现价值链，从而实现影响价值的更多维度的兑现。

驱动再传播，是新媒体传播的核心秘诀。这是因为，传统传播模式，如报纸、杂志、广播、电视、图书出版、电影、展览、体育展示等，传播对象可以止于受众个体或群体，传播关系可以止于内容到达，传播特征可以止于“传播”二字，因其把传播者发出内容视为传播行动的完成，受众接收内容视为传播过程的结束。而新媒体传播的核心秘诀，恰恰在于再传播，恰恰在于受众个体或群体以分享、转发、评论、二次创作等行为参与传播，使过去一次传播即终止的传播过程，演变为多轮、多维、多次、多向、多形态再传播。因此，最有效的传播努力，应当通过内容设计、传播策略甚至其他手段，借助共鸣、共情、共理、共振等机制，驱动受众个体或群体参与传播，从而实现多轮、多维、多次、多向、多形态再传播。最好的传播者，不仅要善于传播、善于直接传播，更要善于驱动再传播；既需要基于驱动再传播深化对融合变革的认识，也需要基于驱动再传播深化对新传播伦理的认知。

多模态传播，是适应智能变革的颠覆式创新。正是因为智能传播走向新阶段，人工智能（Artificial Intelligence，AI）不但越来越深入地辅助人类生产、分发内容，而且其直接生成的文字、音频、视频等多种形态的内容已经进入传播流程。

对抗性传播，是国际传播中舆论博弈的基本形态。国际传播中的对抗性传播活动是国家等政治主体间进行政治对话的一种特殊形式，是大国博弈和地缘政治博弈的组成部分，是基于对抗、对冲策略而采用的更有针对性、更有力度的内容指向与表达方式。国际传播中的对抗性传播活动有诸多典型发生场景，不过其对抗性有时表现得比较隐秘，但从较长时间段或从结构上考量，就会发现其传播行动的倾向性、对抗性、策略性。对抗性传播活动有其特殊表现：一是以特定命题为重心，以多方参与为表现；二是以政治术语为重心，以多元传播为表现；三是以特定对象为重心，以反复质疑为表现；四是以基本战略为重心，以长期推进为表现；五是以塑造态势为重心，以应对危机为表现；六是以焦点问题为重心，以激烈反应为表现；七是以明确底线为重心，以传递信号为表现。对抗性传播活动是一个国家战略传播的组成部分。只谋求战术利益，只服务具体目标，而有违战略目标、战略利益的对抗性传播活动，不是理想的传播活动。因此，对抗性传播活动的效果预估和控制特别重要。

正是因为在技术维度之外，关系链传播、驱动再传播、多模态传播、对抗性传播这四种重要传播模式，对现实传播活动产生了巨大的实质性影响，所以它们成为智能传播新阶段传播力、影响力、引导力的重要制约因素和传播变革的重要推动力量。要把握传播规律，实现更有效的传播，就不能仅从技术维度认识传播模式的变化，不能仅从印刷传播、电波传播、网络传播等的递进中把握传播规律，还应基于数字变革、智能变革中传播的底层逻辑变化所带来的实际存在的传播模式变化，以新的眼光和思维重新认识、体悟这个时代的传播规律，从而相应地调整自己的思维方式与行为方式。

第一节　关系链传播：新传播模式认知重点与变革力量

关系链传播是传播的基本样式。在互联网上各种刻意为之或漫不经心的分享中，在体现感受、心情、意愿、价值评判、价值观的点赞、评论、转发中，在体现特定意图和才情的二次创作后的再转发中，传播沿着弱关系链、强关系链和传播关系链等多种形态关系链悄然进行。这个关系链传播过程，既把受众变成粉丝型受众，也把传播者和公众个体变为协同传播者。对传播者而言，适应关系链传播需要付出新的努力，传播者不仅要发现需求、分析需求、匹配需求、满足需求，还要管理需求。基于关系链的服务链，体现出特殊价值。

一、新媒体演变趋向与内在规律

新媒体正在改变传媒业的发展轨迹，也正在改变大文化格局。我们即使不承认已全面进入新媒体时代，但至少要看到它在到来。

面对未来，更值得解析的问题：是除了新旧媒体载体与工具的区别，还有什么样的东西具有决定性意义；是从纷繁复杂的新媒体演变现象中，可以抽取出什么规律；是感知新媒体还将如何演变，以把握正在到来的变化，分享变动效应、抓住变革机遇。

新媒体发展的影响是全方位的，不仅表现在人与人的传播、人对物的传播、物与物的传感上，还表现在其所带来的结构性、历史性变化上。因为，人类活动本质上都是信息活动，信息流的传递介质、传递方式的不同将决定被最终接受的信息的不同。因而，所有有关信息传播媒介的变革本身就是底层的变革。未来十年，社会生产体系的变化，一定程度上就体现为围绕信息传播媒介变革的社会生产重组。从这个意义上来看，新媒体已经成为传播格局中的决定性力量，新媒体的迅速发展，也正在推动重大变革的到来。

（一）新媒体演变趋向与特点

1. 从信息型传媒走向关系型传媒

传统媒体总体上是提供内容的。社交媒体兴起之后，新媒体从信息型媒体向以互动、社交、移动、超细分、超便利为特征的关系型媒体演变。这种媒体的运作不是简单地以提供内容为重点，而是以维系、拓展与用户的关系并有效运营为重点。因此，这类依托互联网平台的新媒体的发展轨迹、竞争逻辑都与传统媒体有了巨大差别。

报纸、杂志、广播、电视、短信、手机电视等媒介都属于信息提供型传媒。新诞生的新媒介形态都具有社交元素，象征着新生的媒介形态正在从内容提供型传媒走向关系运营型传媒。在手机电视之后出现的新媒介，主要是以互动、社交、移动、超细分、超便利为基本特征的关系运营型传媒。其核心竞争力已不仅是提供内容，更体现在如何提供、提供什么、是否匹配。内容价值不再简单地源于提供信息，而在于提供分析、判断、见识，体现为解释权竞争。传媒价值不再简单地体现于提供内容，而在于重新定义与接收者的关系，体现于传媒与受众关系的重新定义与运营。人们常说，互动是互联网的核心特征。实质上，作为互联网核心体现方式与生存逻辑的互动，更体现为关系运营。贝索斯可能不擅长制作内容，但更擅长运营关系。以这个视角观察贝索斯收购《华盛顿邮报》，《华盛顿邮报》可能从另一方向转型成功。从事传统媒体行业与从事新媒体创业的人们，所需要的是重新认识并梳理媒体与受众间的关系链，尝试基于把受众变成用户的新关系链的认识方式和眼光，重新发现新的服务链。

关系型媒体成为主流对于包括新闻传播业在内的所有行业都是有重大意义的。传统媒体的传播路径是树状的，每个枝节末梢都是信息的接收者，到了接收者就是到了终点。而关系型媒体的每一个消费者都是一个传播节点，内容、信息、服务沿着复杂的关系链传播，每个接收者不再是终点而是传播链的一部分，这就是互动型传媒、产品、服务能够带来更大价值的原因。所以说，互动不仅仅是互联网的核心体现方式，也是其生存逻辑的一部分。尽管我们可以举出很多例子证明内容产品可以产出很多商业价值，但是在整个大的领域中创造真正价值的是运营内容产品的消费关系。游戏能赢利的核心原因是使用者和游戏之间的关系的成功运营。虽然我们依然需要新的标准来评价内容产品的质量，但是运营的核心发生了重要变化。

2. 从“内容为王”走向“内容 + 服务为王”

传统媒体的转型，从某种意义上，是形成新的用户思维，是把单纯的受众转变为用户，是在寻找用户、形成用户关系、满足用户显在和潜在需求、运营形成的用户价值等方面做出新的努力，从而推动传媒以新的逻辑发展。新旧媒体的区别，不仅在于是否使用新媒体载体、新媒体工具，更在于是否以新媒体思维运营。即使是移动终端上的产品，以传统媒体的思维运营，呈现出来的也是传统媒体产品。以新媒体思维运营平面媒体与新媒体的融合体，平面终端仍存在，呈现的却是新媒体产品。

冷静观察，我们就会发现新媒体产品变异速度加快，客户端正在从单纯的内容包走向“内容 + 互动”服务，迅速增长的下载量与活跃用户，使客户端逐渐成为更有竞争力的新媒体形态。而服务产品的加入，提升了客户端的使用价值，顺应了移动状态下人们的多元需求，其对传统媒体和其他服务主体有更强替代性。

简单的“内容为王”已经不适应今天的传播环境与受众需求，要由简单的“内容为王”走向“内容 + 相关服务”、拓展服务的“内容服务为王”。

3. 以影响逻辑、满足逻辑为商业逻辑前提

对于新媒体产品，人们经常会问赢利模式是什么，如何赚钱。但研究诸多新媒体内容产品的兴衰就会发现，影响逻辑或者说满足逻辑是商业逻辑的前提。对于新媒体内容产品来说，商业模式清晰，影响逻辑不清晰，它仍然可能被淘汰；商业模式不清晰，影响逻辑清晰，反而有可能继续生存。就像已经有十几亿用户使用的微信，人们仍然不太确定其如何赢利，但是并不妨碍它用户数量的增长，不妨碍以其为支撑，腾讯股价与其上市之初相比上涨数倍。新闻集团和苹果公司联手开发的《日报》（The Daily）应用软件，提供付费阅读内容，商业模式很清晰，但其影响逻辑并不清晰，或者说与移动状态下的用户需求行为与需求心理不匹配，不到两年就退出了市场。任何新媒体产品都需明晰其影响逻辑或满足逻辑：影响什么人，如何影响，影响价值如何兑现；或者说是满足什么需求，如何满足，满足价值如何兑现。影响价值或满足价值兑现，就是影响逻辑与商业模式间的连接点。前两者没有兑现，讨论商业逻辑就没有太大意义。

通常，开口越小，价值越大。满足很简单的需求，反而能获取更大价值。以超细分价值产生影响，影响价值才能兑现。

4. 把关系链服务变成价值创造新引擎

关系链传播重新定义新媒体与使用者的关系。传统媒体传播是直接传播、对象传播、线性传播；而关系运营型媒体传播是驱动传播、分享传播、互动传播。传统媒体传播的受众往往是传播的终点，而关系链传播中的受众是关系链传播的一个节点，还会参与再传播。信息、观点性内容以及服务，沿着复杂的关系链传播，每个接收者不再是终点而是传播链的一部分。因而，互动型传媒、产品、服务能够带来更大价值。关系链重新定义服务提供者和服务消费者之间的关系，从传播角度来看，接收者转变为传播参与者，继而转变为以信息为核心的多元消费者，同时从传播主体转变为分享主体。《社交网络》中有一句台词："分享，并且由你自己来掌控分享的对象。"这句话的核心不是"分享"，而是这种行为本身在重新定义分享对象，定义自己和他人的关系。

大家都用微信，你玩过"经典飞机大战"游戏吗？得了多少分？谁在朋友圈中排第一？如此简单的游戏为什么吸引人？关键是否在于提供好友排名？这样的游戏除了给用户提供操控感等娱乐体验，还在提供什么？答案是在提供关系链服务。关系链服务是价值创造的新引擎。成功的移动互联网产品的主旨是服务，这与以往有了很大区别，游戏能赢利的原因除了提供操控感等娱乐体验外，其核心是提供了关系链服务。用户和游戏之间的关系是一对一关系，当服务提供者能够提供不同用户之间的比较时就是在提供关系链服务。当提供的关系链服务积累到一定阶段，赢利就是水到渠成的事情了。

关系链服务其实普遍存在。传统服务模式中有一种会员制服务，其核心是固化服务关系。基于运营关系提供的关系链服务有无数种类型。腾讯的成功秘诀是其难以超越的用户体验和用户关系维系，其关系链服务创造了强烈的产品依附感和庞大的用户基础。用户关系链服务好否，用户体验好否，决定企业的竞争力强弱。苹果公司不仅仅生产时尚产品，作为科技公司，它还利用互联网技术进行关系运营，其运营的核心同样是生态体系中的产品与用户的关系。健身等应用引入排名等社交化元素，同样是提供关系链服务。关系链服务在移动互联网时代有更大魅力与价值。

5. 以便利替代型服务作为增值服务模式

社交平台的发展，特别是基于真实人际关系移植的脸书（FaceBook，现名 Meta）、微信（WeChat）等社交平台的发展，使新媒体工具出现新的分化。社交平台上真实人际关系构成的强关系与一般粉丝形成的弱关系远远不同，呈现出更大价值。基于强、弱关系不同，互动服务出现明显差异，弱关系更趋向传播型服务，强关系更趋向便利替代型服务。

换一种眼光看，便利替代型服务正在成为移动互联网创业的主流模式，即把现实生活中存在的某种服务，转移到移动互联网上来，使其更为便利；同时，挖掘人们的显在与潜在需求，设计不同于线下产品的新产品。互联网金融、健康管理等领域已呈现出这样的创业态势，微信公众号上出现的服务产品同样依循这样的路径。便利替代型服务也成为“内容 + 服务”的主流模式。

社会关系变化创造新增值空间。新媒体成为新的舆论承载体和新的传播渠道。我们同时拥有传媒舆论场和百姓舆论场，舆论的形成是一个过程也是一个结果。在过程中，人们对舆情的关注是一种企业型需求，或者可以说新媒体的演变向着满足个人需求和企业需求的方向发展。最没有商业色彩的东西最具有商业价值，社会结构发生变化，社会关系发生变化，公共治理的理念、手段、逻辑、形式都需要发生变化。这些都体现为企业型需求。

6. 以人为中心的入口竞争多元化

什么样的入口是更值得关注的？时间资源和注意力资源是一个人最宝贵的资源，移动互联网的四个关键词除了匹配和数据，就是入口和互动，对入口的争夺就是对时间资源和注意力资源的争夺，这种争夺要满足人们的互动需求。互动需求不是技术，人们的分享表达需求是精神需求的一部分。

入口竞争会继续以多种形式演化。有人认为不远的将来入口争夺是通讯录，微信提示可按手机通讯录自动导入好友是其早期迅速成功的原因。“经典飞机大战”这样的游戏也是入口，其亮点之一是好友排名，之二是它本身就是一个入口。

入口竞争的重点是以移动着的人的需求为核心。如果把以人为中心做更详细的界定，就是以社会人为中心重新定义人的行为逻辑。社会人与自然人相对。传统媒体一般假定人们在某个固定位置接收信息；而当人处于移动状态时，内容切入方式、叙事节奏、空间结构、蒙太奇剪接等是完全不一样的。行为逻辑看似是很哲学的概念，实则有很大的商业潜力。

7. 以垂直整合、跨界复用、替代选择推动创新

在融媒体竞争时代，不同媒体工具、产品形态以新的方式融合，形成新的产业业态，以顺应受众消费需求和消费方式变化，并产生新竞争方式。在从融媒体竞争向智媒体竞争演化的过程中，传媒的创新努力大体上依循三种思维和三个路径，可简单概括为垂直整合、跨界复用和替代选择。

垂直整合并不是简单整合资源。从乔布斯回归后苹果公司发生的变革可以看出，他不是简单地纵向整合资源，而是以新的理念垂直整合，构建新的生态系统。在此过程中，他做了四个选择，即专注移动需求、重新定义智能终端、构建自己的应用体系、跨界垂直整合。今天，这种垂直整合方式正在从互联网领域向更多领域蔓延，内容提供者、互联网运营商正在介入硬件制造领域。在传统媒体和新兴媒体领域，这种垂直整合也是大家选择的一条路径。

跨界复用，体现复用思维，内容将得到更广泛应用，通过多种媒介、多种平台分发。如媒体正在追求的大屏、电视机、手机三屏或者是四屏融合和协同，就是跨界复用。这就需要重新认识内容应当怎样拓展。人们已经努力把内容与入口相捆绑来分享平台效应。对于互联网和移动互联网领域的新入口而言，换一种眼光就会发现新世界。这样的新

入口、新渠道、新通道、新平台正在成为内容提供者努力选择的合作对象，也是电商、数字经济正在开掘的合作对象。

替代选择是一种软硬结合的方式，其将新媒体工具、新传播形态、新传播方式、新内容形态与传统产业、传统生活方式相结合，以实现新的替代和拓展。

（二）顺应人与媒介双向塑造的融合式变革

传媒业正在发生的融合式变革，不是简单的数字技术与传播渠道的变革，而是人的媒介消费习惯的变革，是人与媒介关系的变革。新媒体时代，数字化引发的变革是全方位的。零售业经过六次零售方式革命后进入基于电商平台和社交平台的超便利销售时代，大商场聚客能力下降，人们更多地通过网络来购物。人的消费习惯一旦改变，就是颠覆性的。整个传播领域正在经历人们的媒介消费习惯的深刻改变。

媒介参与了人的塑造，被塑造的人又重新塑造媒介。这种融合式变革会催生多种新的媒介形态，也会重新塑造已有媒介，这种互动、互励、互融的过程，就是融合式变革过程，滋养出更符合人天性的交流工具。

使用行为与新媒体演变互为驱动是新媒体发展的重要趋势。消费者的行为模式已经发生变化：从固定需求到移动需求、从获取信息到消费服务、从类别化到超细分化。消费行为（而不是类型需求）是最重要的驱动因素，因此行为数据比消费量数据更有价值。

新媒体发展的特征可简单概括为出现间隔越来越短，使用人数增长速度越来越快，媒介化速度越来越快，影响力越来越大，消费行为越来越深刻地影响新媒体变化。我们需分析的数据不再仅仅是消费量数据，还包括行为数据，因为行为数据可以很清晰地描述消费者的行为模式和优先选择。在《中国互联网络发展状况统计报告》中，网络行为数据是很有价值的，从数据对比中我们能够看到做决策时应该考虑的因素。

在融合式变革中，非工具因素左右新媒体工具使用模式。新媒体工具有很多，社交平台、新闻客户端、在线游戏等，但是左右不同群体使用新媒体工具的核心因素恰恰是非工具因素，包括习惯、行为方式、群体心理、区域特征等，这些是变革中的关键。推特（Twitter）在国外是更个人化的社交工具[①]，而微博在中国是更媒体化的社交软件，这种不同与社会环境有一定的关系，但语言因素影响更大。1 000 个词的英语短文翻译成汉语后长度会缩短 69%，也就是说 280 个英文字符所能传达的信息量远远少于 140 个汉字所能传达的信息量。换句话说，在同样限制字词数的社交平台上发文，微博所发内容的信息量也会比推特大得多。而动漫产业在日本经济中占有重要地位，探究动漫在日本流行的原因，需要研究造型、设计、渲染之外的非工具因素——民族心理、行为方式、语言因素等。

今天，公众以更专业的身份参与内容生产与传播。内容产品走向文字、图片、视频等多媒体内容组合与融合的同时，公众和各种社会主体更为专业地参与内容生产和传播，成为多维、多向、多次再传播的重要参与者，从而成为传播格局中的重要影响力量。传统生产体系中的一些环节已经被弱化或省去。信息分享成为一种新媒体式信息传播方式，恰恰是基于关系链的传播，而且信息分享成为媒体传播链中不可或缺的传播驱动力量。

今天，非线性视频消费正成为第一视频消费方式。通过移动互联网观看视频的人数已经超过通过传统电视频道观看视频的人数。非线性视频消费是更符合人们心理的视频消费方式。电视频道不再是互联网一代视频消费的主要选择，这使得视频产品有了新的选择中心和定价中心，互联网平台成为视听内容产品的主要定价投资者与分发者。

以前看电视是全家相聚的仪式性行为，现在是各看各的。这种个人化观看行为为互联网平台的视频传播提供了心理基础。由此，传播单元

① 推特是美国社交网络平台，2006 年上线。最初允许用户每次更新不超过 140 个字符的内容，后扩至 280 个字符（中文、日文、韩语除外）。2023 年推特的“蓝鸟”图标变更为“X”图标，X 平台上线。

发生了变化，人们对电视频道、传播渠道的忠诚度降低，重新回到对内容产品的忠诚上来。绝不能小看通过互联网或手机看视频带来的改变。试想一位八九十岁的老人，生活习惯之一是拿着平板电脑在房间最温暖的地方通过网络观看电视剧。可见习惯的渗透力有多强。

媒体要怎样应对这种媒介消费习惯的改变？要进行全方位变革，仅对内容进行渠道平移是不够的。因此，在融合式变革中要以用户心理需求为本，传播逻辑、产品形态、生产方式、提供方式都要变革。比如，电视剧的叙事逻辑是不是要改变？人们在移动状态下收看节目，其节奏要更快还是更慢？频道是不是要成为检索式、类别式的？等等。举个反例，默多克的电子报应用软件《日报》于2012年末停办了，失败原因一是其只改变了渠道而没有改变内容提供逻辑和影响逻辑；二是没有建立平台和机制来汇聚内容，其单一性和外界丰富性相比差距太大；三是信息多、观点少，这个时代能解释信息的才是权威；四是没能提供提升体验感的人性化服务。

互联网时代有很多价值转移的案例。要以互联网思维看待传播链如何演变为价值链。在新媒体时代，有时看似是A的东西其实是B。比如淘宝赚的是什么钱？在2013年时，在淘宝发生的消费行为平均一笔为50元，钱在支付宝停留至少两天，淘宝2012年10月份的数据是每天成交1 800万笔，那么一年成交多少笔？支付宝搞了一个春节抢红包活动，仅此一项沉淀资金就达150多亿元，那么活期利息有多少？由此，支付宝就像是一个非银行金融机构，商品汇聚、物流汇聚、信息流汇聚给资金流的汇聚提供了一个理由。

最重要的是，要改变思维方式和传播语态。语态怎样改变？我总结了几条：简单、直接，即时满足，分享、体验，不要结论，弱势传播。适应新媒体的新闻发布要留下“切口”，让尽可能多的人有讨论余地，不要给出结论，让用户体验式、自助式接收新闻信息。要从强势传播转为弱势传播，《舌尖上的中国》受欢迎就胜在弱势传播。“提醒市民”式语态要改，给出信息就好。

媒介呼唤信息为人们参与传播提供了可能，这就是一种服务。比如提供评论的可能，在网上看视频是可以评论的，但电视的线性播放方式在这方面就有很多不足，我们需要开发新的工具，以满足当下媒介用户的心理需求。

（三）数据化催生最有价值的枢纽型竞争主体

新型枢纽型企业不仅能够积累数据、利用数据，而且能够运营关系。这对新媒体内容传播平台是机遇，传统媒体同样需要利用这种机遇，只是这需要以新媒体思维去运营传统终端，协同传统终端和新终端，调整整个生产体系，建立新的规则。

换一个视角看，人类所有的活动都是信息活动，产品的生产、交换、分配、消费都以信息为基础。人类从生下来就开始了两个交换活动，一个是生存所依赖的物质交换，一个是信息交换。信息媒介的传播方式发生变化，经济活动方式必然也发生变化。

传统的枢纽型企业是银行、港口。互联网对金融生态的巨大影响已经清晰地体现出来，不仅体现在运营模式、产品设计理念、竞争逻辑、组织形态等方面，还体现在银行等金融机构重新权衡终端网点的成本和收益，重新定义终端网点的功能，重新设计基于超细分与超便利的移动互联网金融产品。新型枢纽企业一定是能够积累大数据并对其有效运用的服务型企业。同样，传统枢纽型企业也会经历数据化进程，银行、航空公司、港口等市场主体会重新认识数据资源的价值，而匹配则是移动互联网时代大数据利用的核心与关键。

数字科技是推动经济变革的重要力量。在数字技术支撑下，枢纽型媒体、企业、平台更具有增值空间。河口型港口与海湾型港口的发展逻辑有明显不同。河口型港口有天然货源腹地与运输通道，而海湾型港口要扩大吞吐量就要谋求成为国际海运体系中的枢纽。

基于互联网，超便利、超高效率的各类电商平台、直播平台纷纷诞生。电商销售的核心是非在场、远距离、异时空，是实体销售难以企及的大规模销售。电商销售是信用销售，它重构了信用体系，支付宝就是这样一个产物。电商销售也是智能销售，因为它可以有效积累数据、利用数据，可以匹配需求，丰富体验。未来时代，人的任何一种服务需求都可以从中得到满足。

数据收集与挖掘成为互联网平台运营的核心选项，也应成为新型枢纽型传播主体运营的核心选项。数据收集与挖掘的核心不是技术，而是分析模式，是跨界思维。数据收集与挖掘既是平台运营的核心选项，也是战略性的增值空间。从整体上看，控制接口、集聚资源、运营平台成为集体性选择。

二、分享的实质：关系链传播与协同传播者

在广播电视界，人们常常热心讨论的是电视，而不是广播。即便注意到广播从 20 世纪 80 年代后的“弱势媒体”，到 21 世纪重新崛起，人们也往往只归因于广播适应了汽车社会的到来，没有深刻分析面对移动需求广播是如何重新定位自己，如何调整自己的传播理念与表达方式的。广播传播的高效率，广播在重大灾难事件和社会救援中所起的特殊作用，已经为人们所深刻认识。今天，面对传播规律的新变化，面对分享式传播与关系链传播影响力的大增，广播的传播形态与传播方式实际上已经发生重要变化。比较广播与电视目前的竞争方式，我们就会发现，广播更积极、有效地利用了新媒体平台与新传播工具，主动地调整了节目形态与传播方式，更有意识地把传统广播的大喇叭传播与社交媒体的关系链传播协同起来，更有作为地把经营听众与经营粉丝结合起来。也许可以说，广播更近似于一个跨媒体平台的协同传播者。

也许，对电视人要问一句，你是否真正瞧得上广播？你是否发现可以更多地借鉴广播的崛起经验？

（一）大喇叭传播与关系链传播

互联网、移动互联网的发展，催生了一系列新的信息工具和互联网产品，它们不断发展出更新的媒体工具，更重要的是它们改变了人们的信息消费需求和信息消费方式，改变了传播模式和传播规律，使得分享式传播、关系链传播开始与大喇叭式传播并行，成为重要传播方式。

包括广播、电视、报纸、杂志在内的传统媒体的传播模式，是一对多的大喇叭式传播，而新媒体的传播方式更多的是分享式传播，是关系链传播。大喇叭式传播的传播路径是树状的，其树根部分是某个媒体，内容沿树干分传到树叶。而分享式传播、关系链传播的传播路径则是复杂的，错综交织、不断扩张，其传播速度、传播强度、影响方式都与大喇叭式传播有了明显不同。这里的关系链，包括弱关系链与强关系链。弱关系链是指基于微博等社交网络、社交媒体的关注、被关注形成的关系链。这种关注、被关注关系中的人们，在现实生活中也许并不认识，他们之间也没有同事、同学等之间的交集关系。强关系链则是真实人际关系迁移到微信这样的社交平台上所形成的，其信息沟通、维护与拓展更便利，时间、精力成本更低。

分享式传播与关系链传播的传播机理，与传统媒体大喇叭式传播的传播机理有很大不同。人们在微博、微信等社交平台上把感兴趣的内容分享给好友或粉丝，内容与观点沿着弱关系链或强关系链不断再传播，传播面与传播强度瞬间几何级增大。这种传播状态下，因为是粉丝与好友分享来的内容，人们的戒备心会减弱，从而更容易被影响甚至被说服。

因此，传统媒体转型的核心绝不只是利用新终端、新工具提供新的内容产品，而是要更有效地面对被改变了的受众需求，更有效地利用分享式传播、关系链传播。

（二）关系链传播三规则

在新传播时代，媒体成功转型的前提是媒体人思维方式与行为方式的转型，是重新定位思维方式与行为方式。要适应分享式传播和关系链传播，就要利用或遵循关系链传播规则。在诸多规则中，关系链传播三规则是行之有效的，即事实传播与观点传播同样重要，内容传播与传播者传播同样重要，随时传播与定时传播同样重要。

1. 事实传播和观点传播同样重要

传统媒体非常注重提供事实，也非常注重表达观点。无论是对于观众还是听众，在有诸多传播媒介的传播环境下，人们可能已经知道一般性的事实，需要传媒提供更多的解读、分析与判断，提供更多的高价值信息。而在高价值信息中，观点是重要组成部分。

人们常说，社论是报纸的旗帜。面对新媒体的竞争，传统媒体表达观点的方式必须多样，只以社论、评论员文章、评论、短评等几种形式表达观点，是不够的，还需要有更多样的观点表达方式，还需要有更有力的观点传播。受众可能已知道一般性事实，平面媒体、广电媒体在时效性、可视性上并不占有优势，互动性比较低，这就需要它们提供更多的解读、分析与判断，提供更多的高价值信息。

而在移动终端上，观点性信息传播力更强、传播效率更高、传播面更广。在分享式传播、关系链传播中，事实往往成为观点的引子与观点传播的由头，观点成为传播的主要内容。观察微博、微信、短视频，除了爆料性、揭秘性内容外，传播率排名靠前的往往是对某个事实和现象进行独特解读的内容，是独特睿智的评论，是观点性信息。观察近年来影响力较大的传统媒体，其最有竞争力的内容，往往是深度报道、解读性报道与观点类内容；而在观点类内容中，时评又成为最引人注目的部分。广播电视今天引入更多的外部评论员，也是着眼于提供更多的分析、解读，提供更多的高价值信息，尤其是观点性信息。

2. 内容传播和传播者传播同样重要

传统媒体注重内容传播，努力提供更好的内容，而不太注重随时地、尽一切可能地拓展传播主体的影响，不太注重传播者传播。这在以传统媒体为主的时代是自然而然的。毕竟，受众从特定媒体获得内容，由哪个传播者提供内容是不言而喻的。人们习惯成自然地形成传统思维方式与行为方式，不太注重传播者传播。

本来，是何人的观点，很大程度上决定了观点的分量；是谁在传播这个观点，很大程度上决定了这个观点的传播力。而在新媒体平台上，在移动终端上，众声喧哗。传统媒体要想增强竞争力与影响力，不仅要注重传播事实、观点以及观点是谁的，还要注重是谁在传播观点，是谁在提供内容。

今天竞争的重点恰恰是在专业与擅长领域里的影响力、公信力与权威性。媒体要勇于表达观点，善于提供专业分析、专业解读与判断；同时要勇于和善于表达这是谁的判断、是谁在传播。媒体转型，包括要从经营载体走向兼营品牌与影响，这就需要注重传播者传播。

3. 随时传播与定时传播同样重要

从时间轴观察传播节奏与传播模式的变化，纸质媒体、电子媒体、网络媒体、移动媒体先后出现，大体上经历了从不定时到定时、即时、实时、随时的变化。自然状态下的人际传播是不定时的。报纸出现后，形成了以定时、定向、定量、分类、选择为关键词的工业化传播方式，定时成为主要传播节奏。电子媒体出现后，因其可以尽可能快地追逐时效，即时成为传播节奏的核心部分。直播技术的完善，让实时传播得以实现，直播成为最有影响力与控制力的传播模式。移动媒体出现后，人们实现了随时、随地、随意传播。随时传播成为人们努力运用的传播模式。

在这个时代，随时传播是否是最有效的传播手段，是否实现随时传播就足以在影响力竞争中取胜？显然不是。随时传播，意味着被传播者可能是偶然接收到信息的，传播者与被传播者更可能是一种偶遇关系。媒体在新媒体终端、各种新媒体官方账号上发出新获得的事实或孕育已久的观点，如果发布后几个小时没有人查看，又没人去搜索，对受众而言，其所发的新闻、解读和观点就会随风飘去。

在今天这个时代，更有效的传播节奏，一定是随时和定时相结合的，这就如同广播电视可以在突发事件发生时随时插播新闻，但仍然要做好定时新闻栏目，形成整点播报新闻的传播节奏，以促使观众形成收视习惯，定时接收信息。

如何实现随时传播与定时传播相结合？新闻客户端或官方账号在保持一定内容量并进行精选的前提下，一定要有几条体现自己优势与特色的内容，在固定时间点发出，让人们形成定时关注的习惯，催生更高的转发率与评论量，从而有更高的传播率与更强的影响力。

（三）做协同传播者：适应关系链传播

有些传统媒体的官方微博做得很成功，如人民日报社的官方微博，从传播节奏角度观察，其有效地做到了随时传播与定时传播相结合。善于做新媒体传播的媒体，并不是把每天制作的几百条内容都放到官方账号上，而是每天保持选发几十条。其中，最体现人民日报言论优势的《你好，明天》，作为一个固定的微博栏目或定型产品，每天 24 点左右发出，体现了其优势与特色。以微博为例，从人们的微博使用行为分析，可以利用的时间段至少还有通勤时间，中午、晚上的某个时间。这几个时间段都是人们使用微博频率较高的时间段。

相比之下，广播的协同传播者实践有自己的特色。其表现，一是已经把社交平台转化为自己的传播平台，直接影响粉丝型受众。以中央人民广播电台的《中国之声》为例。从 2010 年 3 月 25 日发第一条微博，到 2012 年 3 月 13 日粉丝超过 200 万，再到 2013 年 3 月 26 日已超过 376 万，粉丝增长速度明显加快。二是广播节目形态悄然发生变化，从电话式互动走向社交式互动，这在交通广播上更为明显。三是广播平台与社交传播平台协同运作，互为再传播激励者。四是更有意识地利用关系链传播的规律。

做协同传播者，而不是让自己可以利用的传统传播平台与新媒体传播平台进行分立式传播，这对媒体转型是可行又必需的选择。

三、粉丝型受众的特征与需求管理

电视如何更好地利用关系链传播？

最直觉的选择，往往是设计一款可以在社交平台上传播的新产品，比如以传播新闻信息为主的微博官方账号或微信公众号。这显然不是应有答案的全部。面对社交平台与关系链传播工具爆发性出现的新传播格局，传统媒体应当如何适应？这是一个系统性问题。新媒体显然不只是新的传播工具、新的传媒产品、新的传播平台，一定还包括新的传播形态、新的影响逻辑与新的运行逻辑。只要抓住了这些核心性的东西，并有效利用，就能取得好的传播效果。

（一）以粉丝型受众为主的时代

如果用一句话概括当今社会的传播特点，可以说我们早已经进入以粉丝型受众为主的时代。

粉丝型受众，具有更强烈的分享欲望，比以往的受众更愿意把引起触动的内容分享给好友或公众；有更有效的参与行为，不只是作为被传播者存在，而是不自觉或主动地参与传播；有更清晰的选择偏好，通过跟随选择、偏好选择或有明确目的的选择等几个阶段一步步明确、固化信息来源与追踪对象，从而表现出对特定传播平台（如某个电视频道、某个微博平台）更强的接受忠诚度；有更固化的习惯依赖，因而其接受习惯、接受时间等对传播效果有更大影响，信息消费方式在决定受众接受体验诸因素中占有更大份额，一旦形成习惯则习惯本身会成为强有力的驱动因素；有更强烈的意见表达欲望，多元意见表达行为本身实际上表明了传播的影响，也使评论、意见表达成为关系链传播中的重要部分；有更大的被传播的可能，粉丝型受众广泛而积极地参与分享、参与选择、参与评论、参与传播，也因此促使如此多理性的人成为某个信息源或意见领袖的粉丝。

粉丝型受众的特征，不只是表现在社交平台的使用者上，同样表现在电视观众群体上。值得充分注意的，恰恰是电视观众越来越呈现出粉丝型受众特征。当年，《中国好声音》等一系列大型节目走红，人们把它解读为节目模式的成功，这也使得节目模式交易成为前所未有的好生意。实际上，其成功恰恰是因为粉丝型受众群的形成。这应当归功于三十年来网络论坛，QQ、MSN 等各种聊天工具，人人网（校内网）等传统社交平台，微博、微信等移动社交平台对受众群的重新塑造。虽然同样是坐在电视机前，但受众群体的偏好、习惯、趣味、表达感受的方式与渠道都已经发生了深刻变化。这正是大型节目成功的需求基础。

实际上，需求端这样的变化、受众的变化，一直在改造着电视节目。换一种角度观察，三十年来电视节目的变化，用一个线索就可以清晰解剖，那就是观众参与性的不断增强：从最初人们只能坐在电视机屏幕外看电视节目播出，到观众可以坐在演播室内观看电视节目制作；从观众可以通过提问等方式介入电视节目制作，到观众可以成为电视节目制作中的重要元素（如在《开心辞典》节目中，观众可以通过回答问题获取奖品）；从观众的参与成为电视节目的基本构成元素，如各种真人秀，到观众可以通过现场与场外投票等方式决定参赛选手命运的走向，从而实现了场外最大范围的观众参与；从观众观看式或参与式参加节目制作过程，到今天大型节目所不可或缺的以各种方式驱动观众在社交平台上分享、评论，以实现最大限度地动员观众参与传播过程。

电视节目形态、影响逻辑与传播方式的变化，本身就体现出适应粉丝型受众的变化轨迹。但在关系链传播成为主要传播模式之一的时代，这种自然适应显然是不够的，电视媒体需要有足够的、在理论指导下的主动选择。

（二）需求管理：从满足观众到以用户为中心

电视会走向社交化吗?

尽管拥有社交平台产品群的腾讯公司 2012 年总收入已经超过中国任何一家电视台，电视人依然无法想象，拥有强大传播能力与不可替代地位的电视台，会走向社交化。对于腾讯公司发展迅速的重要原因，业界的解读集中向一点，就是当年 QQ 所拥有的用户群为其推出新的产品提供了市场空间。那么，如果再追问一句，在 QQ 用户群提供了市场空间之外，为什么腾讯公司新推出的产品更成功？以微信为例，显然，其对人们在移动状态下的需求把握得更到位，满足逻辑更符合人们内心的潜在需求，满足方式能给人更好的体验，这才使腾讯公司第一次真正拥有适应移动互联网的产品，更是第一次真正拥有适应成年群体和社会主流阶层的产品。这也使腾讯公司从一个以年轻用户群为主的互联网公司，走向年轻人与社会主流阶层都接受的公司，而且正在走向国际用户可能大量使用其服务的中国互联网公司。

如果放下传统电视行业收入被社交平台产品群反超的事实，冷静思考，就会发现，传统媒体要更好地适应社交平台、适应粉丝型受众，需要引入新的方法论工具，这就包括需求管理，以更好地确定以粉丝型受众为主的时代的新满足逻辑与新影响逻辑。

对传媒业而言，引入需求管理工具的前提是形成新的理论与认识。这可以简单地概括为五个转变：从观众定位转变为用户定位；从仅仅满足观看需求转变为以观看者的多元需求为核心，这样的多元需求包括分享、参与、表达等等；从面对的是观看的人转变为面对享受多元服务（包括传播服务）的使用者；从面对的是接受传播的观众转变为面对体验服务的用户；从传播优先转变为体验优先。

对传媒业而言，需求管理就是要以享受传播综合服务的用户为中心，以用户的多元需求为出发点，在评估、利用、维护、拓展和管理用户需求的同时，利用综合需求信息，组织、优化内容生产与传播全过程，提供内容以及与内容提供相关的多元服务，实现用户效用最大化。

在需求管理中，重要的不仅是内容需求，还包括内容消费方式需求和服务需求，明确这一点以便媒体在恰当时间、适宜地点，以妥当方式、愉悦体验向用户提供适量内容与相关服务，而不是只有大量内容却没服务。实际上，内容适量，注重提供精选结果，就是在提供服务。这里的用户效用最大化，核心是用户付出的时间成本、精力成本、金钱成本最低，传播效率最高，用户感受到的便利性最强。便利性决定传播的有效性，在移动传播时代，这也在很大程度上决定了用户对内容质量与服务质量的感受和评价。

因而，这样的状态下，所谓用户价值，在形式方面，很大程度上就表现为分享的可能、参与的可能、选择的可能、便利的程度；在内在价值方面，很大程度上表现为内心共鸣与价值观一致。

（三）从“内容为王”到需求管理

面对粉丝型受众明天究竟可能喜欢什么等困惑传媒人的问题，关系链传播可以使我们有新的解答思路，至少有新的启示。

移动互联网发展对传统媒体最大的影响，并不是增加了新的传播工具、新的传播形态、新的传播平台，而是改变了受众，改变了传播规律。

在今天，传媒影响力是由什么构成的？一定包括内容，但重要的是，还包括以什么方式传播。对于粉丝型受众而言，重要的是传媒在以什么方式传播内容，而不只是什么样的内容及质量决定传播效果。因而，可以说，决定传媒影响力的，既包括内容，更包括传播方式。由此可以类推，是什么在决定媒体价值。媒体价值决定于内容质量加服务质量。所谓服务质量或服务价值，又可以用两个简单的指标表示，即便利程度与停留时间。便利性决定信息传播的有效性，是权衡媒体价值的基础。而停留时间体现了使用者对内容价值的认同程度。因此，可以说，服务质量会提升内容价值与传播价值。

因而，对于粉丝型受众，简单的“内容为王”不足以适应其要求。很多时候传播价值影响着用户对内容价值的感受和评估。因此，在关系链传播时代，应是“内容服务为王”，是“内容＋服务”在决定媒体价值。

“内容服务为王”，对传统电视的运行基础与运行逻辑提出了新的要求。2012 年美国移动终端上视频流量就占到了一半，这不仅说明人们在移动平台上更多地以非线性播放方式观看视频，还说明观众主体的行为方式在发生变化。因此，需求管理的支撑基础就不能只是简单地利用收视率数据，因为收视率数据只是观众行为小比例抽样记录，而不是用户行为记录。需求管理需要量化研究的支撑，其中包括充分利用互联网平台与移动互联网平台的点击数据。

四、重新发现基于关系链的服务链

谷歌公司曾于 2013 年宣布了新的投资方向，即成立致力于健康研究特别是老龄化问题及相关疾病研究的生物制药公司 Calico（Calico Life Sciences)。谷歌公司首席执行官拉里·佩奇如此表达对新公司的信心："疾病和老龄化问题正对所有家庭造成影响，而我们在医疗保健和生物技术方面有一些长期的、类似于登月计划的想法。我认为，我们将可改善数百万人的生活。"

看到这条消息是北京时间 2013 年 9 月 19 日中秋节的凌晨。看到一家互联网公司要以自己的方式挺进健康管理领域，我浮想联翩，不禁深思。

人类的生活能否因此更圆满一些？

更值得探究的是，谷歌公司以什么发展逻辑挺进这个领域？其在以什么眼光和思维界定自己？

（一）从面对受众群到面对粉丝型受众

粉丝型受众有六个特征。

一是更强烈的分享欲望。他们更愿意把引起触动的内容、体验、服务等分享给好友和公众。

二是更有效的参与行为。粉丝型受众不满足于作为被传播者存在，而是希望主动参与传播，主动成为传播链的一部分。而且这种参与欲望越发向体现人的社会性方向发展，而不是只体现个人性。传统的游戏用户买装备等行为满足的主要是个人欲望，强调个人的独占性。而粉丝型受众对传播的参与欲望是社会性的。

三是更清晰的选择偏好。粉丝型受众能够很清晰地发掘、表达自己的喜好。

四是更固化的习惯依赖。人们的习惯通过行为表现出来，而粉丝型受众的习惯依赖更为明显，更为固化。相对稳定的信息消费方式也体现出经济学上的路径依赖，这里可以看作习惯依赖。因此，我们要更为强调行为数据的重要性。

五是更强烈的意见表达欲望。这种意见表达其实也彰显了传播的影响。从传播角度看，评论、意见表达都是互动传播的组成部分，甚至是关键部分。从经济学角度看，这种强烈的意见表达欲望是完成商业闭环的重要基础。

六是有更大的被传播的可能。越是粉丝型受众越容易被影响，越容易被纳入传播环境和商业氛围中。直播电商如此迅速发展，就说明了这一点。今天，粉丝型受众不仅仅存在于社交平台使用者中，也存在于其他群体中。一些大型综艺节目走红，人们可以将其解读为商业模式的成功，但这也说明粉丝型受众群已经形成。如果在过去的十几年时间中，人们没有接触过单机游戏、在线游戏、角色扮演游戏等，今天人机互动的简单小游戏不会有如此庞大的使用人群。“群”的概念并不意味着需求特征不清晰，行为特征不清晰。移动互联网特别是算法推荐、智能传播条件下所有消费者都在被重新塑造。

（二）竞争战略：是平面思维还是超越思维

如何与对手竞争？在什么样的竞技场上竞争？人类历史上的竞争大多是对手在同一竞技场上比试，以智慧、能力、技巧、意志、努力与运气取胜。由此，人们自然习惯了以平面思维看待竞技场。

什么力量会颠覆竞争格局？这就需要不一样的竞争思维，而不能是简单的平面思维。

竞争的特殊形态是战争。人类历史上有六种战争形态。第一代战争形态以使用冷兵器为标志，由步兵和骑兵组成的军队面对面进行厮杀。第二代战争形态以使用火药和滑膛枪为标志，出现了使用滑膛枪的步兵和使用火药、罗盘的海军。第三代战争形态以使用火枪和火炮为标志，出现了包括步兵、骑兵、炮兵等诸兵种的合成军队。第四代战争形态以使用自动化武器和机械化武器装备为标志，军队成为陆军、海军、空军、空降兵、防化兵等多军种、兵种合成的较为复杂的系统组织，电力和内燃机装置的使用成为基础。第五代战争形态以使用信息化武器装备为标志，以原子能技术和空间技术为基础。第六代战争形态是在核威慑下，以使用高技术的精确制导武器为标志。

观察六种战争形态，其演变线索，是从个体间打斗发展到团队战斗，再到基于空间平台的体系对抗；是从近身作战发展到远身加近身作战，再到精确武器的超视距作战，在看不见战争对手的情况下实施打击；是从平面战场到立体战场，再到加上了电磁空间、网络空间、环境空间、生物空间的多维空间战场，也许未来时间维度也会成为更新战争形态的一维。今天再观察战争能力，其核心指标早已不再是单个将士的能力，而是包括体系构建、体系整合在内的体系对抗能力。

也就是说，思维方式不应再是平面的，而应是立体的。如果基于平面思维，以量的累积和质的提高追求胜利，面对隔代对手无异于痴人说梦。战争已不是这种打法，还坚持在固有的模式上量质齐飞，能取胜吗？弓箭再精良，技艺再精湛，能战胜热兵器武装起来的军队吗？

这种竞争形态的变化，同样反映在零售方式的变化上。农耕经济下形成的自然销售方式，是小数量、少品种、面对面交付。工业革命时代，大规模、标准化生产发展到一定阶段，必然要求与之相匹配的销售市场与销售方式。从自然销售走向集中销售，是第一次零售方式革命，诞生了百货公司这种零售业态。第二次零售方式革命的标志是自助销售，诞生了超市业态。超市不仅集中采购、多中心配货，而且开始用计算机管理销售过程，开始通过零售数据挖掘需求、扩大销售，通过存货数据来分析进销存情况。第三次零售方式革命的标志是品牌销售。只服务于单一品牌的专卖店可以给顾客更好的消费体验。专卖店从一开始就既是销售终端，又是品牌价值的承载体。第四次零售方式革命的标志是便利销售。深入社区、提供24小时服务的连锁便利店，既能满足购买少量商品的需求，也能满足即刻的购物需求。第五次零售方式革命的标志是体验销售。在商业综合体中，人们购买的是一种全方位的体验。第六次零售方式革命的标志是电商销售。从体验销售走向电商销售，诞生了网络商店业态，它表现为电商平台与小型网商的结合，朝着综合型、垂直型、专业型电商商城方向发展，更朝着借助多媒体表达手段与直播方式、以算法推荐为支撑的智能电商、人格化电商两端发展。

零售方式的演变是从传统零售的面对面、一手交钱一手交货的现场交易，发展到电商销售的非在场、远距离销售；发展到极致的超大规模销售，让顾客可以在千万种以上的商品中搜寻、选择、比价；发展到一种信用销售，在新的层面重构顾客与商家的信用体现形式；发展到一种智能销售，只有电商平台、小视频平台等内容服务平台才可能集中如此多的销售服务提供者与顾客，才可能提供如此多的选择可能，才可能如此便利地提供丰富的体验。

因此，面对电商的竞争，仅仅依靠平面思维，寻求量的扩张，不断增加实体店，带来的可能是成本与收益的进一步不对等。当然，依靠议价能力获取低价的土地，以商业综合体带动地产增值，则是另外一种模式。

（三）转型思维：从梳理关系链中发现服务链

传媒业应当如何转型？

很多时候，理论与实务的讨论集中于利用新的载体、新的工具，集中于进入新媒体领域。这当然是必要的选择。但这样的选择，是不是问题的全部，是不是答案的核心？

2013 年中期的各种数据中，让移动互联网业内外人们惊讶的数据之一是关于表情生意的数据。只靠出售表情，即时通讯软件 LINE 在 2013 年第一季度和第二季度分别营收 1 700 万美元和 2 700 万美元。据说，直到 2013 年第一季度财报公布，LINE 才真的相信售卖表情可以挣钱。据报道，私密社交应用 Path 在 2013 年 3 月推出表情贴图商店，付费表情推出后一天的收入就超过了其过去出售付费滤镜的收入总和。

出售表情成为生意，而且是非常赚钱的生意，这在 21 世纪初是不可想象的。而 21 世纪 20 年代，表情之类的新型数字内容创造了更大价值。移动互联网的赢利模式是什么，至少有了一个新答案，出售经过特别设计的表情，是个好生意。出售表情成为好生意，其核心恰恰是对关系链的重新梳理。人们在互联网上交流，需要一些在现实社会中不一定使用的东西，表情就是新新人类在移动互联网时代自然而然的选择之一。表情从诞生起，就是沿着关系链在运行的。

30 多年前，卡内基梅隆大学的教职员工和学生在线上论坛聊天时，有人开玩笑：“如果电梯线断了会发生什么？”随之出现了各种留言：“如果有根蜡烛在里面会怎样？”“如果有只鸽子在里面会发生什么？”“如果里面有一滴水银呢？”后来，有人写：“小心！因为最近的一次物理实验，最左边的那个电梯被水银污染了。”就这样，一个小玩笑被人当真，差点引起恐慌。于是人们意识到，在网上应当有一种标识把笑话与现实区分开，避免发生类似误解。有人提议在笑话后加“*”，有人提议用“&”，看上去像胖子在大笑。一位叫斯科特·法尔曼的计算机科学家建议用“：-）”来表示“这是一个笑话”，看上去优雅又容易用键盘敲出。法尔曼因此被认为是“笑脸表情之父”。“：-）”流行之后的几个月内，就出现了几百种表情。有人把创作表情当作一种爱好。每一个聊天平台都要提供表情服务，因为，面对面的交流中，肢体、表情、语气等表达方式，要占到信息沟通、感情感知的大部分；而线上交流仅靠片段文字，容易造成误解与理解不畅，表情就成为非面对面交流的补充，用以展示交流者的心情。

那么，传媒业能否发现表情生意这样的新赚钱服务项目呢？能否基于关系链发现新的服务链呢？

不可否认，电视的高曝光率，可以使出现在屏幕上的几乎任何东西变得知名，使许多东西有了说服力。这不仅诞生了许多明星与塑造影响力的生意，也延伸出电视购物这样的商业模式。这其实就是沿着关系链进行的延伸，是沿着关系链对影响力利用方式的拓展，既是一种影响拓展方式，也是一种影响兑现方式。而当人们忘记影响力与成本之间的关系时，盲目增加过多电视频道区域覆盖，实际上背离了关系链是提供增值商业服务的基础这条定律。交通广播至今收益率奇高，正是因为把握并利用了移动中的人们与广播的新关系。

那么，人们与媒体和新媒体终端间至今仍存在的亲密关系，能梳理出什么样的新延伸，发现什么样的服务链？显然，移动互联网业把久已存在的表情服务，依照更个性化、更强调体验感的要求进行再拓展，这样的模式也是可以利用的；电影院依靠出售与看电影相关的服务（如出售饮料和爆米花）获取收益的模式也是值得借鉴的。

传媒业所需要的是重新认识并梳理媒体与受众间的关系链，是试图把观众、听众、读者等受众变成用户的新关系链认识方式和眼光，是基于关系链重新发现新的服务链。

第二节　驱动再传播：新媒体传播的核心秘诀

新媒体传播的核心秘诀在于再传播，因此，传播者就必须让传播策略设计、实施的重心，从直接传播走向驱动再传播。

关系链传播，总体上是对互联网传播特性的提炼、对传播规律的解析。而要想对互联网传播特性、传播规律进行更深刻的理解和运用，还必须对互联网条件下传播力如何形成、影响力如何生成有更深刻的认知。关系链传播现象自然存在，而传播者要追求的是有效运用关系链传播机理，推动关系链传播，即有效推动再传播。

一、从直接传播走向驱动再传播

最好的传播者不仅是善于直接传播的传播者，更应是善于驱动多轮、多维、多次、多向、多形态再传播的驱动传播者。驱动再传播当然包括触发直接传播，但更重要的是引发多轮、多维、多次、多向、多形态再传播，驱动更多分享、更多转发，扩大传播效果。

1. 驱动再传播：关键是让更多主体、受众参与进来

传统媒体的传播模式，是一对多的大喇叭式传播，而新媒体的传播方式更多的是分享式传播，是关系链传播，人们在微博上、微信上、社交网站上把感兴趣的内容分享给好友或粉丝，内容与观点的传播面和传播强度通过弱关系链或强关系链瞬间几何级增大。而因为是粉丝与好友分享来的内容，人们的戒备心会减弱，从而更容易被影响甚至被说服。想象一下，大喇叭式的直接传播的传播路径是树状的，树根部分是某个媒体，内容沿树干分传到树叶。而分享式传播、关系链传播依靠的则是具有多个节点、多个层面的复杂而不断扩张的网，每一个受众、每一个传播者都可能因点赞、转发、同话题讨论、同题材追踪、同内容二次创作而参与进来，成为这张传播网中的一个节点，因而其传播速度、传播强度、影响方式都与传统媒体有了明显不同。因此，传统媒体转型、媒体深度融合的核心绝不只是要利用新终端、新工具提供新的内容产品，而是要更有效地面对被改变了的受众需求，更有效地顺应已经改变的传播模式和传播逻辑，更有效地利用分享式传播、关系链传播。

运用关系链传播模式，要适应传播节奏的变化。长时间提供信息流，不只可以通过新媒体直播，也可以凭借互联网平台、移动客户端提供，还可以基于数据库平台提供多种数据产品。自然状态下的人际传播是不定时的。定时传播是报纸时代的主要传播特征，电子媒体出现后即时传播成为传播节奏的主流。移动媒体出现后，人们实现了随时、随地、随意传播。随时传播成为人们努力运用的传播模式。而定时与随时相结合，实时、长时间提供信息流，更体现了数字变革新阶段的技术赋

能与传播方式演变。

驱动再传播，重要的不仅是让传播主体，包括媒体、自媒体参与进来，更是让受众参与再传播，成为传播链条的一部分，从而驱动关系链传播。新媒体时代，从直接传播走向驱动多轮、多维、多次、多向、多形态再传播，是提升影响力的重要途径。例如以“85后”“90后”为目标受众群的电影《失恋33天》，制作成本约890万，加上宣发和营销成本，总成本约1 500万元[①]。上映一周票房1.5亿，第二周票房2.8亿，第五周3.2亿，最后总收益3.4亿[②]。这是一部真正的小制作高票房的电影，宣发投资的很大一部分花在一个名为《失恋物语》的微电影上。微电影里7个城市的年轻人各自诉说了失恋经历。投放微博平台后，这部电影引起了强烈的反响、共鸣和传播。网友自发拍摄20多个不同形式、不同方言、不同版本的《失恋物语》，“失恋”成为流行语，带动了公众对电影《失恋33天》的关注。这些都是网友自发参与的，但也可能是电影制片方、微电影《失恋物语》撬动的。《失恋33天》这部电影的宣传手段不再是像过去那样制作各种广告，而是在社交平台上驱动再传播。《失恋33天》的出品方完美世界影视公司是做游戏出身的，因此电影中少不了游戏的植入，你可以认为这里的游戏是植入对象，也可以将其视为一个入口。

移动互联网时代的到来，推动传播格局发生重大调整，正在促使传媒格局与传媒的生存逻辑发生重要调整。诸多重要变化，已经传递出清晰的信号，会有更多东西被移动互联网颠覆；一系列新的尝试传达着新的生存逻辑。适应如此颠覆、如此新的生存路径，也许就是从企业、到媒体、到职业人的新生存逻辑。

① 张连军、胡楠：《中小成本电影的市场突围分析——以影片〈失恋33天〉为例》，《中国电影市场》2012年第2期。

② 截至2024年4月21日，《失恋33天》在全球累计票房279 822美元。https://baike.baidu.com/item/%E5%A4%B1%E6%81%8B33%E5%A4%A9/10690375?fr=ge_ala，访问日期：2024年5月17日。

2. 新生存逻辑：走向善于驱动再传播

融合转型中必须遵循什么样的新生存逻辑？其中之一就是从善于直接传播走向善于驱动再传播。

2013 年 5 月 30 日，美国 KPCB（Kleiner Perkins Coufield & Byers）风险投资公司的著名互联网分析师玛丽·米克尔发布了《2013 互联网趋势报告》。玛丽·米克尔因其分析报告对风险投资和互联网业的影响，被称为“互联网女皇”。

在这份报告中，她根据美国时间 2013 年 5 月 20 日收盘价格，排出全球市值前 25 名的互联网企业。这 25 个企业总市值为 17 350 亿美元，2012 年总营收达 3 450 亿。其中，排在第一位的是苹果公司，市值虽缩水 20% 至 4 160 亿美元，但仍排第一；排在第二位的是谷歌公司，总市值为 3 110 亿美元；第三名为亚马逊，1 270 亿美元；第四位是易贝（eBay），760 亿美元；第五名是中国互联网公司腾讯公司，总市值 740 亿美元；第六名是脸书，总市值 730 亿美元。而百度和网易总市值分别为 330 亿和 80 亿美元。

腾讯公司市值排名第五，说明关系链传播与信息型传播两种传播方式的博弈已形成了新格局。而这份报告引人关注的，不仅是中国互联网企业总市值进入前五名，更是玛丽·米克尔首次提到了“向中国学习”。她认为在体量方面，2013 年第一季度，中国 iOS 和安卓用户数超过美国，用户在互联网上花费的时间也多于美国用户。此外，2012 年第四季度，阿里巴巴商品总成交额超过亚马逊与易贝之和。在创新方面，她提到了一连串新的应用，包括打车应用、电商实时物流、新浪微博商业化等等。

说起来，提到互联网领域向中国学习，玛丽·米克尔不是第一个。有报道说，中国移动互联网应用方面的微创新，已经成为海外的模仿对象，比如微信的语音短信等。

人们经常把传统媒体的传播方式，称为大喇叭式传播。而从产品形态、受众关系的角度观察，其也可以称为信息型传播，传播致力于提供信息，不管是新闻、评论、专题还是其他娱乐类内容。

而腾讯公司基于一种社交工具构建起产品种类繁多的产品群，形成了基于关系链的传播平台。从受众关系角度观察，其与传统媒体、传统互联网企业的重大不同是不以提供某种信息产品为主，而是以提供关系链传播服务为主。最初，人们不太看得清这种服务模式是如何赚钱的，因此，当腾讯欲出让 40% 的股权时，一些今天的著名投资人、著名传媒都与之擦身而过，放弃的原因无非是不知 QQ 怎么赚钱而觉得不值得。李泽楷与南非的米拉德国际控股集团公司（MIH）选择了投资，一年多后，李泽楷把当初投资 500 万美元获得的腾讯公司 20% 的股权出让给 MIH，作价 1 260 万美元[①]。而腾讯公司上市时，MIH 已经持有腾讯公司 45.5% 股权[②]。2010 年我曾访问 MIH 的控投股东、一家总部在南非的传媒集团 Naspers Limited（人们习惯称其为南非报业），腾讯股权市值当时就占其总市值的相当大一部分。2013 年 5 月腾讯的市值已经在全球互联网公司中排名第五，2018 年 1 月 23 日，腾讯股价 476.6 港币，市值约 4.544 万亿港币；2023 年 10 月 6 日，其股价 305.2 港币，总市值约 2 091 万亿港币。那么，此时 MIH 的总市值呢？ Naspers 的总市值呢？

关系链传播中，信息沿以真实人际关系构成的强关系链与以关注、被关注关系形成的弱关系链传播，其传播速度、传播强度、影响方式等等，都与传统媒体的大喇叭式传播有了明显的不同。其信息传播接收者的数量，与传统媒体不在一个量级；分享、评论所形成的传播链，因为

① 《腾讯市值达 7.34 万亿，李泽楷曾控股 20%，如果不卖掉现值多少钱？》，https://www.sohu.com/a/450344630_189130，访问日期：2024 年 5 月 20 日。

② 米拉德国际控股集团公司（MIH）是在美国纳斯达克股票电子交易市场和荷兰阿姆斯特丹股票交易市场上市的一家公司，控股股东为总部位于南非的跨国媒体集团 Naspers Limited。在互联网产业最低迷的 2001 年到 2002 年，MIH 先后从电讯盈科、IDG 和腾讯主要创始人手中购得腾讯 45.5% 的股权，成为腾讯最大的单一股东，也成为 MIH 集团在海外迄今最成功的一笔投资。

参与者众多，也远比传统媒体的单一路径显得更有传播力。

关系链传播的能量与潜力给了传统媒体转型更有实战意义的选择。那就是不仅要致力于提供信息产品，还要致力于提供信息服务；不仅要充当有影响力的直接传播者，还要成为适应关系链传播规律的驱动传播者；不仅要办新媒体终端，比如，网站、法人微博与客户端，还要让自己所办的网站、法人微博与客户端成为关系链传播的接口，让受众接力把自己提供的内容和自己的品牌一并传播出去。

今天，最好的传播者不仅善于直接传播，还善于驱动再传播。

二、基于驱动再传播深化对融合变革的认识

媒体转型，是自媒体出现以来一直都存在的一个现象和不断演变的过程。一代一代新媒体出现，老媒体都需要相应转型。广播出现，报纸就要相应转型；电视出现，报纸和广播都要相应转型。新媒体纷至沓来，传统媒体都会相应转型。

传统媒体的从业者必须直面思维方式的变革。毕竟，新旧媒体的区别并不仅仅在于工具和载体，而在于思维方式。以传统媒体思维运作新媒体，比如，办个视频网站，做个客户端，呈现出来的也是传统媒体产品。而以新媒体思维运作的传统视听平台，却具有适应移动互联网时代的能力。

基于此，对媒体深度融合路径的探索，不仅在于梳理所面临的问题，确定终端利用、产品形态、生产流程再造等的变革顺序，更在于在梳理与变革中，有效推动媒体人思维方式变革、运作方法变革。在这个方向上大有作为，在这个基础上去探讨终端利用、产品形态、操作方法，其方向才可能是适应未来的。

（一）再认识：传播需求的四个变化

就新闻报道所处的竞争环境而言，可以说，今天其处在新传播时

代。其重要特点，至少有以下几个。

一是报道需求已经发生重要变化。报道对象已经处在经济全球化的竞争环境中。今天，一地一业一机构的生存与发展，往往与全国、全球相关行业的竞争态势与发展取向紧密相连，传播者需要把新闻事实放在全行业、全国甚至全球经济的天平上去认识，重新权衡、挖掘新闻价值与传播要素。即使是人们习见的现象、术语、数据，都需要从新的角度重新认识其功用。波罗的海干散货指数（Baltic Dry Index，BDI）原本反映的是国际干散货运输市场价格走势，但今天已经被宏观经济管理者视为国际贸易与经济的领先指标，毕竟它集中反映了全球对矿产、粮食、煤炭、水泥等的需求态势，就像人们把用电量视为经济状况的即期指标一样。对关注大交通行业的新闻记者而言，货运量、货流向等一系列数据，实际上是其所拥有的有锐度的分析素材，关键是看其有没有意识去运用，有没有能力解读其中所蕴含的新闻信息。

二是内容需求已经发生重大变化。对传媒而言，应当投入最大精力关注的变化，首先是需求端发生的变化。今天，可以假定任何一个受众，都不可能只有某报、某刊、某台一个信息渠道，受众是被多个、多种（如报纸、电视、网络、移动终端）、多重（全国与本地、传媒报道与他人分享）、多类（大众与专业）传播主体所覆盖的，在众声喧哗中、在多个信息流的冲击中，受众不得不进行分析、判断。对受众而言，最稀缺的不是一般信息，而是专业选择结果，是分析、判断、预测。因而，传统媒体所拥有的优势与面对的竞争环境，决定了其必须努力成为选择结果的载体、分析结果的载体。由此可见，传媒间的竞争，不是报道权的竞争，而是解释权的竞争。

三是表达需求发生重要变化。这当然是因为数字技术、网络技术的发展，催生了一系列新的传播工具、传播渠道、传播平台、传播产品。受众可以从多种平台上获取信息，这就需要媒体有相适应的表达方式。今天，已经进入泛媒体时代，人们可以分辨出什么是新的媒体，但很难说什么载体不可以用来传递信息。这要求传媒改换一种适应多种媒体协同的内容处理方式。即使是为报纸、杂志制作的内容，也需要充分考虑能同时利用新媒体工具传播，如报纸消息的前100个字就可以直接投放在媒体官方微博上，表达时凸显最打动人的事实与观点；也需要充分考虑便于读者在弱关系链传播工具（如微博）与强关系链传播工具（如微信）上分享，通过多次再传播扩大影响，如报刊上的长文章就需要把核心事实、核心观点、精彩引证、睿智判断等凸显出来，加框排出，便于人们直接转发；还需要充分考虑全媒体传播要素，选择有冲击力、感染力、说服力的图片和视频，或附上相关链接。

四是传播需求发生重要变化。今天，传播手段更加丰富。这当然是指有了更多的传播工具、传播渠道，更是指有了更丰富的表达方式、更多样的产品形态、更有传播力的互动方式。如何有效利用多种传播平台，是今天的传媒人必须面对的课题。今天，我们不再简单地把不同媒体形态视为截然分立的传播渠道，而是把它们视为基于数字平台的不同传播终端，因而，希望纸媒的渠道式编辑系统能够升级为基于数据库的编辑平台，在媒体内部实现不同形态媒体间更有效的资源共享，在外部实现不同传播终端间更有力的竞争协同。记者、编辑作为内容提供者，可以超越所隶属的某个媒体的某个部门，更充分有效地利用其他传播平台。

（二）走出对新传播的认识误区

要想在重新审视中融合转型，就要走出对于新媒体、新传播的认识误区。

第一个误区，是所谓用碎片时间消费碎片内容。如果认为新媒体的消费行为是用碎片时间消费碎片内容，就不能解释为什么人们在微信朋友圈中所转发的文章越来越长、越来越专业、越来越体现高价值；就不能解释人们为什么会在移动终端中下载上百本书；就不能解释为什么人们在拥挤的地铁上用手机观看长视频、电视剧。人们在碎片时间越来越倾向于阅读观看高价值的内容，这已经成为移动需求的基本部分。

第二个误区，是以为人们通过传统媒体平台看到的就是传统内容。今天，人们通过电视机看到的是否还全是传统电视产品？观察一些成功的电视节目，就会发现一些重要变化。比如，《舌尖上的中国》受到欢迎的原因之一，是大量的细节，是快速转换的传播节奏，是大约一分半钟就转向下一个故事，而不仅仅是通过食物讲中国文化。快速的节奏转换，是新媒体式的叙述节奏和表达方式，是习惯使用移动新媒体的人们的重要心理需求特征之一。2013 年，通过互联网传播的韩剧《来自星星的你》曾在中国走红。这部剧的主要观众群是什么人？观察一下围拥在北京汽车展展台前等着看"都教授"的人群，就会发现在场的多是相对年轻的中年人。随机调查发现，以 38 岁为轴心的女性观众是这部电视剧最主要的观众群体。这说明，主流电视观众群中相对年轻的群体，那时就已经接受将互联网平台作为主要视频消费渠道之一了。之后，又经历十年智能手机的深度使用，移动互联网的渗透率更高，人们对其的依赖度更高。这同样是需求被改变的重要表现。

今天讨论电视，应当看到，电视观众的消费行为、消费心理已经发生变化。在传统的广播电视领域，人们对趋势变革的讨论，往往是以年或季为单位的，而新媒体产品大概三个月左右就会发生一次明显变化。微信朋友圈中的人们所转发的内容两年来已经发生多次明显变化，两年前的客户端和今天相比变化巨大。总体上看，对电视的需求研究、市场研究、收视率研究必须更加深刻地触及正在发生的需求变化及其内在逻辑。

（三）补上已有服务与新需求间的裂隙

二十多年来，传媒业内人士谈论最多的是新媒体抢了传统媒体很大的市场，有人预言传统媒体将死亡，有人驳斥。然而，值得思考的是，新媒体为什么能抢占传统媒体的市场？新媒体优势论与传统媒体短板论被人们翻来覆去地说。我以为，应该这样理解：不是新媒体抢了传统媒体的市场，而是新媒体满足了已经发生变化的受众需求，补上了传统媒体已有服务与新需求间的巨大裂隙。

互联网时代，特别是移动互联网时代，真正被改变的是需求，是人的需求行为与需求心理，正在发生的不是一般意义上的受众群转移。传统媒体受到冲击并不是因为增加了几个新的信息传播渠道，而是因为人们的信息消费行为和体验评价标准发生了巨大变化。微信不仅是社交平台，还是社会生产和生活的协同平台。微信为什么能如此吸引人？一是其趣味性吸引人，功能性满足人；二是它简单、方便、人性化，注重与人的需求相契合。微信兴起，使得人与人的关系得到重新构建，使得几乎每一个人都可以在微信平台上构建虚拟组织，可以一对一或一对多地发送内容、传播思想、表达观点、拓展关系、协同工作，从而使每一个人都有了更便利、更高效、更强大的新社会活动平台。

传统媒体如果忽视了这一变化，忽视了随新需求出现的空缺，影响力就会削弱。进入移动互联网时代，全时在线、随时在网、即时消费引发的生活方式与信息消费习惯的变化，已经把传统传播理念和传播方式远远地甩在了后面，并创造了新的需求空间。传统媒体原有的传播理念与传播方式，与人的需求习性变化不相匹配，必然会空出市场。从一定程度上说，传统媒体基于与需求行为高度匹配而进行的重新定位，是必须走的一步。传统媒体要重新定义，颠覆过往，与新媒体深度融合。

（四）从经营载体走向经营品牌和影响力

经营载体是传统媒体的经典经营模式，报纸以低价赢得读者群，再把从读者那里获得的影响力卖给广告主，二次售卖实现价值获取。美国报纸从 1950 年到 2010 年的收入，变化明显，1950 年为 195 亿美元，2000 年为 600 亿美元，2010 年为 205 亿美元。《财富》杂志有一个 500 强榜单，它构建了一个评价体系。所以，杂志发行量并不重要，重要的是它的经营模式实现了两个分离：一个是载体和品牌的分离，杂志是载体，“财富”是品牌；另一个是所有者和经营者的分离，所有者是《财富》杂志，经营者是时代华纳集团。《财富》全球论坛因《财富》杂志而生，但其经营主体不是《财富》杂志，而是时代华纳集团会议部。而《财富》全球论坛也有利于举办城市吸引跨国公司进驻。2013 年 6 月，《财富》全球论坛在成都举行。据统计，2013 年，已有 245 家世界 500 强企业落户成都。为了提升成都对外开放水平，2013 年 9 月 1 日起，成都口岸对持有第三国签证和 72 小时内确定日期、座位且前往第三国（地区）的联程机票的 45 个国家的人员实行 72 小时过境免签政策，免签期间活动范围限于成都行政区域内。这是继北京、上海、广州之外第四个实行这项政策的城市。经营品牌，实质上也是在经营影响力。

（五）从节目思维到产品思维

广播电视业这些年的可喜变化是，不仅有了节目思维，还开始形成产品思维。但产品经理机制还没有形成。有了产品思维，判断节目能不能做时就不仅要考虑质量、创意，还要探讨市场空间、投入产出比，特别是与受众需求之间的匹配程度。电视节目制作机构也越来越多地从制作中心变为播出中心。

在这个阶段，对产品的辨识能力决定着市场反应。产品辨识能力强，能认出有发展苗头的好东西，就可以整合资源去做。至于产品设计生产能力如何，在目前机制下不是最重要的。产品的辨识能力，不光指对市场的感知能力，还包括直接判断某个产品能不能做的能力。我们过去从海外引进了这么多的电视节目模式，并不是每个都成功，这里面就有产品辨识问题。

在今天的市场框架下，广播电视业和其他竞争主体应该特别关注产品辨识能力。首先是产品辨识标准。以什么样的方法遴选？哪些标准是致命性的，哪些是一般性的？怎样适应性打磨？怎样推出？推出策略是什么？产品推出节奏怎样安排？这是一整套东西。这些应当更多地进入讨论范围，我们不能只讨论要不要转型、如何转型，要不要适应新媒体、如何适应新媒体，重要的是理念与运作要变成新媒体式的理念与运作。

（六）从产品群布局到价值链布局

产品群布局是横向拓展；价值链布局是纵向拓展，即在每一个环节都争取获得收益。这种变化的核心是生存逻辑变化。以电商革命为例。从销售端观察，电商革命一步步扩展零售渠道，一步步在零售上附加新的功能，一步步把零售者转变为产品服务销售者和提供者。从顾客端观察，六次零售方式革命就是一步步增强便利性的过程。从社会生产角度看，六次零售方式革命一步步改变了商业形态和消费活动方式，因此丰富了消费活动的形式和内涵。零售方式革命不仅影响有形产品，同样影响内容产品，最明显的就是唱片，歌手已经不再通过出唱片赚钱。中国移动有一年曾经有两首单曲彩铃下载量巨大，版权方获分成收入 6 000 万元；最高单曲首发销量超过 1 250 万次。电视台的布局思维也在变化，上海广播电视台提出的“在播、在线、在场、在商”的新媒体时代的布局思维，就是依据生存逻辑的变化形成的。

（七）把组织变革从经营策略变为生存战略

财经类媒体对市场的依赖度较高，当前有相当多的财经类媒体遇到困难。新媒体形态，如客户端和微信公众号，其基本特色是具有鲜明的纵向专业性，而这恰恰冲击着以深度体现地位的财经类专业媒体。

有财经媒体实施了组织变革，划小组织单元，让每个单元相对自主地寻找细分需求和细分市场，而且把市场反应与细分需求定位捆绑起来。也就是说，你的细分需求定位不对，获得的市场回报就不足，这个单元就会被撤掉。传统媒体的采、编、发体系是一个大流程、专业化的运作体系。这样的划小组织单元的变革，将大流程、专业化转变为小流程、专业化，好像把每一个部分都变成了一张小报纸。

这种转型的核心应当是通过组织变革增强对新媒体的适应能力，策略依据是从单纯的经营策略变成生存战略。不这样划分，整体的生存就有问题；分成单元，整体的生存压力就下移了，每个单元都可能死掉，每个单元都感受到了市场威胁，而不只是管理者在感受这种威胁。这样可能换来整体适应能力的提升。

这只是媒体融合或者变革的一个方向、一种选择，一种可能会有效的应对措施。更值得关注的是，多个媒体对这种组织变革的反应超乎寻常，说明它们对冲击和危机感同身受。如何让市场适应单元变得更小、更灵活，让更多主体感受到市场压力，是报纸、广播电视媒体以及其他竞争主体要考虑的问题。

传统广播电视机构采用的市场约束传导方式是看收视率数据与排名，这也是一种生存压力下移。但收视率只是对现有的收视市场的反映，不是对已经丢失的和潜在的收视市场的反映。另外，样本选择量难以做大，而且收视人群中只有一部分愿意接受调查，这样一来，收视率样本质量就有天然不足。所以，广播电视机构依循参照收视率做出市场反应的机制，会沿着一条特定轨道越走越远，即一部分人愿意看某类节目，电视台就趋向于为他们做这类节目，这部分人的反应就更好——这会使得更多类型的观众远离这个电视频道或干脆远离电视。

广播电视机构的人们对组织变革这么感兴趣，恰恰说明其中蕴藏着改革空间和改革动力。广播电视机构的领导者已经认识到，传统办法是不行的，而划小媒体面对市场竞争的组织单元，有特殊意义，这将由领导者感受压力，变成了机构中每一个主体都充分地直接感受市场压力。

媒体融合转型为什么没有在实践层面充分体现，核心问题之一是动力问题。谁愿意做？谁获益？谁有动力？谁有压力？

首先是谁有压力。现实是管理经费的人有压力，能不能发出工资、奖金就是压力，所以是领导者有压力。但如果只有领导者有压力，转型是不会成功的。转型成功靠什么？其中就包括领导者非凡的判断能力和驱动能力。领导者要能带领集体寻找到好的市场并占领市场，那么这就回到了英雄主义——需要英雄。面对新媒体，一个英雄显然不够，需要很多英雄，这就是微信公众号能够成功的原因。这也是划小组织单元的转型方法引起如此大反响的原因。从竞争策略上看，划小组织单元的做法有可取之处。它用多个小单元的试错来寻求集体的生存之路。一个小单元失败不影响主体，这么多试验主体只要有一个成功就有了新的动力。此外，每一个小单元对市场更敏感，更能寻找到新的方向。

广播电视机构也有团队竞标，也是以小组织单元面对市场的，但仅体现在节目层面，小组织单元仅面对成本市场，这与直接面对市场不完全是一回事。如果广播电视机构能把这样的方式再往前推进一步，让每个小单元独立去承担市场风险，那就不一样了。

（八）从破除五个约束开始融合

媒体融合面临五个至关重要的约束条件，即需求约束、效率约束、关系链约束、便利性约束、匹配度约束。

需求约束是基础性制约。新媒体改变了人们的信息获取方式、信息消费方式，改变了人的行为方式和思考方式；传统媒体竞争力减弱的原因就是它的提供方式和新的需求之间出现了错位和缺位。现在，人们的需求已经从静态需求转为移动需求，移动需求的最重要的特征是即刻需求，这是传统传播方式难以满足的。

传播效率、资源利用效率、反馈效率等的效率约束使新老媒体产生巨大代差。现有传统媒体的组织形态是工业革命的产物，但与互联网式的组织形态相比显得效率低了。传统内容生产通过提供大规模、标准化产品来满足用户需求，显然，用今天的眼光看，其细分度、精准度不够。而类似“今日头条”的个性化提供，在某种意义上弥补了这个不足。未来，众包式、众筹式等更有效率的内容生产方式会迫使传统媒体，从工业化的生产组织和运作方式逐渐走向互联网式的生产组织和运作方式。

基于互联网的新媒体具有天然的社交属性，相对而言，传统媒体就有了关系链约束。在手机、电视之后出现的新媒体都包含着社交元素，都是关系型媒体。未来传统媒体和新媒体融合成功的连接点，一定是关系资源的借用、关系资源的打通。

关系型媒体有五个基本特征：互动、社交、移动、超细分、超便利。超细分和超便利是它的核心，也是传统媒体和新媒体的分界点和连接点。新媒体所具有的超便利特性，带给传统媒体便利性约束。便利性是传播有效性的基础条件，便利性也决定着媒体与个性化消费的匹配程度，便利性是媒体融合的一个重要条件。

新老媒体间存在匹配度差异，在推荐算法成为信息分发的重要机制后，传统媒体的匹配度约束更为明显。其精准细分、精准推送、精准满足了人们的需求，精准度不足也是传统媒体在重新定义中必须破除的约束。从某种意义上看，大数据分析的价值就在于提高需求满足的精准度与匹配度。

传统媒体要想真正实现与新媒体的融合，首先要在破除这五个约束上下功夫，尽快实现突破，及早找到与已经改变了的市场需求相匹配的提供方式，在锻造长板的同时，力争通过变革补齐传统媒体相对新媒体存在的短板，以保有市场，进而扩大市场，继续发挥传统媒体的影响力。当然，那时候的传统媒体已经不再是传统媒体了，而应该被称为有影响力的新型媒体。

三、基于驱动再传播深化对新传播伦理的认知

人工智能生成的内容如何使用，目前总体上还是由人来决定的。在有相应法律法规、管理制度、监管规定制约的同时，还需有相应伦理规范制约。伦理是有关人与人、人与社会、人与自然、人与科学技术的关系处理的行为规范。“科技伦理是科技活动必须遵守的价值准则”[①]。媒介传播伦理（以下简称“传播伦理”）同样是传播活动应当遵守的价值准则。因此，应当积极推动传播伦理、人工智能生成内容运用伦理研究的拓展，确保智能内容生成工具的发展和运用在伦理、规则、法律约

① 《习近平主持召开中央全面深化改革委员会第二十三次会议强调 加快建设全国统一大市场提高政府监管效能 深入推进世界一流大学和一流学科建设》，《人民日报》2021 年 12 月 18 日，第 1 版。

束下进行。

（一）传播伦理研究面临的历史性课题和现实问题

今天探讨传播伦理，不仅面临人人可能都在参与传播、网络直播把个人隐私传播到过去难以想象的地步的现实状况，还面对推荐算法成为重要信息分发机制和人工智能生成的内容进入传播的现实课题。这些关乎人类未来。

传播伦理研究面临的历史性课题包括传播伦理研究如何适应人与人工智能共生的时代，满足“促进人工智能安全发展”[①]的要求。这个历史性课题又和现实问题紧密地勾连在一起。一些新媒体平台、终端和个人的有些做法是否已经超出现有传播伦理所讨论的范围？如何看现有传播伦理对现实问题的困惑？在当下传播伦理的深入研究中，我们应当对这样的重大问题有所关照、有所思考，站在当下和未来提出、解释和回答一系列问题。

传播伦理研究面临的历史性课题还包括中国的传播伦理研究是否应该提出与文化自信相称、与中国智慧相符的新传播伦理。原有的传播伦理研究更多借鉴西方，我们应考虑是否可以抽取出中国传统文化精华，以及中国人所遵循的道德规范、日用而不觉的伦理规则，用于规范智能传播时代的媒介传播、网络传播行为。在新的历史条件下，传播伦理研究应当与作为人类文明新形态的中国式现代化相称，与建设中华民族现代文明的要求相匹配，只有这样才能不负历史使命和追求，才能在世界学术舞台上就智能传播时代的传播伦理与其他国家对话时，带去体现中国实践、中国智慧的学术观点、学术成果、调研结果。

（二）传播伦理研究的四个拓展

传播伦理研究应当发生、正在发生几个方面的拓展，现实和历史条

---

① 《中共中央政治局召开会议 分析研究当前经济形势和经济工作》，《人民日报》2023年7月25日，第1版。

件决定了不进行这样的拓展，传播伦理研究将落后于实践，无法满足实践需求，不能产生足够的影响力。

1. 从专业媒介伦理向公共传播伦理拓展

在人人传播、海量传播、多向传播的时代，传播已经渗透到诸多领域，人人都是媒介、人人都是传播者，媒介伦理研究要从对专业媒介伦理的研究走向对公共传播伦理的研究，回答每一个普通人如何面对传播、如何适应传播、如何实施传播、如何适应被传播，应该遵守什么样的规范等问题。政治传播关心的核心问题之一是增进社会共识、政治认同，社会共识、政治认同是一个国家、政权、政党存在的基础。从专业媒介伦理到公共传播伦理，我们应关注怎样增进社会共识。关于传播的伦理规则，是增进社会共识的关键支点、重要基础。有研究者发现，百分之七八十的个人隐私是个人自己暴露于传播环境中的。这说明，要么是公众还没有建立起共同认同的传播伦理标准，要么是公众不清楚传播界限在哪里，伦理规则是什么，个人怎么办。当一些年轻母亲在网上晒其孩子穿衣较少的照片时，她可能不清楚欧洲关于儿童色情物品的鉴别标准和相关案件的处理情况。这就急需给公众进行传播伦理的启蒙教育和普及教育。如果媒介伦理研究不走向传播伦理的公共领域，其就不能适应今天的社会现实。公共传播伦理还应包括受众被动参与再传播等情况下应当遵守的伦理规则。

2. 从传统媒体伦理向新媒体传播伦理拓展

今天，社交传播、互动传播、直播传播等多种新媒体传播方式给传播伦理提出的问题，远远超过传统媒体。传统媒体伦理的研究成果、研究范式、研究问题、研究关注点主要与传统媒体运行相关，大体上是研究有组织传播与受众的关系。而新媒体传播既对受众产生影响，又对传播者产生影响，涉及的问题更为复杂多样，传播伦理研究应当予以回应。

3. 从人类传播伦理向智能传播伦理拓展

传统媒体伦理研究有个假定，即假定传播者是一个人类组织，这个组织的内容生产和传播行为要遵循什么样的伦理规则；或是传播者作为专业媒体组织成员在内心和职务行为中要坚守什么样的伦理规则。今天，智能内容生成、数据挖掘与可视化、推荐算法分发、精准传播背后虽然仍然由人在控制、要由人负责，但远不同于人类传播活动。更值得关注的是类似 ChatGPT 这样的基于大语言模型或多模态大模型的智能内容生成工具，它们正变为超级传播主体。这种智能传播体应当遵循什么样的伦理规则？在法律、法规、监管规定之外，我们仍然需要制定、形成并不断优化相应伦理规则，以约束其行为，控制其生成的内容进入传播，应对知识萃取、意识形成可能产生的复杂情况。特别是生成式人工智能（Artificial Intelligence Generated Content，AIGC）这样的智能内容生成工具也可能成为超级传播主体，这就更需要我们制定相应伦理规则，以形成规制。一旦 AIGC 这样的智能内容生成工具，与推荐算法的自动化决策协同运用，与社交机器人这样的人工智能应用协同运用，更将产生难以想象、难以控制、难以承受的颠覆性影响，所以更需要预先制定相应伦理规则。完全按照技术思维、技术规则、技术伦理设计的算法和运行规则进行的传播活动，其传播内容、传播行为引发的后果，可能是人们难以接受的。传播伦理研究如果不从人类自主传播伦理研究拓展到数据、机器、算法等介入其中的智能传播相关传播伦理规则研究，就不能适应现实的紧迫要求。伦理是一种共识性规范，是对被规范行为的倡导和要求，是维护社会秩序的相应规则和行为准则，蕴含理性和公共意志。智能传播伦理研究，有助于落实“塑造科技向善的文化理念和保障机制”[①] 的要求。何况，虽然伦理关系先于法律关系而存在，但法律、法规、监管规定会体现、认可、强化有利于稳定社会秩序和增进人类福祉的伦理。要促进人工智能安全发展，要保障人工智能在新闻传播、网络传播等领域的安全利用，就要不断推进智能传播伦理研究。

---

① 《习近平主持召开中央全面深化改革委员会第二十三次会议强调 加快建设全国统一大市场提高政府监管效能 深入推进世界一流大学和一流学科建设》，《人民日报》2021 年 12 月 18 日，第 1 版。

4. 从伦理学理研究向伦理规则制定研究拓展

在人工智能技术迅速发展的现实情况下，传播伦理学研究不仅应当深化伦理学理研究，还应向伦理规则制定研究拓展，向解决急迫现实问题的研究拓展。不仅公众需要传播伦理的启蒙教育、普及教育，相当多的传播者也需要，他们在现实中面临着更多急需解决的问题。传播伦理规则的制定、完善，需要更多研究者、实践者参与、努力、做出贡献。智能传播伦理规则制定亦需要研究者、实践者、监管者共同做出努力和贡献。

第三节　多模态传播：适应智能变革的颠覆式创新

智能内容生成技术的发展和其根据人类提示直接生成的内容进入传播流程，使智能传播走向新阶段，人工智能辅助人类生产、分发的内容和人工智能直接生成的内容开始共同影响人。以往新闻传播学综合文本、图像、视频等内容形态所概括的多媒体内容概念以及相应的传播规律，已难以概括今天和今后的现实。因而，我们应当借用人工智能研究所使用的“多模态”概念，以多模态传播来认识体现智能变革中颠覆式创新的传播模式，并加深对多模态传播规律的认识；应当基于深化对监管规则和协同治理格局的认识，提升有效运用多模态传播的能力。

一、从融合移动传播走向多模态传播

融合移动传播是基于移动需求成为第一需求出现的。从借助短信发送新闻而演变出的第五媒体开始，移动传播成为传播的主要特征。随着数字技术应用于内容采集、生产、制作、分发，传播从主要以文字为载体的抽象传播，走向更多借助图像、视频、图片、图表的具象传播。数字技术引发的变革，“有图有真相”等传播效应，加速了文字、图片、图像等多种内容形态、表达方式的结合乃至融合，并在移动传播中充分

体现，从而形成既融合多媒体内容又体现移动传播要求的融合移动传播形态。

进入智能传播新阶段，生成式人工智能不仅可以根据人类的提示生成文本内容，还可以生成较高质量、具有较强可用性的图像、音频、视频、3D 等多模态内容。因此，传播必然会从融合移动传播走向多模态传播。

（一）多模态内容与多模态传播

基于媒体融合逐渐深化，传播从报纸杂志以抽象文字为主的传播走向广播电视以音频、视频为主要内容载体的传播，再到移动互联网时代走向文字、图片、视频、音频综合利用的融合内容、融合移动传播。今天，智能传播进入新阶段，不仅算法推荐成为内容分发的主要机制，而且人工智能辅助人类生产的内容和人工智能直接生成的内容都进入了传播流程。在智能传播新阶段，从内容影响力角度观察，多模态传播成为重要传播模式。

在人工智能领域，多模态指通过对文本、图像、语音等异构模态数据的感知、识别、处理、理解、协同推理，来更准确地理解外部世界。

多模态传播中的多模态内容，至少包括九类：一是融合传播理念中把文本、图片、图表、视频、语音、表情包等融为一体的融合性内容；二是提供信息流、具备仪式感与交互性的广播电视机构的专业直播，充分融合各种新媒体表达手段的新媒体直播，个性鲜明的手机直播；三是具有可听、可视、可互动、可感受、可体验、可分享等多种特性的新形态内容；四是基于数据挖掘的数据可视化内容；五是基于在线数据库平台的数据集内容，如路透社、彭博社的金融信息服务系统；六是体现新媒体理念、处理方式和表达逻辑的数据产品，如把疫情数据与位置关联起来、自动抓取更新、发布后再审核校正的约翰斯·霍普金斯大学的全球疫情地图；七是借助各种可带来沉浸式体验的技术手段（如虚拟现实技术等）进行传播的新形态内容产品；八是利用深度学习、虚拟现实等生成合成类算法制作的文本、图像、音频、视频、虚拟场景等内容；九是基于多模态大模型的智能内容生成工具、应用等直接生成的内容。

多模态传播，即将利用包括人工智能在内的数字技术生产、生成的内容，在推荐算法等助力下进行传播的传播模式。与智能传播相比，多模态传播不仅关注基于数据分析、算法推荐的智能传播的特点、规律和方法，更关注深度合成技术、智能内容生成技术生成的多模态内容的传播特性、传播规律、传播方法、传播模式。

（二）融合移动传播的新内涵与新竞争逻辑

在新闻传播各环节探索运用人工智能，既是非常重要的政策取向，又是正在迅速发展的人工智能新技术、新应用催生的变化。

在数字技术推动下，传播形态已经演变为融合移动传播，其既是移动的，也是融合的，这两者在新的层面以新的逻辑结合。因此，今天任何媒体、传播者的传播行为、传播努力都面临着新的竞争环境，有新内涵与新竞争逻辑，具体表现在以下几个方面。

一是技术条件、社会发展改变了专业传播者的生存环境与竞争逻辑。因为没有看到竞争逻辑的变化，很多媒体目前仍停留在传统运营状态。科技改变生活是我们面临的基本社会条件。如今每一个人都在通过手机获取资讯，其信息需求、心理活动特点和信息判断方式发生了根本性变化。移动互联网的高渗透度、高依赖度构成了基本的技术条件。忽视了这点，我们就忽视了今天面临的基本外在环境。

二是群体行为、受众需求改变了传播路径与影响逻辑。以新的眼光看电影和电视剧的宣发传播，我们就会发现，尽管电影、电视剧本身是以内容为入口的，但是决定人们看不看一部电影、电视剧的宣发信息的传递方式、传播路径已经发生根本性变化。《流浪地球》《哪吒之魔童降世》的传播模式是移动获知、大屏观看、社交认同、共情驱动。共情驱动带来了新的观众群。《流浪地球》从原来的排片靠后到逆势上行，核心靠的就是移动获知。移动获知、大屏观看、社交认同、共情驱动，这四点基本决定了当今影视剧宣发的基本传播路径。而目前，一些影视剧的宣发总体上还停留在通过制造话题、少量剧透引起人们的观看兴趣。如果影视剧的基本传播框架和传播逻辑不改变，就很难赢得较大观众群。许多质量优秀的电视剧及电影的收视率、票房不如预期就与此有关。内容产品质量与受众观看动力之间的关系非常值得研究。

三是影像传播正在向多信息维度影像传播转变。人们讨论视频时一般习惯于将其分为长视频、中视频、短视频。但如果我们今天看待视频只关注长与短，不考虑叙述逻辑和多信息维度，就不能适应数字变革中的技术条件和受众需求。今天，电视节目制作机构、视频制作机构所生产的内容的构成正在发生变化，它们更为注重传播价值，更注意提供知识性、方法性内容，这应是广播电视机构谋求新竞争优势的一种选择。今天，视频内容产品制作，应该更注重寻找价值点，琢磨切入点，把握与受众需求之间的共鸣点，最终找到与受众价值观的共振点。只有妥善把握这四个点来处理影像本身的叙述逻辑，才能使影像受到受众欢迎。

四是内容想象、多元互动拓展专业传播的内涵疆域和创意逻辑。在融合移动传播时代，专业传播的影响力、在传播格局中的地位都大大提升了，这与社会生活水平提高、人民群众对美好生活的新期待是密切相关的。专业传播的内涵疆域及创意逻辑相应已经发生了重要变化。以科学传播为例，今天的受众希望通过科学传播看到的，并不仅是现有科学知识的影像化和知识化普及，他们更想看到能够刺激其想象力、好奇心，满足其探索未知、探索未来的需求的内容，更希望这样的内容能与自己产生共鸣。今天，科学传播必须有人文价值支撑，必须既有温度也有硬度。因此，科创、科技和科幻类的作品、节目就非常受人们欢迎。这种分析框架同样可以适用于其他专业传播领域。

五是推动发展、造福人类的追求拓展了内容产品的表现空间和叙述逻辑。中国日益走近世界舞台中央，中国受众的视野比以往更加宽广。因此，内容制作要更加考虑国际国内传播要求的打通和适用，不仅表现自身的进展和追求，还要体现出交流互鉴、分享知识、增进理解和深化认识的意愿。《哪吒之魔童降世》的成功是因为以全球视野重新发掘了中华民族文化符号，“冰墩墩”形象的广受喜爱是因为以新的眼光重新认识了传播成本最低、传播效果最好的中国元素之一——熊猫。这些成功案例提醒我们今天要如何处理好全球化与民族特色之间的关系，也提醒我们如何做好本地内容与全国传播、广域传播、全球传播之间的平衡。我们不仅要善于讲中国故事，还要善于讲文明故事，这才是向世界讲好中国故事的重要切入点之一。

更重要的是，要从融合移动传播走向多模态传播，走向内容与数字科技的新形态结合，更适应新媒体传播逻辑底层变化的规律。这就需要准确把握数字科技发展的新趋向，有更强的科技思维和对数字科技技术路线的把握，特别是对可用技术及其带来的影响要有清晰的认知，从而实现从制作多模态内容，走向适应智能传播新阶段要求的多模态传播。走向多模态传播不能停留于一般概念，而是要关注数字科技特别是人工智能等新技术、新应用对传播模式、传播格局的深刻影响。

二、准备好面对、承受、运用、推动颠覆式创新

总有一些事件刺激传统媒体的神经。其中一次，是《华盛顿邮报》被亚马逊创始人杰夫·贝索斯以 2.5 亿美元收购。

有一段时间，甚至包括时下，经营负增长甚至达两位数的传统媒体的名单似乎越来越长，这份名单涉及报纸、杂志、电视台和传统门户网站。关于传统媒体转型的话题开始更直接地转变为讨论一些传统媒体是否已进入危机状态。更有深意的是，媒体人对危机的讨论，开始从会议走向了微信群。传统媒体的危机问题成为各个微信群里的热议话题。由此可以看出，媒体人真的感受到了传统媒体的危机。从专业关注走向职业关注，传统媒体的危机更直接地与个人职业生涯联系在了一起，也许，只有这样的切肤之痛式的关注，才可能真正促使传统媒体人开始寻求从观念到思维方式、到行为方式的转变，才可能促使传统媒体产生内

生的创新动力。

但新媒体不只是在冲击传统媒体，更是在改变世界，在改变社会关系、社会结构与社会运行方式，在改变媒体与使用者的关系，在改变公众的信息消费偏好、信息消费行为和消费体验评价标准。

面对这样复杂的变化和冲击，传统媒体今天的转型，已经不能只是一般转型、一般创新，而必须是借助颠覆式创新带来的变革推动发展。

你是否准备好面对、承受、运用、推动颠覆性创新了呢？

（一）简单利用思维不是好战略

从世界范围看，传统媒体努力适应新媒体冲击并尝试利用新媒体工具，已有些年头。但冷静分析，仅仅想在传统媒体基础上利用新媒体工具，而传统部分一如往常运转，并不能有效增强传统媒体的适应能力与竞争力。这样的结果，往往会使传统媒体持续衰退，并且为了节省成本而裁员会使其竞争力、创新力更为降低。

以《华盛顿邮报》为例，2013 年初，其曾传出可能从夏季开始对网上内容收费，但显然这个决策迟了。按照 2012 年美国《哥伦比亚新闻评论》（*Columbia Journalism Review*）的分析，华盛顿邮报公司的一系列做法是“自毁武功”，包括现金分红、回购股票、拒绝网上收费和对未来投入严重不足。就传统意义上的内容而言，《华盛顿邮报》有自己的亮点，从当年领衔报道水门事件到 2013 年跟进报道“棱镜门”。但在转型战略上，该报显出疲态。2012 年第一季度，《华盛顿邮报》对其母公司收入的贡献率已经落到只有 15% 左右，亏损 2 300 万美元，而且在之前的 15 个季度中有 13 个季度都在亏损，在之前 22 个季度中有 20 个季度收入都在下降，与此同时，《华盛顿邮报》编辑部不断裁员，2013 年初人数只及其高峰期的一半。[①]

于是，当《华盛顿邮报》被收购的消息宣布后，华盛顿邮报公司的

① 易爱军、张国旺：《华盛顿邮报公司“状态堪忧”》，《中国记者》2012 年第 7 期。

股票上涨了近 5%，曾创下每股 598 美元的高价。

那么，积极利用新媒体工具的转型是否一定会成功？很多时候并不一定，关键要看是以什么样的思维指导战略制定，以什么样的战略指导转型行动。

英国广播公司（British Broadcasting Corporation，BBC）始于 2008 年的“数字媒体计划”（Digital Media Initiative，DMI）在烧掉 1 亿多英镑而无产出后，已于 2013 年 5 月宣布终结。这个项目最初被描绘成对 BBC 基础设施和工作流程的整体改造。目标是实现“无带化”，把 BBC 内部庞大的资源整合为一个虚拟的数字媒体资料库，并开发出一套节目制作系统与之直接相连，便于员工编辑和输出影音文件，以提高工作效率。而 BBC 以传统的生产方式，制作一期节目大约需要将影音文件传递 70 次。

这项计划失败的核心原因，在我看来，不仅仅是 BBC 监管者所称的管理混乱，更重要的是落后的思维导致的战略错误。错误的战略又有错误的流程设计相配合。这项计划名义上是研发新媒体工具，但思维和流程设计却是复制或固化传统运作方式的；不是从需求、市场出发驱动研发方式的创新，而仅仅是利用新媒体工具优化原有工作方式。这样脱离新媒体发展趋势与市场约束的研发，会有什么样的产出可想而知。

最初，DMI 项目的预算为 8 100 万英镑，BBC 预计该项目将帮助其缩减 2.5% 的电视节目制作成本，到 2015 年累计收益达到 1 亿英镑。但花了 5 年时间，DMI 项目只实现了一些“最基础”的功能，如媒资库中 2012 年前的资料还没有数字化。2013 年 3 月中旬，BBC 把新闻部门搬进重新翻修过的新广播大楼。4 月，当撒切尔夫人逝世时，新闻部门无法通过媒资库获取关于撒切尔夫人的历史影像资料，只能把录像带从 20 千米外的 BBC 资料中心搬过来。而按照 DMI“无带化”设计，BBC 并没有在新广播大楼里安装足够的录像带编辑设备，结果一片混乱。

DMI 最初曾以 7 900 万英镑的价格外包给西门子公司。2009 年 7 月合同终止时，DMI 已经严重落后于计划 21 个月，西门子公司也没有交付出一项可供使用的技术。合同终止时 BBC 只拿回了 2 750 万英镑的补偿。2010 年起，该计划又转由公司内部团队研发，投入 9 840 万英镑。英国议会下议院议员伊恩·斯韦尔斯对此批评说："BBC 声称要打造一个全球领先的系统解决方案，我不认为这是它们业务的需要。"

（二）绝地重生需要战略层面的颠覆式创新

当面临剧烈冲击甚至危机时，我们应如何应对？也许绝地重生更需要战略层面的颠覆式创新。

什么是颠覆式创新？曾经举过的苹果公司的例子仍可以再拿来审视。

苹果公司是什么公司？

按照传统思维与传统的分类方式，人们自然会把苹果公司归类为消费电子公司。更拘泥于历史记忆的人会说苹果公司曾经是电脑制造商，2007 年才从名字中去掉"电脑"一词。苹果公司从公司名称中去掉了"电脑"一词，但并没有加上什么。那时，苹果公司的自我定位是什么？

著名互联网分析师玛丽·米克尔发布的《2013 互联网趋势报告》显示，依据美国时间 2013 年 5 月 20 日收盘价，苹果公司是市值排名第一的互联网企业，市值达 4 160 亿美元。

而从苹果公司绝地重生的过程看，苹果公司恰恰在战略定位上做出了颠覆性的调整。这个调整主要体现在三个方面。

一是从繁杂到简单。1997 年 9 月，在苹果公司现金仅够维持一个季度、濒临破产之时，乔布斯回到了苹果公司，在重组后的董事会临时担任首席执行官[①]。不到一年时间，苹果公司得到彻底改善。乔布斯的战略举措就是在保证苹果公司能够生存的前提下，大刀阔斧重组，仅保

① 本·霍洛维茨：《乔布斯：重回苹果公司的最关键选择》，https://baijiahao.baidu.com/s?id=1676592258209551466&wfr=spider&for=pc，访问日期：2024 年 5 月 23 日。

留核心部分。他将苹果 15 个台式机型号减少到 1 个，将所有手提及手持设备的产品型号减少到 1 个，还完全剥离打印机及外围设备业务，减少开发工程师数量，降低软件开发力度，减少经销商数量，将 6 个全国性的零售商缩减到 1 个，几乎将所有制造业务转移到东亚。由于产品线大大简化，乔布斯成功地将库存减少了 80% 以上。苹果公司建立了一个新的网站，直接向消费者销售产品。有战略研究者评论说，乔布斯这一战略的真正威力在于，通过采取专一化和协调性的措施，直接解决最根本的问题，围绕着如何通过有限途径销售简化的产品，调整整体商业逻辑。

二是从封闭到开放。当初，苹果电脑公司坚持不授权，在技术上保持一定的封闭性，不与其他电脑兼容；而国际商业机器公司（International Business Machines Corporation， IBM）选择的却是授权，开放技术体系，由此由一大批兼容机生产商组成强大阵营，使得 IBM 加英特尔（Intel）的技术架构成了主流。苹果电脑公司与 IBM 公司之争，是战略层面上的封闭与开放之争，竞争的结果显而易见。而乔布斯回归苹果公司后做出的最大调整是走向开放。2008 年 3 月 6 日，苹果公司对外发布了针对 iPhone 的应用开发工具包（SDK），供免费下载，以便第三方应用开发人员开发针对 iPhone 及 iPod touch 的应用软件。同年 7 月 11 日，苹果应用商店 （App Store）正式上线。用户购买应用所支付的费用由苹果公司与应用开发商按 3 ： 7 分成。这刺激了第三方应用开发商的积极性，也给 iPhone 的使用者带来了单靠一个公司难以创造的体验。这种开放，形成了以苹果公司为核心的生态体系，迫使软件、硬件生产商围绕苹果公司的战略行事；这种开放，也形成了互联网文化和规则的核心特征之一——众包生产模式。这种模式给苹果公司带来了强大的竞争能力。虽然，从苹果公司财报看，苹果应用商店的收入占苹果公司总营收的比重不到 10%，但这种开放给苹果公司带来了难以想象的竞争力。

三是从出售产品到出售体验。苹果公司出售的主要产品是什么？至少，在乔布斯回归至逝世前的这14年，不是某个有形产品，而是体验。这是乔布斯回归后在战略上最大的颠覆式创新。1997年，乔布斯提出了新的广告语“Think Different”（不同凡“想”），这既是让消费者重新认识苹果公司，也启发公司员工如何进行创新努力。乔布斯一贯强调，苹果公司应该开发出“酷毙了”（insanely great）、顾客看一眼就会喜欢上的产品。更重要的是，乔布斯的战略专注于满足用户个人体验，而不是提供所谓企业级产品。这使苹果公司的努力有了具体可见的对象与评价标准。乔布斯的理念是，苹果公司的产品是个人工具，帮助个人解决问题，专注于个人用户的体验，始终坚持满足消费者的体验需求，不断推出能更好地满足消费者体验的产品。

这三个重要变化，实际上都是在颠覆苹果公司原有战略与轨迹的基础上完成的。正因为有了这样的颠覆，才有了这样的创新，才有了苹果公司的新生。

（三）颠覆式创新需要胆识与承受力

回顾历史，危急时刻，正需要不同寻常的思维力与决断力，需要准确抓住发展趋势来寻求历史性转折。因此，这种颠覆式创新，首先需要胆识，需要做出选择、决策的胆量与见识，需要执行决策的整个队伍的共识。与此相连的，一定是一系列的剧烈变化，这更需要决策者与执行团队有足够的承受力，承受一时的不被理解，接受一个事实，即战略性选择必然会经历较长时间才会见效。

传统媒体现在正处在这样的纠结境地。人们深知，必须有所抉择、有所作为了；也深知，非有颠覆式创新不足以在未来的格局中占有一席之地。

但危急时刻，领导者恰恰应该准备好承受可能出现的影响和后果，以其胆识做出抉择。

三、深化对数据挖掘与数据内容的认知

数据既是新型生产要素，又是重要传播要素。数据作为新型生产要素，是数字化、网络化、智能化的基础，其已快速融入生产、交换、分配、消费和社会服务管理等各环节，深刻改变着生产方式、生活方式和社会治理方式。数据内容、数据产品、数据服务，不仅是数字经济的重要组成部分，也是智能传播时代数字内容产品的重要部分，是具有多重价值的部分。数据作为重要传播要素，对世界政治、经济、社会运行产生着深刻影响。

新闻传播实践，已经有效运用数据挖掘和数据可视化手段利用数据资源。在智能传播时代，增强数据利用能力，还应当深化对数据挖掘和数据内容的认知。

有效运用大数据，可以借鉴以下四个运用原则。

（一）分析模型比占有数据量更重要

人们热议大数据，并由此推论其对诸多领域的影响。实际上，所谓大数据，只是相对概念，是一种概念性、技术性描述。数据资源也有一个量级。量级越大的数据资源，可据以发现的东西就更多，可以帮助我们更为精确地接近核心，发现更多的东西。

但在我看来，如何面对大数据，业界与学界应当有一个共识：分析模型比占有数据量更重要。泛泛地讲，对数据量的占有是没有意义的。首先要问的问题，是你准备使用可以拿到的数据分析什么。单纯技术性地讨论大数据会使传媒人陷入误区。

对电视界而言，什么样的数据是有意义的呢？在移动互联网时代，真正被改变的是需求，是人的需求行为与需求心理，不是一般意义上的观众从电视终端转移到移动终端。就此而言，行为数据才是最重要的，而不是一般意义上的收视率与收视人数等消费量数据。

（二）分析思维比分析技术更重要

为什么说分析思维更重要？电视市场上，有许多“神剧”，有许多跟风的综艺节目。制作者依据什么数据投入力量制作这样的电视剧或节目呢？他们也是分析了数据的。看到某类节目收视率高，就模仿着来做。面对数据，分析思维错了，分析结果一定是错的。而且，这样的分析结果还很可能使一个集体的创造力、执行力转向错误的方向。这就像人们谈起战略时常说的，如果战略错了，执行力还超强，那对一个机构来说可能是更大的灾难。

“大数据”这个词在多个场合都会被提起，传媒业的执业人员现在需要的是清晰地、概略化地判断需求，清晰地、概略化地判断人们行为与心理的变化，进而在这个迅速变革的时代，寻找到自己战略性的突击方向。如此一来，媒体人看待数据的眼光就是不一样的，就会知道什么样的数据且如何分析才是有用的。

（三）利用思维是成功利用数据的关键

为什么说利用思维是成功利用数据的关键？视频播放数据，许多视频网站都有。而网飞（Netflix）网站的利用思维却与许多网站迥然不同。当年，一个硅谷的 IT（Internet Technology，互联网技术）工程师从一家录像带租赁提供商处租借了影片，因晚归还了几天被罚了 40 美元。之后，他于 1997 年在加利福尼亚州洛斯加托斯投资 250 万美元办起了自己的在线影片租赁提供公司，这就是 Netflix。Netflix 开始以在线订阅模式开展影片租赁业务。其与原有影片租赁商相比，经营模式更能体现互联网思维。后来，Netflix 提供网上付费视频点播服务。视频点击数据多家平台都有，但 Netflix 的利用思维与别人不同，其选择的是判断人们的兴趣交集点。人们看到的是其投资的《纸牌屋》的成功，不管是利用大数据决定投拍方向，还是利用大数据概念营销此剧；但人们没有看到的是 Netflix 不一样的利用思维，这有其历史基础和雄厚积累，而不是简单地进行大数据分析就能成功的。

2006年10月开始，Netflix举办了Netflix大奖赛，要求参赛者分析大约1亿个仅包含影片名称、评价星级（1~5）和评级日期的匿名影片评级数据集，预测Netflix的客户分别喜欢什么影片。来自186个国家的4万多个团队经过了近3年的较量，最终一个由工程师、统计学家、研究专家组成的团队成功将Netflix影片推荐引擎的推荐效率提高了10%，夺得了100万美元的Netflix大奖。第一个Netflix大奖，实现了可准确预测参与了50个以上评级的观众的口味。而第二个百万大奖的目标，则是为那些不经常做影片评级或者根本不做评级的观众推荐影片，要求使用一些隐藏着观众口味的地理数据和行为数据来进行预测。第二个百万大奖使用的数据集有1亿条数据，包括评级数据、观众年龄、性别、居住地区邮编和以前观看过的影片，但这些数据并不能关联到Netflix的任何一个观众。

可以看出，有了这样的利用思维与历史积累，就可以使数据资源发挥出引导作用。如果按照现在流行的收视率利用思维，可能生产出来的就是模仿品，而未必是与观众需求行为与需求心理相吻合的东西。数据分析只有重视利用思维，才能不犯战略性错误。

（四）行为数据分析助力产品与需求的高度匹配

使用者的行为模式发生了三个重要变化：从固定需求到移动需求；从获取信息到消费服务；从类别化到超细分化。使用者的消费行为是最重要的驱动因素，而简单的类型需求不是。因此，行为数据比消费量数据更有价值。行为数据描述出消费者的行为模式和优先选择，这也是大数据创造价值的基础。

人的习性发生的最重要的变化，是人们的信息消费行为和与信息相关的心理习惯发生变化，它意味着在农耕时代形成、在工业化时代已经改变了的生活习性，在移动互联网时代产生了更为重要的变化。

人们习性的改变，最明显的标志是对原有产品和服务的体验发生变化。新的产品与服务带来的体验可以更迅速地激起人们的消费欲望，是与人们的习性有更高匹配度的产品和服务，可以聚集的用户的规模远远超过发明者与使用者的想象。

移动互联网创业主流指向“便利性替代”，就是一种激活和再造，传统产业的某种服务转移到移动互联网上，就成为某种服务性产品。而这种“便利性替代”之所以屡试不爽，恰恰是因为其体现出了和人的习性与需求的高匹配度。

从一定程度上说，传统媒体基于与需求行为高度匹配的重新定位，为其必须走的一步。

四、深化对监管规则和协同治理格局的认识

有效运用多模态传播，不仅要把握数字技术的新发展和人工智能技术及应用的新趋向，更要加深对监管规则的系统理解、对协同监管格局的深刻认知。只有深化对监管规则和协同治理格局的认识，才能提升有效运用多模态传播的能力。

（一）在包容审慎监管中形成协同治理格局

2023 年 7 月 10 日，国家网信办联合国家发展改革委、教育部、科技部、工业和信息化部、公安部、广电总局公布《生成式人工智能服务管理暂行办法》（以下简称《办法》），自 2023 年 8 月 15 日起施行。《办法》针对生成式人工智能已经出现的传播虚假信息、侵害个人信息权益、数据安全和偏见歧视等问题，明确了提供和使用生成式人工智能服务总体要求；提出了促进生成式人工智能技术发展的具体措施，明确了训练数据处理活动和数据标注等的要求；规定了生成式人工智能服务的服务规范，明确生成式人工智能服务提供者应当采取有效措施防范未成年人用户过度依赖或者沉迷生成式人工智能服务，按照《互联网信息服务深度合成管理规定》对图片、视频等生成内容进行标识，发现违法内容应当及时采取处置措施；等等。此外，《办法》还规定了安全评

估、算法备案、投诉举报等制度，明确了法律责任，既促进生成式人工智能健康发展，又防范生成式人工智能服务可能带来的风险。

1. 适应包容审慎监管要求

《办法》在关于算法的管理规定中，第一次明确规定实行“包容审慎”监管原则。《办法》第三条规定：国家坚持发展和安全并重、促进创新和依法治理相结合的原则，采取有效措施鼓励生成式人工智能创新发展，对生成式人工智能服务实行包容审慎和分类分级监管。《办法》第二条明确了不适用情形，即“行业组织、企业、教育和科研机构、公共文化机构、有关专业机构等研发、应用生成式人工智能技术，未向境内公众提供生成式人工智能服务的，不适用本办法的规定”。这为中国人工智能的研究和发展提供了制度空间。

《办法》是国家网信办在算法综合治理领域出台的第三个算法综合治理规定，前两个分别是 2021 年 12 月 31 日国家网信办等四部门出台的《互联网信息服务算法推荐管理规定》和 2022 年 11 月 25 日国家网信办等三部门出台的《互联网信息服务深度合成管理规定》，其也是中国关于生成式人工智能服务的第一个管理规定。《互联网信息服务算法推荐管理规定》是国际社会上第一个关于算法治理的规范性文件。这三个管理规定和作为上位法的《中华人民共和国网络安全法》《中华人民共和国数据安全法》《中华人民共和国个人信息保护法》《中华人民共和国科学技术进步法》，作为上位规定的《关于加强互联网信息服务算法综合治理的指导意见》等，构成了互联网协同治理规则体系。

2023 年 6 月 20 日，《国家互联网信息办公室关于发布深度合成服务算法备案信息的公告》公布了首批获得备案的 41 款深度合成服务算法，包括文本生成、图片生成、短视频生成、语音生成、开放域文本对话生成等深度合成技术算法，它们可应用于开放域多模态内容生成、对话生成、短视频制作、智能客服、即时通信等场景，备案者包括百度、阿里巴巴、腾讯、抖音、快手、美团等多家互联网公司，算法角色包括服务提供者和服务技术支持者。此次备案中，出现了百度文心一格等应用的多个生成式算法。这是因为《互联网信息服务深度合成管理规定》的管理对象“深度合成技术”，包含了今天人们关注的生成式人工智能的诸多技术。此规定第二十三条明确定义，“深度合成技术，是指利用深度学习、虚拟现实等生成合成类算法制作文本、图像、音频、视频、虚拟场景等网络信息的技术，包括但不限于：（一）篇章生成、文本风格转换、问答对话等生成或者编辑文本内容的技术；（二）文本转语音、语音转换、语音属性编辑等生成或者编辑语音内容的技术；（三）音乐生成、场景声编辑等生成或者编辑非语音内容的技术；（四）人脸生成、人脸替换、人物属性编辑、人脸操控、姿态操控等生成或者编辑图像、视频内容中生物特征的技术；（五）图像生成、图像增强、图像修复等生成或者编辑图像、视频内容中非生物特征的技术；（六）三维重建、数字仿真等生成或者编辑数字人物、虚拟场景的技术”。而之后出台的《生成式人工智能服务管理暂行办法》第二十二条规定：“生成式人工智能技术，是指具有文本、图片、音频、视频等内容生成能力的模型及相关技术。”两者相比，差异在于后者的定义中特别明确了“模型及相关技术”，这正是 2022 年 11 月后迅速发展的基于预训练大模型的生成式人工智能技术的特点。

国家网信办有关负责人在发布此《办法》时特别提出，生成式人工智能服务的发展与治理需要政府、企业、社会、网民等多方参与，以共同促进生成式人工智能健康发展。《办法》第五条明确规定，“支持行业组织、企业、教育和科研机构、公共文化机构、有关专业机构等在生成式人工智能技术创新、数据资源建设、转化应用、风险防范等方面开展协作。”这实际上明确提出了希望构建起协同治理格局。

包括生成式人工智能在内的算法综合治理、协同治理，对新闻传播是有特殊要求的。《办法》第二条规定：“国家对利用生成式人工智能服务从事新闻出版、影视制作、文艺创作等活动另有规定的，从其规定。”更重要的特殊要求在于，面对人工智能辅助人生产的内容和人工智能直接生成的内容已经进入并可能将更大规模进入传播领域的现实，我们必须尽快建立相应的内容生产、内容使用、内容审核、内容发布的伦理规范、审核流程、监管机制，探索在内容生产、新闻传播等领域实现既积极发展运用又有效规避风险的路径。

2. 回望规则变动及其效应

历史地看，新传媒业态、新竞争方式、新竞争生态、新整合要求，必然催生对新规则的要求。而规则往往不是自发演化的产物，体制调整式的重大变化才有可能推进规划变动。而一旦进行体制调整，规则变动效应就会相应出现。

从分业监管走向混业监管，是 21 世纪后顺应技术革命与全球经济一体化，在监管理念、监管体制方面的重大调整，这在金融业与电信业体现得非常明显。

以美国为例，1996 年 2 月 8 日，美国总统克林顿签署了《电信法案》。该法案是第一个大幅修正 1934 年美国《通信法》的相关法令。其核心是破除了原设置在电话、广播、卫星通信和有线电视工业之间的“屏障”，允许相关运营商相互竞争、进入这些行业。这个法案及其附属文件长达 800 多页，法案本身的内容有 110 页之多，分为 710 个小段。规则变动的重要部分，包括允许有线电视运营商和电信运营商进入彼此的市场，并适当向有线电视运营商倾斜。有线电视运营商得以进入基于 IP 的语音传输（Voice over Internet Protocol，VoIP）市场和宽带接入市场，提供三重业务的打包服务，使其在传统电视和宽带接入方面全面超越电信运营商。1999 年 11 月 4 日，美国国会通过《金融服务现代化法案》，取消了商业银行和证券公司跨界经营的限制，打破了美国 1933 年基于大萧条时期的教训制定的严格限制商业银行和投资银行业务界限的《格拉斯 - 斯蒂格尔法案》的既定规则。以此为标志，现代国际金融业务走上了多样化、专业化、集中化和国际化的发展方向。这两个重要法案，使美国相关行业崛起了一批具有全球竞争力的企业。

在中国，从分业监管走向混业监管，同样带来了规则变动效应。如果没有 1986 年 1 月 20 日广播电视部与文化部电影局合并为广播电影电视部，就难以想象 1996 年 1 月 1 日电影频道能够正式开播。1998 年 6 月 25 日，广播电影电视部改组为国家广播电影电视总局，而这个电影频道虽然呼号为 CCTV-6，但其全称是国家广播电影电视总局电影卫星频道。至少，混业监管体制给电影业带来了一定资源，帮助电影业度过了小荧屏冲击大银幕的岁月，迎来发展的新阶段。

3. 适应协同治理格局要求

从发展来看，传统的基于报刊、出版和广播电视分别设计出台行业政策规则，正一步步走向基于大传媒业的发展设计出台政策规则，这在客观上总会有利于媒体融合，有利于传统媒体与新媒体融合，顺应媒体变革趋势。更重要的是，关于网络、算法、数据、人工智能综合治理的规则，同样适用于新闻传播领域，相关法律、法规、规定、规则，同样规范着智能传播时代的传播行为。

新媒体对传统媒体的冲击，已经是不争的事实。表现强烈的是，国外不断有纸媒以停出纸版、改出电子版的方式转型，甚至破产重组。国内报刊业全行业利润率增长乏力。出版业面对新竞争态势努力适应。所谓数字出版的成果电子书收入不高，实体书店生存困难引起了全社会的注意。人们越来越多地借助网络和移动终端观看视频，对视频消费格局影响深远，促使以线性播放为生的电视业必须利用网络平台。Netflix 网站推出首部原创剧集《纸牌屋》，分上下两部分上线，吸引观众付费观看，好评如潮，其开辟了与美国主要电视节目制作机构竞争的新搏击场。更深刻的是需求端的变化，移动需求成为第一需求，因而广播在 21 世纪最初的 10 年重新崛起，投入产出比远高于其他媒体形态；移动需求也使创新更集中指向适应移动互联网，适应移动互联网生态的微博、微信等的用户量暴增，微信创造了上线 433 天用户过亿、之后不到 6 个月破两亿、又用了不到 4 个月的时间破三亿的惊人纪录。

冷静梳理大传媒业，诸多传统产品形态已经发生重要变化，传统媒体已经越来越深刻地走向媒体融合。报纸、杂志等在印前已经数字化，已经在通过其他终端和渠道分发内容，所谓纸质产品，已经不过是它们生产的内容的一种表现形态而已。电影已经转向数字化放映、社交媒体化营销。电视节目制作机构会越来越走向“在播、在线、在场、在商”并重。几乎所有的媒体都在谋求适应互联网和移动互联网，以新的平台、新的终端、新的产品、新的业态、新的竞争主体与竞争方式壮大自己。

就传媒业而言，数字技术已经成为共有的技术基础。以数字媒体观来看，不同的载体不过是数字媒体的不同出口，不同媒体形态间的界限被打破。从世界范围看，传媒业正在进入融媒体竞争时代。因而，分业监管已经不适应当今的现实，而跨媒体的混业监管、综合治理更有利于促进媒体融合，有利于增强中国传媒业的全球竞争力与影响力。

规则创制与体系化，会伴随制度机制和管理方式的创新，协同治理格局既要求传播者适应规则要求，又要求其在协同治理格局中发挥作用。深刻理解协同治理格局的要求，有助于把握传播规律、规范传播行为，促进媒体协同、整合与融合。

（二）多方协同推进网络谣言治理

治理网络谣言、减少其对社会运行的负面影响，是现代社会和谐、有效运行的前提，也是规范传播秩序的重要组成部分。随着数字技术的不断发展，多模态传播的不断深化，网络谣言的形态、传播方式都在不断变化。多方协同推进网络谣言治理，同样是构建协同治理格局的重要内容。

1. 基于共识，实施更有力的网络谣言治理

谣言是古已存在的社会文化现象，如今其借助网络传播、移动传播、社交传播、智能传播等传播形态的特有条件而具有了流传速度更快、波及面更大的特点。“谣”的本义是徒歌，即随口唱出、无音乐伴奏的清唱，泛指谣谚、歌谣，又指谣传。《新华大字典》把谣言定义为“无事实依据、凭空捏造的传言”。《现代汉语词典》的定义是“没有事实根据的消息”。谣言存在的原因是极其复杂的，之所以没有事实根据的消息能被古人口耳相传、今人在网络上传播，原因之一是谣言在某

些方面迎合了大众的某些心理、情感和利益诉求，从而让一般人容易接受甚至相信。因而，《荀子·大略》中才会说："流丸止于瓯臾，流言止于智者。"但在网络传播条件下，谣言变得更加具有传播力与冲击力，这是荀子那个时代难以想象的。不仅信息如潮涌来，而且算法可以推送信息找人；谣言不仅进行一般性流传，还因为是社交平台上熟人所发的而更容易被接受和相信；谣言可能真假参半，被包装得易于传播和接受，让人难以分辨；算法推送信息是基于用户信息需求偏好、行为特点甚至是个性弱点的累积画像和实时捕捉进行的，个性化推送服务推送的可能是有事实依据的内容，也可能是事实依据不足甚至虚假的信息。这既显示出网络谣言治理的特殊难度，也凸显了治理的急迫性、重要性。同时，因为网络谣言的危害不断引发社会关注，要大力治理网络谣言成为重要社会共识，给网络谣言治理提供了坚实社会基础。

对网络谣言的有效治理，是一个以人民为中心的政府进行社会管理的重要组成部分，不仅是政府应当提供的重要公共服务，而且是人民群众获得感明显的公共服务，因而会受到人民群众的欢迎。这同样是网络谣言治理的重要社会共识和坚实社会基础。更为重要的共识和治理基础是维护国家总体安全。在俄乌冲突等一系列国际焦点事件中，我们可以看到，设置某种"惨案"场景制造焦点事件从而设置议题，散布虚假信息、数据从而牵动国际社会视线，歪曲事实、恶意曲解事实以左右人们的认知等，成为舆论战、心理战、认知战中的重要手段而被屡屡使用。种种伪造、曲解形成的谣言不仅深刻影响国际社会，同时也在影响国内舆论场，更凸显优化网络谣言治理机制、加强网络谣言治理的重要性。

正因为具有诸多重要意义，我们面对网络谣言现象就不能仅寄希望于"流言止于智者"，而要基于网络谣言需要大力治理这样的共识，把握其传播机理，建立、优化治理机制，从而实施更有力的网络谣言治理。

2. 各尽其责，实现更主动的网络谣言治理

梳理网络谣言现象传播机理、传播链条，就会发现网络谣言治理涉

及社会多个方面，至少包括所涉主体、互联网平台、内容制作者、传播者、公众和监管部门等。因而，建立、优化网络谣言治理机制，至少需要所涉及的各方面在形成共识的前提下，各司其职、各尽其责、各臻其善，即优化各自预防、识别、遏制、监管网络谣言的机制和能力，主动提高各自综合素养、责任意识、治理能力、担当水平，形成制度协同，从而实现更主动的网络谣言治理。

第一，社会主体工作成效的实现及其有效沟通是减少网络谣言产生的前提。谣言止于真相。要想实现更主动的网络谣言治理，所有社会主体，特别是党政部门、企事业单位、各类学校以及作为自治组织的社区居委会、村民委员会等，都要进一步增强内部管理、公共治理和公共沟通等能力，进一步提高以人民为中心履行职责的工作成效，从而有效降低相关谣言产生的概率。现代社会治理之所以不能仅仅寄希望于“流言止于智者”，就是因为从源头上看有些工作未做到位，给一些想象甚至阴谋论留下了滋生的土壤，给网络谣言产生和传播留出了空间。其中，既包括所涉社会主体对内部人员、相关事务等管理不到位，行业管理、社会管理和公共服务工作不到位，也包括新闻发布、公共沟通不到位。更需改善的，是对社会情绪、心理脉动的及时感知和巧妙抚慰，是对社会关切、信息需求的敏锐发现和及时回应，是对连带问题、质疑动向的警觉防范和及时处置，是对重要事实、工作措施的及时发布和保持多元沟通，等等。概括而言，社会主体不仅要把工作做到位，还要把沟通做到位；不仅要把民生服务做好，还要把民众心理需求和情绪脉动把握好。为什么社会上一些人会相信传言，甚至会转发后来被证伪的网络谣言，是因为他们心中有一个错误认知，即网络上戏谑而言的“谣言，有时是遥遥领先的预言”。客观上，有些口耳相传的流言被后来传播出的事实信息所印证，这在一定程度上增强了人们对传言的接受可能性，从而使无事实依据、凭空捏造的传言也有了更多被接受的可能。75 年前，就有学者指出谣言产生与相关事件的重要性与模糊性成正比，即事件越重要，越缺失相关信息，谣言产生的可能性与其影响就越大。当重要性与模糊性两因素趋向零时，即变得不重要或信息很充分时，谣言就没有产生与传播的空间了。要使“谣言止于真相”，政府部门等社会主体“……不仅要做、而且要让人知道做了什么。我们要让全国人民知道党和政府为人民做了什么、还要做什么，让世界知道中国人民为人类文明进步作出了什么贡献、还要作出什么贡献”①。落实好习近平总书记所指出的上述现代管理学的基本原理，对内，可以有效实现社会沟通，塑造良好舆论环境，大大缩小网络谣言的产生、传播空间；对外，可以有效塑造更有利于实现中华民族伟大复兴的战略态势。要应对舆论战和各种阻碍中国发展的图谋，重要的战略选择是通过各种努力塑造态势、引导趋势、放大优势、催成大势。

第二，互联网平台必须负起网络谣言治理的重要主体责任。网络谣言和传统谣言产生和传播的最大差异，就是前者以借助互联网平台传播为基本特征。不仅传播，相当多的与谣言相关的内容制作也须借助互联网平台才能得以完成。总体上看，口耳相传效率很低且不断变化；没有互联网平台，特别是移动互联网社交平台、分发平台等的助力，网络谣言就不可能有如此大的传播力和破坏力。互联网平台不仅要遵守法律法规，还需要根据自己的传播特性、技术特性、运行方式等制定一系列防范、识别、治理、删除网络谣言的规则，形成有效内部治理机制，用主流价值导向驾驭算法，从而在更主动的网络谣言治理上负起主体责任，发挥平台功能。

第三，公众必须进一步增强网络谣言的防范识别、排斥能力。在网络传播条件下，公众既可能是谣言的接受者，也可能是传播者，甚至可能不自觉地成为谣言的制作者。让公众不传谣的前提是不信谣，不信谣的前提是有足够强的谣言识别能力。网络谣言尽管多变，但仍然有一系列特征可以识别。增强警觉之心和识别能力，就可以少受网络谣言的侵

① 习近平：《在党的十八届四中全会第二次全体会议上的讲话》，载中共中央党史和文献研究院编《习近平关于防范风险挑战、应对突发事件论述摘编》，中央文献出版社，2020，第 39 页。

害，更可以避免不当转发。

重要的还是在于政府的监管能力与成效。这就需要进一步织密法律法规体系，通过运用科技手段进一步增强监管能力，进一步加强网络谣言治理相关宣传教育，提升全社会的素养和防范、识别能力，从而以政府监管部门为主导，实现更主动的网络谣言治理。

3. 走向共治，实现更有效的网络谣言治理

推进网络谣言治理，不仅需要社会主体、互联网平台、公众、监管部门各自进一步提升素质、能力，从而更主动地进行网络谣言治理，还需要基于共识，在共同努力的同时协同用力，以共治实现更有效的网络谣言治理。走向共治，就需要运用政治学、语言学、社会学、心理学、人类学、传播学等学科以及数字科技相关学科的研究成果，把握内在逻辑，发现内在规律，运用多种手段，支撑治理努力；就需要基于政治考量、职责使命，做好各项工作的同时实施更及时、丰富、多样的信息公开和新闻发布措施；就需要及时敏锐把握社会心理脉动、民心所期；就需要进一步优化法律法规和相关各方的内控机制；更需要构建更敏捷有效的协同治理机制，并促进有效协同，实现共治，从而实现更有效的网络谣言治理。

第四节　对抗性传播：国际传播中舆论博弈的基本形态

2020 年前 6 个月世界局势复杂诡谲，让人们在慨叹不断见证历史的同时，也充分见证了在多种复杂博弈和应对中，对抗性传播在国际政治中的表现及应用。国际传播不仅成为各种力量、各个国家间在政治、经济、军事领域的博弈工具，其本身也成为博弈场。舆论博弈成为特殊历史和技术条件下国家间、各种力量间角力的特殊形态，其表现方式与激烈程度，甚至超越人们想象。激烈的舆论对抗与诡谲的军事打击、还击行动绞合在一起，模糊了战争与非战争的界限。在地缘政治、国际贸易等领域的摩擦和舆论对抗，也使人们重新认识到国际传播在各个国

家、各种力量博弈中的功能和作用，认识到国际传播并不是如传统定义所表现的那样中性平和，而在很多情况下呈现出对抗性甚至高对抗性。

国际传播中的对抗性传播活动是国家等政治主体间进行政治对话的一种特殊形式。对抗性传播既是大国博弈和地缘政治博弈的组成部分，也会消解一部分国家间博弈的动能，从而有助于相关国家和力量在博弈中达到一种均衡，维持共处和某种均势。充分认识和研究国际传播的对抗性，认识对抗性传播的特性、方法、效应及其效果控制，研究大国博弈和地缘政治博弈中的舆论博弈策略，有助于更好地实施国际传播，应对复杂形势，在应对中赢得主动、实现战略利益。

一、国际传播的对抗性与对抗性传播活动

国际传播是在国家或其他国际行为主体之间，基于政治经济利益和文化影响，借助大众传媒、互联网和人员活动等各种媒介等所进行的信息交流和沟通。正是因为国际传播与传播主体所依托的国家或其他国际行为主体的利益紧密关联，国际传播不仅整体上带有明显的政治倾向性和意识形态色彩，还时常表现出鲜明的对抗性，甚至在特殊情况下呈现出高对抗性。这种对抗性表现的存在，并不是因为相关国际传播活动的传播策略和沟通技巧不够，而是相关传播行动就是基于维护利益、影响舆论态势、实现博弈目的而进行的，就是基于对抗、对冲策略而采用了更有针对性、更有力度的内容指向与表达方式。这种体现对抗性的国际传播活动，在国际传播中可以有力地起到表明态度、以正视听、体现硬度、影响态势的作用。

对抗性国际传播行动，往往因为特定因素引发，会围绕一个清晰的目标，是一个大战略行动的组成部分。2020 年新冠肺炎疫情在全球流行后，美国一些政客在国际社会制造了许多谎言，以期形成舆论攻势，把疫情政治化。针对美国政客的舆论攻击，新华社在不长的时间里曾经发表过多篇针锋相对的报道，以事实真相针对性地驳斥谎言，这些报道清

晰体现出国际传播的对抗性特征，发挥了对抗性传播的效用。2020 年 5 月 9 日，新华社播发《美国关于新冠肺炎疫情的涉华谎言与事实真相》[1]，开篇指明："近期，美国一些政客和媒体为转移国内应对新冠肺炎疫情不力，甩锅中国，编造了各种匪夷所思的谎言。""谎言止于真相，我们用事实说话。"并言明："今后，只要有新的谎言出现，我们还会继续告世人以真相。"这篇报道以 16 000 余字的篇幅，以一条条事实逐一驳斥了 24 个顺序编号的谎言。这篇报道的基本格式是新华社以往报道中少见的。2020 年 7 月 21 日，同样的报道格式又出现在新华社一篇 15 000 余字的报道——《纳瓦罗关于新冠肺炎疫情的涉华谎言与事实真相》[2] 中，而且这次的批驳对象直接出现在标题中，报道开篇即指出："6 月 7 日，美国白宫国家贸易和制造业政策办公室主任纳瓦罗编造了关于新冠肺炎疫情的一系列涉华谎言。""谎言是卑鄙无耻者的通行证，真相是捍卫真理者的座右铭。在此，我们列出纳瓦罗信口雌黄编造的 18 个谎言，并用事实和真相逐一批驳。"这两篇直接针对美国政客谣言的驳斥，鲜明体现出对抗性传播的特征和以正视听的作用。

国际传播并不总表现为温文尔雅的表达、传播，甚至在有些时候会呈现出对抗性特质，表现为对抗性传播活动。这种对抗性传播活动是国际传播对话、沟通功能的特殊表现形式，虽然其形式上有时表现为观点的针锋相对和舆论的博弈对峙。国际传播本质上是一种基于战略目的的交流、沟通和对话。促进知悉、了解，进而理解、认可，甚至形成一定程度的认同，是以国家为政治主体实施国际传播的战略目的。其中，对抗性传播能够促进知悉、了解，也符合国家实施国际传播的战略目的，是不可放弃、必须争取的战略阵地。当"美国一些无良政客不思如何抗击本国肆虐的疫情，更不顾全球合作抗疫大义，对举世公认的中国成功

① 《美国关于新冠肺炎疫情的涉华谎言与事实真相》，http://www.xinhuanet.com/world/2020-05/09/c_1125963436.htm，访问日期：2024 年 3 月 11 日。

② 《纳瓦罗关于新冠肺炎疫情的涉华谎言与事实真相》，http://www.xinhuanet.com/world/2020-07/22/c_1126268097.htm，访问日期：2024 年 3 月 11 日。

抗疫进行攻击抹黑，无所不用其极”[1]时，向国际社会有针对性地讲清楚事实真相，帮助国际社会知悉、了解中国疫情防控进而形成有利于疫情防治和中国发展的舆论氛围，就是必须争取的具有战略价值的目标。从直接驳斥美国政客的角度看，这两篇报道是一种对抗性传播，但这种对抗性传播本身就是与美国政客的特殊对话，是表明中国立场的高硬度传播。而从国际社会其他成员和国内受众看，这种对抗性传播是一种特殊的传播、交流和沟通，在帮助国际社会成员和国内受众了解真相的同时，也让大家知悉有关新冠肺炎疫情的形势和中国采取的行动。国际传播中对抗性传播活动的发生与推进，并不代表传播者和背后的政治主体准备走向极端对立，其是国家等政治主体间进行政治对话的一种特殊形式。舆论上的对垒有时是国际政治对话中的伴生物，在国际政治史上发生过无数次。当军事人员或外交人员进行某种谈判和对话时，舆论却同时在对垒；谈判桌上的进展情况有时会通过国际传播曲折或直接地表现出来，甚至对抗性传播行动就是谈判的配合手段。

国际传播中的对抗性传播活动有诸多典型发生场景。在典型场景之一的新闻发布会或记者招待会中，发布的内容不仅有很强的针对性和目的性，而且常常具有明确对抗目标。高明的发布者力图通过发布内容以及发布时机、表达方式，达到影响舆论态势、服务自身利益的目的。许多记者在新闻发布会或记者招待会中的角色也未必是单纯的提问者、记录者，有些记者出于各种目的会利用提问机会，在提出具体问题之前的叙述或背景表述中嵌入或明确表达自己想表达的观点，传播想传播的信息，然后再提出发布者可能不想直接面对甚至想回避的问题。这种叙述背景信息、表达记者观点与提出问题组合方式迫使发布者透露某些信息或拒绝回答问题，从而形成新闻，甚至试图使发布者情绪波动、做出人意料的举动或者失态，从而构成大新闻。这样的提问，就是一种对抗性传播活动。从记者角度说，这样的提问方式体现了一定的提问技巧，因

① 《美国关于新冠肺炎疫情的涉华谎言与事实真相》，http://www.xinhuanet.com/2020-05/09/c_1125963436.htm，访问日期：2024 年 3 月 11 日。

为新闻发布会、记者招待会往往会被直播，记者类似的提问方式也会被直播出去，或提问过程会被剪辑成新闻，提问记者实际上会借这个新闻发布会或记者招待会制造并达成符合自己特定目的的传播效果。这种传播活动就是特殊的对抗性传播活动。

国际传播的对抗性会以多种形式体现出来，既可以通过媒体的评论、言论等观点性内容体现，也可以通过精心选择的报道内容体现。有些时候，国际传播中的对抗性表现得比较隐秘，具体传播内容看起来具有客观性的一面，但如果从较长时间段或从结构上考量，就会发现其传播行动的倾向性、对抗性、策略性。有些对抗性传播活动是政客借助媒体或国际活动场所通过释放信息、表达观点而进行的。上文所举的以事实真相驳斥谣言的传播行动，是由美国政客的谣言而引发的。这种故意释放的谣言或某种场合下的无端指责，在国际传播中是没有底线的对抗性传播行动，但却经常发生。

二、对抗性传播活动的特殊形态与规律

对抗性传播活动在国际传播中是一种事实性存在，也是一种实现战略和战术目的的主动行动。人们通常以理想化的理论框架设想、分析、建构国际传播活动，推崇针对传播对象特点和需求、讲究传播方法和技巧、将观点渗透于故事讲述之中的传播活动，并概括、梳理、提炼出一系列国际传播理论、模型、方法和愿景。但实际上，在国际传播中，体现直接或间接、强烈或隐蔽对抗性的传播活动占到国际传播的相当部分，甚至成为主要部分。从较长时间段看，国际传播活动总是有其目的、体现出某种对抗性的。尤其是在国家间或政治力量间围绕意识形态、价值观、国家利益等进行的长期斗争中，或因为突发事件引发利益冲突时，这种对抗性更是表现明显。无论是政治家、公众人物还是普通百姓，无论是政府部门、新闻发言人还是媒体，都可能主动或被迫，甚至不自觉地进行对抗性传播活动。伴随时事动态进行的国际新闻传播活

动更是如此。

对抗性传播活动有其特殊发生动因和传播形态，相应产生特殊的舆论博弈效应。概括起来，至少有以下几个特点。

1. 以特定命题为重心，以多方参与为表现

这里所说的命题既可能是政客提出的一种观点，也可能是学者提出的一个问题。但这样的命题一旦为包括媒体在内的各种传播主体所关注、所引用、所延伸，成为讨论焦点和传播重心，就形成了一种特殊的“话语”，形成了特殊的主题，也形成了特殊的影响力和传播效应。不管对这个命题表示赞成还是反对，这个命题都将成为讨论的中心，既吸引了全球舆论的注意力，形成舆论氛围和舆论强势，也给与这个命题相关的国家施加了巨大舆论压力，令其好像被迫戴上了一顶有标记的帽子，而被迫以更大的声势进行辩解、说明，多方参与的舆论博弈由此形成。值得注意的是，这种命题的提出与在传播中的运用，形成了实际的话语权。相比国际传播研究者较多从语言、表达、修辞角度研究的“话语权”，这种由成为舆论焦点的一种观点、一种假设、一个判断等形成的事实上的话语权，才是国际传播中最需要争取甚至夺取的。

有一个著名的以一种假设问题成为舆论焦点的典型案例，那就是20世纪末一位学者提出的：“21世纪谁来养活中国？”1994年夏天，美国世界观察研究所的莱斯特·布朗提出“21世纪谁来养活中国”的问题，在国际社会引起巨大反响。布朗提出这个问题的缘由是，他认为到21世纪30年代，中国需要净进口粮食2亿吨，而这个数字是届时国际市场的谷物贸易总量。布朗的这个问题最初并不为国内媒体和公众所关注，当其在国际舆论场成为热点后，中国开始在各种国际场合回应这个问题，中国的国际传播也围绕这个问题进行了长时间的大批量传播活动，着力点是向世界说明我们中国人能够保证自己的粮食安全。随之，一系列传播命题形成。跳开具体作品与传播行为，纵览剖析中国国际传播中这次传播活动的全貌，在向世界说明中国情况、中国政策、中国能力的同时，对抗性传播活动的特征、意图、效果都非常明显，对于中国

应对外部形势的战略价值和作用也非常明显。

2. 以政治术语为重心，以多元传播为表现

在大国博弈与地缘政治角力中，出于国家战略需要和国际结盟与合作的现实需要，使用特定政治术语，诸如盟友、合作伙伴，将相关国家和国际政治实体置于一定位置的现象是比较常见的；或是以其在某种国际组织中的位置或某种共同特征而形成政治术语，如北约国家、二十国集团、金砖国家等。政治术语并不都是中性的，术语本身已经被赋予特定含义，在国际政治或国际传播中使用这种术语的行动本身，就表明了一种说明关系的意图，表明了对相关国家和国际政治实体的地位的尊重，但第三方在传播中使用这种政治术语，依然可视为一种“传播中性”，借助传播达到特定战略意图的目标并不明显。当一个国家或国际政治实体出于战略打压的目的，以特定政治术语赋予一个国家特定标签，如美国人在国际政治场所和国际传播中所称呼的“邪恶轴心”，这种政治术语本身及其使用就完全不属于“传播中性”，美国就是要通过对这种“恶意”政治标签的广泛使用和反复传播，达到抹黑相关国家的形象、打压其生存空间，促使其外部环境和内部稳定态势生变的战略意图。

在国际传播中，使用什么样的政治术语本身就体现着一种价值判断和价值认同，其中渗透着明显或隐含的历史、宗教、文化信息，必须谨慎考察而不能简单借用。如“邪恶轴心”这个政治术语出自 2002 年 1 月美国总统乔治·沃克·布什的国情咨文，意指“赞助恐怖主义的政权”，其中明确指出的国家包括伊朗、伊拉克和朝鲜[①]。“邪恶轴心”

① 邪恶轴心论是美国前总统小布什的先发制人的战略的重要组成部分。布什以军事绝对安全为最重要的外交目标，将伊朗、伊拉克、朝鲜定义为所谓“邪恶轴心”。布什所用的“邪恶轴心”一词的英文是 Axis of Evil。第二次世界大战时，由纳粹德国、意大利和日本及与它们合作的一些国家和占领国结成的国家联盟称为轴心国，英文是 Axis Powers。“轴心”名称源于 1936 年 11 月 1 日墨索里尼在与纳粹德国达成协调外交政策的同盟条约后不久的一次演说：“柏林和罗马的垂直线不是壁垒，而是轴心”。因柏林和罗马在同一经度线上，所以，后人就把法西斯国家联盟称为“轴心”，参加国称为“轴心国”。

中的“轴心”一词本身就包括特定含义，曾指第二次世界大战时由纳粹德国、意大利和日本所组成的联盟。美国在这个特定时间及之后使用这个术语称呼这些国家，并在国际传播中反复使用，战略意图非常明显。

在国际传播中对政治术语必须谨慎考察而不能简单借用，一旦在对抗性传播中使用包含丰富历史、宗教、文化信息的政治术语，其效用也非常明显。海外网（《人民日报》（海外版）官方网站）2020 年 7 月 24 日曾报道，在 7 月 23 日蓬佩奥发表诋毁中国的演讲后，中国外交部发言人华春莹在社交平台上用中英双语对蓬佩奥的演讲内容予以回击，指出蓬佩奥的所作所为形象地展现了什么叫“蚍蜉撼树”。华春莹在推特内容中使用了包含丰富历史、宗教、文化信息的政治术语，称蓬佩奥“想把自己塑造成 21 世纪的杜勒斯，在一个全球化的世界对华搞新的十字军东征”[①]。

3. 以特定对象为重心，以反复质疑为表现

在国际政治、国际传播中，一些国家、政治力量或媒体针对特定对象反复提出质疑，既可能是出于一种莫名的担忧、恐惧情绪，也可能是基于一种政治目的、战略意图。这种反复质疑往往形成一些特定主题，如“中国崩溃论”与“中国威胁论”。这两种主题既可能同时出现，也可能交替以其中一种为重点。这种围绕特定对象进行的传播活动，以及中国为对冲、驳斥这种论调所进行的传播活动，既体现出长时间段的对抗性，也在某一时间段围绕特定问题表现出高对抗性。

4. 以基本战略为重心，以长期推进为表现

总体上，对抗性传播体现了传播主体的基本价值观和战略判断。第二次世界大战后，在诸多西方列强已处于弱势的情况下，美国的基本战

---

① 华春莹在所发推特内容中表示：“蓬佩奥在尼克松总统图书馆的讲话表明他想把自己塑造成 21 世纪的杜勒斯，在一个全球化的世界对华搞新的十字军东征。他的所作所为形象地展现了什么叫‘蚍蜉撼树’。现在是到了全世界所有爱好和平的人站出来阻止他给世界造成更大危害的时候了。”参见张霓：《华春莹推特中英双语回应蓬佩奥演讲：所作所为是“蚍蜉撼树”》，http://news.haiwainet.cn/n/2020/0724/c3541093-31842117.html，访问日期：2024 年 3 月 11 日。

略是遏制并战胜最大的竞争对手苏联。美国不仅大造苏联扩张的舆论，并把对抗性传播作为遏制战略的重要执行手段，长期推进、多维传播，以实现战略目标。包括丘吉尔“铁幕”演说、乔治·凯南8 000字电报、皮鞋敲桌在内的诸多事件经西方媒体的广泛传播，成为标志性传播事件或携带丰富信息的、具备高识别性的传播事件，形成巨大影响。1946年3月5日，英国前首相温斯顿·丘吉尔在美国富尔顿市西敏斯特学院的演说中说苏联和东欧社会主义国家已经用“铁幕笼罩起来”。此后，“铁幕国家”就成为西方国家在国际传播中的特定用语①。1946年2月22日，美国驻苏联代办乔治·凯南向美国国务院发了一份长达8 000字的电报，对战后苏联的“理论、意图、政策和做法”以及美国应采取的对策，提出了全面的分析和建议。凯南认为如果美国“拥有足够的武力，并清楚地表明它准备使用武力，这就几乎用不着真的动武”。凯南的这份电报和后来他以“X”为名发表在《外交事务》②上的《苏联行为的根源》一文，成了美国“遏制政策”和冷战的根源之一③。

5. 以塑造态势为重心，以应对危机为表现

对抗性传播活动会集中表现于围绕某个突发事件，但其重心在于基于长期战略应对现实来塑造态势，以应对危机来管控危机。对抗性传播的力度和用词的烈度，体现了面临的危机事件的急迫性、严重性、复杂

① 1946年3月5日在富尔顿市的演说，是丘吉尔第一次在公开演讲中使用“铁幕”一词，此前他已在1945年5月12日致美国总统杜鲁门的电报中使用该词。而第一个在国际政治中使用“铁幕”一词的是法国总理克列孟梭，他在第一次世界大战后声称“要在布尔什维克主义周围装上铁幕”。由此也可以看出特定政治标签与战略之间的长期关系。

② 《外交事务》（*Foreign Affairs*），创刊于1922年9月15日，是一本有关美国国际关系和美国外交政策的杂志，被认为是美国最具影响力的外交政策杂志之一。

③ 乔治·凯南的8 000字电报为“遏制政策”奠定了理论基础。1947年3月，美国总统杜鲁门在向国会提出的国情咨文中，提出了以遏制苏联为指导思想的杜鲁门主义，标志着“遏制政策”正式形成。1955年华沙条约组织（简称“华约组织”）成立，标志两极格局形成。1991年华约组织解体，之后苏联解体，标志着冷战结束，也标志着两极格局结束。这一过程前后历时44年。

性，也体现了对塑造态势和反塑造的努力。这种对抗性传播活动，某种意义上也是相关国家和政治力量在一定程度上对危机的管控。塑造态势是一个国家战略的长期表现，是战略执行的一部分，也是国际传播活动的长期目标。看待分析大国战略博弈和地缘政治，需要从历史维度、战略层面拉开观察视野和思维框架，延伸思维长度，从历史过程分析现实问题，只有这样才能理解、把握，并有效设计和实施既应对眼前问题又有长远效应、具有战略意义的现实对策。从财政金融角度看，世界霸主地位从英国转移到美国，至少经过包括一战、二战的 50 年以上的时间。作为旁居于欧洲大陆的岛国，英国长期执行的战略之一就是“大陆均势”战略。丘吉尔在《第二次世界大战回忆录》中说，“英国四百年来的对外政策，就是反对大陆上出现最强大、最富于侵略性和最霸道的国家”[①]，英国总是“参加不那么强大的一方，同它们联合起来，打败和挫败大陆上的军事霸主，不管他是谁，不管他所统治的是哪一个国家”[②]。即使不从自称为沙皇、企图打通波罗的海作为出海口的伊凡四世（1533—1584 年在位）算起，从把占领海岸与出海口作为国家战略的彼得一世（1689 年亲政）算起，俄罗斯的海洋战略也已有 300 多年历史。从战略和地缘政治的角度看，塑造态势是长期的，而对抗性传播活动既贯穿其中，也会在某个时点、缘于某个突发事件而集中爆发出来，以应对危机事件和危机态势。

6. 以焦点问题为重心，以激烈反应为表现

对抗性传播活动往往围绕焦点问题集中出现，甚至高烈度出现，特别是在涉及国家核心利益和尊严的问题上。每一个国家都有其核心利益，核心利益和尊严是国家的底线，不容侵犯和冒犯。因而，每一个国家都会以强力手段维护其尊严，包括采用比较激烈的对抗性传播手段。一些看起来突然发生的对抗性传播活动，其基础是累积了一段时间的诱

① 温斯顿·丘吉尔：《第二次世界大战回忆录　风云紧急　上》，吴万忱译，时代文艺出版社，2000，第 182 页。

② 同①，第 183 页。

发因素，其重心是维护核心利益和尊严。西方政客和舆论围绕新冠肺炎疫情对中国的抹黑和攻击发生多次、存在已久，从而引发了少有的中国外交部官员和媒体对其中一些政客及其所造谣言的驳斥。这种比较激烈的对抗性传播活动，可以归类为应急反应下的对抗性传播攻势。

7. 以明确底线为重心，以传递信号为表现

在涉及国家重大利益的关头，一些对抗性传播活动除了完成其他目标外，还有一个重要特征，那就是明确底线，传递信号。关注中国政治语汇使用的人们，都会注意到“勿谓言之不预”出现在《人民日报》社论中的特殊含义。自新中国成立以来，《人民日报》社论中一共只出现过两次这种表述。第一次使用，是在印度尼赫鲁政府野心勃勃，不断实施“前进政策”蚕食中国领土，并且我国外交部多次严正警告而印方依然如故之后。1962 年 9 月 22 日，《人民日报》头版发布了社论《是可忍，孰不可忍》，该社论的结尾是：“局势是险恶的，后果是严重的，我们要正告印度当局，勿谓言之不预也。”[①]1962 年 10 月 20 日，中印边境自卫反击战打响。第二次是 1978 年 12 月 25 日，《人民日报》发表社论《我们的忍耐是有限度的》，结尾是：“我们把话说在前面，勿谓言之不预。”[②]在大国博弈和地缘政治中，对抗性传播活动明确底线、传递信号的功能既会体现在外交场合，也会体现在国际传播中。就所蕴藏的信号及其后的事件而言，这种传播活动可以说是高对抗性的了。

三、对抗性传播活动的特殊地位与效果控制

对抗性传播活动是一种舆论博弈，是舆论战的表现形式和主要手段。对抗性传播活动是一个国家所进行的战略传播的组成部分，但依然

① 《是可忍，孰不可忍》，《人民日报》1962 年 9 月 22 日，第 1 版。
② 《我们的忍耐是有限度的》，《人民日报》1978 年 12 月 25 日，第 3 版。

是国际传播活动的有机组成部分，不因为其呈现的对抗性、博弈性和对冲、对垒、对抗效果，而影响其作为常规国际传播活动的地位。对抗是自然界和人类社会的矛盾存在的基本形式之一，却又与非对抗形式并存且互相转化，即对抗过程中可能出现新的均衡和变化。对抗性传播活动并不天然走向“零和博弈”的结果。虽然，有时对抗性传播活动会与地缘政治博弈同步扩大，但有时也能起到缓和局势、变换焦点、“以对抗抑制冲突”的作用。

在现代科技、军事和政治条件下，舆论战等一些新的对抗形式和手段出现，既与政治、军事对抗有关联，也可能独立存在、基于战略目的而进行。舆论战作为一种军事手段，既是信息化条件下一体化联合作战的组成部分，也是和平条件下战略博弈的一种手段和形式。对抗性传播活动可以成为舆论战的组成部分，是因为它可能围绕一个焦点、一个热点、一个具体目标，但总是服务于战略目的，谋求战略价值。出现高对抗性传播活动，并不意味着进入某种传统意义上的战争状态，并不能排除是进入了某种战术意义上或战略意义上的特殊舆论战。传统意义上的战争出现之前，可能会存在某种带有欺骗性的传播活动，但高对抗性传播活动频次、数量、烈度、方式等的量级的提升，一定意味着危机的加深、博弈的加剧，因而不能就事论事，必须谨慎对待、慎重处理。

对抗性传播活动在实践层面承担具体任务，有具体传播目标和所希望达到的传播效果，但对抗性传播活动应当为实现战略目标、谋求战略利益服务，应当从这个意义上把对抗性传播活动视为国家战略传播的组成部分。只谋求战术利益，只服务具体目标，而有违战略目标、战略利益的对抗性传播活动，不是理想的传播活动。在国际政治或国际传播框架下，战略传播与其他传播活动相区别的根本属性就是服务于战略利益。

对抗性传播活动具有特殊效应和特殊地位，使得针对对抗性传播活动的效果预估和控制特别重要。就战略利益而言，任何国家总体上都不希望对抗失控、博弈失序而影响战略利益。因而，在国际传播中经常通过有序、有效控制对抗性传播活动的时机、手法、节奏、传播代理人、传播内容、传播渠道，通过精心安排对抗性传播活动与其他传播活动的组合，通过预估对抗性传播活动的效果、对手反应与后续传播活动等，来有效控制对抗性传播活动的效果，从而达到服务战略利益的目的。而对具体的规律、方法、策略等的讨论，是未来需要持续研究的主题。

第二章　战略选择

当前，百年未有之大变局加速演进，包括政治传播在内的传播行动，必须服务于实现中华民族伟大复兴这个中华民族近代以来最伟大的梦想，服务于推动构建人类命运共同体这个越来越得到世界各国认同的愿景，服务于共建“一带一路”这个体现我国国际影响力、感召力、塑造力的倡议。因而，研究政治传播策略必须基于战略思维，探讨如何驱动传播也必须基于战略思维，在战略层面谋划、把握。

新媒体战略在中国共产党百年历史中占有特别重要的地位。中国共产党成立之初就高度重视运用媒体引导舆论、指导工作，形成了体现马克思主义中国化的新闻观。中国共产党在百年历程各个阶段，都在积极有效地运用当时最新科技工具与传播方式。我们在瑞金时期利用缴获的电台收发电讯，建立通讯社发布新闻；在延安时期创办口语和英文广播，有效实施对外宣传；在互联网时代，全面进军新媒体。中国共产党面对历史性挑战所做出的正确回应和战略抉择之一，就体现在中国共产党的新媒体战略上。这包括使互联网这个最大变量变成事业发展的最大增量，推动主力军全面挺进主战场，占领新兴传播阵地，构建具有鲜明中国特色的战略传播体系，加强和改进国际传播工作，提升国际传播效能。

传播之道，基于谋“势”。为国谋势，必须从战略层面思考、谋划、实施，必须研究、思考、领悟传播，特别是政治传播的谋势战略。

政治传播策略研究必须体现新的高度、新的境界、新的路径：以战略思维经营当下，谋划未来；基于谋势研究政治传播策略和方法；以百年眼光理解现实事件，研究舆论博弈。基于战略思维，政治传播策略的研究必须有跨越历史的眼光，从而得出对实现中华民族伟大复兴最为有益的传播策略。

正是因为驱动再传播是新媒体传播的核心秘诀，在互联网联通世界、移动新媒体重塑信息传播格局的时代，媒体领导者、报道组织者、传播实施者必须善于从战略层面思考，着眼于为国谋势，在国内国际新闻互通、内宣外宣一体的新格局中，基于战略领悟力与运筹力，谋划、实施驱动战略。

第一节　新媒体战略：以战略眼光运用最新传播科技

站在实现“两个一百年”奋斗目标的历史交汇点观察，新媒体战略在中国共产党百年历史中占有特别重要的地位。这不仅体现在中国共产党从成立之初就高度重视新闻宣传工作，充分运用各种既有和最新的传播手段宣传主张、动员群众、赢得越来越多的支持；也体现在中国共产党将自觉地把掌握各种新媒体运用规律作为对全党特别是高级领导干部的基本要求，多次强调“各级领导干部特别是高级干部要主动适应信息化要求、强化互联网思维，善于学习和运用互联网”[①]，使掌握新媒体运用规律、掌握媒体领导权成为中国共产党领导革命和建设事业的领导能力和领导实践的具体体现和组成部分；更体现在中国共产党深刻认识到“过不了互联网这一关，就过不了长期执政这一关”，“必须科学认识网络传播规律，提高用网治网水平，使互联网这个最大变量变成事业发展的最大增量”[②]，从而把适应、运用、掌控互联网提升到战略高

① 习近平：《加快推动媒体融合发展 构建全媒体传播格局》，《求是》2019年第6期。

② 同①。

度；更重要的是，把“最大变量”变成“最大增量”的思维和要求，深刻体现新媒体战略在“既要政治过硬，也要本领高强”[①]的中国共产党“不断提高党的执政能力和领导水平”[②]进程中的特殊地位。

中国共产党在百年历史中自觉运用媒体宣传主张，笔杆子与枪杆子并重；有效利用最新科技和传播手段，新媒体与老媒体并用；在战略层面推动网络强国，主力军全面挺进主战场。新媒体战略在中国共产党百年历史中具有特别重要的地位，发挥了特别重要的作用。

一、自觉运用媒体宣传主张，笔杆子与枪杆子并重

中国共产党从成立之始就高度重视新闻宣传工作。思想建设是党的基础性建设。“十月革命一声炮响，给我们送来了马克思列宁主义。”[③]但要使革命理论成为先进青年的思想武装，首先需要广为传播。李大钊在 1919 年《新青年》第 6 卷第 5、6 号发表《我的马克思主义观》，标志着十月革命后马克思主义在中国的传播进入了新阶段。中国共产党第一次全国代表大会前后，中国共产党的多位早期领导人亲身从事新闻实践，不仅撰写文章，还创办报刊宣传进步思想和马克思主义。1919 年 7 月，毛泽东创办《湘江评论》并担任主编，这是毛泽东创办的第一张报纸，“本报以宣传最新思潮为主旨”，是以湖南学生联合会名义在长沙出版发行的四开四版周报。毛泽东所撰写的《民众的大联合》从第二期起连载三期，开篇即提出：“国家坏到了极处，人类苦到了极处，社会黑暗到了极处。补救的方法，改造的方法，教育，兴业，努力，猛进，破坏，建设，固然是不错，有为这几样根本的一个方法，

① 习近平：《决胜全面建成小康社会，夺取新时代中国特色社会主义伟大胜利》，载《习近平谈治国理政　第三卷》，外文出版社，2020，第 53 页。

② 同①，第 47 页。

③ 毛泽东：《毛泽东选集　第四卷》，人民出版社，1991，第 1471 页。

就是民众的大联合。”[①]1915年9月陈独秀创办《新青年》杂志，从1919年下半年起到中国共产党成立之前，刊登的关于马克思主义、十月革命和中国工人运动的文章达130余篇。从1920年9月的八卷一号起，《新青年》成为中国上海共产主义小组的机关刊物。1922年到1924年，邓小平在法国参加了中共旅欧支部的团刊《少年》和党刊《赤光》的编辑出版工作，1933—1935年主编中国工农红军的机关报《红星》[②]。在当时的历史背景下，让农民占大多数的民众接受并认可马克思主义，并继而起来为之奋斗，从而汇集起最大的革命力量，利用各种方式和渠道进行宣传是必然的选择。媒体和平民夜校等渠道的有力宣传，实现了组织工人的目的，这也是二七大罢工、安源煤矿工人大罢工等得以发生的思想基础。

随着形势的发展，中国共产党逐步认识到掌握枪杆子的重要性，但也同样把做好宣传工作放在与之并重的位置。1925年10月，中共第四届中央执行委员会召开扩大会议，决定成立军事运动委员会，12月12日军事运动委员会改为军事部，成为中共的第一个专门从事军事工作的组织[③]。1926年7月，中共第四届中央执行委员会第三次扩大会议通过了中国共产党成立以来第一份《军事运动议决案》。1927年“四一二”“七一五”反革命政变后，面对极度危急的形势，在八七会议上毛泽东同志提出“秋收暴动非军事不可”，“须知政权是由枪杆子中取得的”[④]。八一南昌起义和秋收起义的部分队伍上了井冈山后，毛泽东同志更是把宣传工作放在政治生命线的高度。在毛泽东同志所写的

① 中共中央文献研究室、新华通讯社编《毛泽东新闻作品集》，新华出版社，2014，第35页。

② 孟红：《邓小平与〈赤光〉》，《广安日报》2018年1月9日第7版，后转载于人民网·中国共产党新闻网，cpc.people.com.cn/n1/2018/0705/c69113-30126882.html，访问日期：2024年5月23日。

③ 中共中央文献研究室编《周恩来年谱　一八九八—一九四九》，中央文献出版社、人民出版社，1989，第72页。

④ 中共中央文献研究室编《毛泽东文集　第一卷》，人民出版社，1993，第47页。

著名的“古田会议决议”的第四部分，就专门论述了红军的宣传工作，指出：“红军宣传工作的任务，就是扩大政治影响争取广大群众。由这个宣传任务之实现，才可以达到组织群众、武装群众、建立政权、消灭反动势力、促进革命高潮等红军的总任务。所以红军的宣传工作是红军第一个重大工作。若忽视了这个工作就是放弃了红军的主要任务，实际上就等于帮助统治阶级削弱红军的势力。”①

中国共产党的领导人不仅重视新闻宣传工作，还亲自动手为新华社等撰写作品，以推动革命斗争和各项工作。毛泽东同志亲自动手写消息、述评、社论、编者按等，留下不少新闻作品。中共中央文献研究室、新华通讯社所编辑的《毛泽东新闻作品集》收录了 1919 年至 1970 年毛泽东同志为报刊、通讯社和广播电台撰写的消息、述评、社论、评论和发言人谈话、答记者问、广播谈话、编者按等，共 133 篇。其中，既有毛泽东为其所创办的《湘江评论》所写的“创刊宣言”，有 1934 年 7 月 31 日所写的《目前时局与红军抗日先遣队》（刊于 1934 年 8 月 1 日《红色中华》），也有著名的揭露国民党军傅作义部偷袭石家庄阴谋、以文破兵的 3 篇稿件《动员一切力量歼灭可能向石家庄进扰之敌》《关于敌军拟袭石家庄的口播稿》《评蒋傅军梦想偷袭石家庄》，还有为新华社写的新闻稿《中原我军占领南阳》《我三十万大军胜利南渡长江》《解放平壤的两则电讯》等在中国革命史和新闻史上都产生巨大影响的稿件。在毛泽东同志为新华社撰写的稿件中，最有影响的是评论作品，诸如《评战犯求和》《丢掉幻想，准备斗争》《别了，司徒雷登》《“友谊”，还是侵略？》《驳斥艾奇逊的无耻造谣》，在当时和之后的历史中，都影响深远。周恩来同志不仅为新华社修改、审阅了大量稿件，1948 年 7 月 6 日还曾经为新华社撰写长消息《豫东大捷》；邓小平同志 1946 年 10 月 7 日为新华社撰写了短消息《蒋方捏造“负伤”“牺

① 《红军宣传工作问题》是毛泽东所写的《中国共产党红军第四军第九次代表大会决议案》（即“古田会议决议”）的第四部分。中共中央文献研究室、新华通讯社编《毛泽东新闻工作文选》，新华出版社，2014，第 10 页。

牲”谣言，刘伯承将军一笑置之》[1]。这些稿件都曾产生巨大影响。

中国共产党高度重视运用媒体引导舆论、指导工作。1937 年 2 月 4 日，毛泽东同志署名向“各电台和各团首长”发出《接收新华社广播党的政治方针的通知》，指出“新华社广播我们的政治方针，各首长均应指导电台按时接收”，而且要求“有未收广播的应报告”[2]。即使是在党中央 1947 年 3 月 18 日晚主动撤离延安、转战陕北一年的艰险岁月里，毛泽东同志身边始终有两支队伍，一支是作战人员等组成的枪杆子队伍，另一支是由军委三局派出的无线电分队和新华社工作队联合组成的新闻通讯队伍，负责人是时任新华社副总编辑的范长江。这支队伍被称为四大队，当时中央纵队因保密需要对外称“三支队”，下辖四个大队，范长江所率领的队伍就是其中的四大队。为保证新闻电讯接收不中断，四大队又分前、后两个梯队交替行动。其中后梯队收讯台要保障接收国民党中央社、苏联塔斯社、美国美联社及合众社、英国路透社的新闻。后梯队在廖承志率领下，跟随毛泽东同志行动。我军取得青化砭大捷时，周恩来同志特别嘱咐：电头改为“新华社陕北 25 日电”，报尾加一段毛泽东主席致电西北野战军全体指战员，祝贺你们取得了首战的伟大胜利[3]。在战争条件下，中国共产党一直非常重视利用广播、报纸指导工作、统一行动，1941 年曾经在一个月左右的时间里连续下发了关于广播工作的四个文件，指出“在现代无线电事业发展的情形下，以及在中国交通工具困难的情形下，发展通讯社的事业、无线电广播事业是非常

① 参见《毛泽东等老一辈革命家为新华社撰写的新闻作品》目录。新华通讯社、中共中央文献研究室编《毛泽东等老一辈革命家为新华社撰写的新闻作品》，新华出版社，2001。

② 毛泽东：《接收新华社广播党的政治方针的通知》，载中共中央文献研究室、新华通讯社编《毛泽东新闻工作文选》，新华出版社，2014，第 41 页。

③ 杜牧平：《随中央前委转战陕北的日子》，《中共党史资料》2007 年第 4 期。

重要的”[①]。

在长期的革命斗争中，中国共产党不仅有效运用媒体、引导舆论，还形成了体现马克思主义中国化的新闻观，其集中体现为毛泽东同志所强调的“搞新闻工作，要政治家办报”[②]，“各地党报必须无条件地宣传中央的路线和政策”[③]。基于中国革命实践的马克思主义新闻观的形成，体现了毛泽东同志所强调的马克思列宁主义的伟大力量就在于它是和各个国家具体的革命实践相联系的。在革命斗争中，中国共产党高度强调报刊的宣传应当符合党的政策，强调新闻宣传工作的党性，并基于此阐述了报纸工作在党的工作中的地位。毛泽东同志强调“报纸的作用和力量，就在它能使党的纲领路线，方针政策，工作任务和工作方法，最迅速最广泛地同群众见面”[④]。这是因为“马克思列宁主义的基本原则，就是要使群众认识自己的利益，并且团结起来，为自己的利益而奋斗”[⑤]。因而，毛泽东同志强调“办好报纸，把报纸办得引人入胜，在报纸上正确地宣传党的方针政策，通过报纸加强党和群众的联系，这是党的工作中的一项不可小看的、有重大原则意义的问题”[⑥]，并强调，要“改正过去不讨论新闻政策及社论方针的习惯，抓紧对通讯社及报纸

① 这四个文件包括：1941 年 5 月 15 日，中共中央发表《关于出版解放日报和改进新华社工作的通知》，明确要求，“各地应注意接收延安的广播”；5 月 25 日，中共中央书记处在《关于统一各根据地内对外宣传的指示》中，又要求“各地应经常接收延安新华社的广播，没有收音机的应不惜代价设立之”；同一天，中宣部还作了《关于电台广播的指示》，强调“电台广播是各抗日根据地目前对外宣传最有力的武器”；6 月 20 日，中宣部在《关于党的宣传鼓动工作提纲》中再次指出，“在现代无线电事业发展的情形下，以及在中国交通工具困难的情形下，发展通讯社的事业、无线电广播事业是非常重要的。应当在党的统一的宣传政策之下，改进现有通讯社及广播事业的工作”。参见沈正赋：《延安新华广播的缘起及中国人民广播事业的传承发展和历史作用》，《中国广播》2020 年第 12 期。

② 中共中央文献研究室、新华通讯社编《毛泽东新闻工作文选》，新华出版社，2014，第 271 页。

③ 同②，第 194 页。

④ 同②，第 188 页。

⑤ 同②，第 188 页。

⑥ 同②，第 189 页。

的领导，务使通讯社及报纸的宣传完全符合于党的政策，务使我们的宣传增强党性”[①]。在根据地和我党的武装分处各地的特殊环境下，毛泽东同志指出，“查各地中央局、中央分局对当地通讯社工作及报纸工作注意甚少，对宣传人员及宣传工作缺乏指导，尚不认识通讯社及报纸是革命政策与革命工作的宣传者组织者这种伟大的作用，尚不懂得领导人员的很多工作应该通过报纸去做[②]；甚至强调“中央同志要善于利用报纸，要有一半的时间用在报纸上”[③]。正是因为“报纸发出去就可以省得开许多会”，“许多指示信可以用新闻来代替”[④]，毛泽东同志强调“书记要亲自管报纸，亲自写文章”[⑤]。新中国成立后，面对新的形势和任务，毛泽东同志强调，新华社驻外记者“应该大发展，尽快做到在世界各地都能派有自己的记者，发出自己的消息。把地球管起来，让全世界都能听到我们的声音”[⑥]。为进一步壮大新华社记者队伍，从全国抽调来一批干部加入新华社。为做好对外宣传工作，毛泽东同志还特别强调“对外宣传不要夸大。无论什么时候，都要谦虚谨慎”；强调“世界上所有国家的有益的东西，我们都要学”[⑦]。对于如何做好新闻工作，毛泽东同志还做出了一系列重要指示，包括必须重视人民群众来信、要重视理论工作、要多登科学讨论文章、要重视典型报道、要培养出色的编辑记者等。

① 中共中央文献研究室、新华通讯社编《毛泽东新闻工作文选》，新华出版社，2014，第 40 页。

② 同①，第 139–140 页。

③ 同①，第 146 页。

④ 同①，第 157 页。

⑤ 同①，第 235 页。

⑥ 同①，第 226 页。

⑦ 同①，第 233 页。

二、有效利用最新科技和传播手段，新媒体与老媒体并用

在百年光辉历程的各个重要阶段，中国共产党都积极有效地运用最新科技工具与传播手段，向尽可能广阔的领域、尽可能多的人们，更有力、更有效地传播中国共产党的主张，讲述中国共产党为什么能的事实和故事，驳斥谣言和诬蔑，塑造更有利的舆论氛围。在当时的历史条件下，这对于打破封锁，赢得更多的同情、理解和支持，对于中国共产党的成长壮大，对于中国革命、建设和改革开放事业，都起到了非常重要的作用。

（一）瑞金时期：利用缴获的电台收发电讯，建立通讯社发布新闻

井冈山革命根据地的建立，为中国革命走上农村包围城市、武装夺取政权道路，提供了物质基础和新的空间。1930 年 12 月 30 日，以全歼进入龙冈伏击圈之敌并活捉张辉瓒为标志，粉碎了第一次“围剿”，并缴获了一部通信电台、俘虏了十余名无线电通信技术人员。虽然电台的发报部分被战士砸坏，但仍然可以用来收报，被称为“半部电台”。加上后来红军在东韶战斗中又缴获了一部完整的电台，这一部半电台成为“中央苏区和我军无线电通信事业”的基础。1931 年 1 月 6 日，我们用修复的半部电台收到国民党中央社电讯，开始有了技术侦听能力和收听电讯能力，从而具有了给党中央提供参考消息的能力。1931 年 11 月 7 日，中华苏维埃共和国临时中央政府在江西中央苏区成立这天[①]，使用这一部半电台以红色中华通讯社的名义向世界发出了第一批电讯，意味着中国共产党开始运用无线电文字广播[②]这种最新科技手段，运用通讯

① 1931 年 11 月 7 日，中华苏维埃共和国临时中央政府在江西中央苏区成立，毛泽东同志当选主席，将首都定为瑞金（中央苏区—瑞金县），以中国工农红军作为国家的武装力量。

② 无线电技术约于 19 世纪初形成并开始在多个领域运用。在 1931 年，无线电文字广播依然是传播最为快捷、高效，传播范围广大的传播手段。

社这种当时的新媒体形态[1]向世界传播自己的声音。红色中华通讯社[2]就是今天新华通讯社（新华社的全称）的前身。

通讯社是专业从事新闻信息采集、发布的新闻机构，以电子通信技术和其他先进手段快速地向报纸、广播、电视等媒体和机构发布新闻和信息。总体上看，通讯社在新闻业体系中处在上游位置，大体上发挥稿件提供、信息服务和信息确认三个功能。因为当年的媒体都是区域性媒体，很少能向本区域外派驻记者，所以高度依赖通讯社的稿件，会选用通讯社所发布的新闻稿件再广泛传播。因此，通讯社能够发挥引发大范围传播甚至撬动新闻传播体系的作用[3]。正是因为通讯社常常采用以无线电发送新闻稿件的方式，其稿件常常被称为电讯。

在当时的历史条件下，通讯社就是最先进的媒体组织形式，无线电文字广播就是当时最先进的传播手段。中国共产党通过红色中华通讯社发出新闻、评论和一些政策、文件、声明等，不仅可以突破重重封锁，让社会各界了解中国共产党的主张、政策，了解红军的战果、发展和中央苏区的建设，也可以让从1927年到1931年发展起来的十几块分散根据地有了更紧密的联系。从留存至今的《红色中华》报可以看出，红色中华通讯社和《红色中华》报也起到了有效的政治动员、经济动员和社

① 世界上最早的通讯社是法国籍匈牙利人哈瓦斯于1835年创办的。通讯社后来发展成为专业从事采集、加工和提供新闻和经济信息，为其他新闻媒体和各类用户服务的新闻机构。

② 红色中华通讯社是土地革命战争时期中国共产党的新闻机关，是新华通讯社的前身，1931年11月在江西瑞金成立。12月，中华苏维埃共和国临时中央政府创办机关报《红色中华》。该报与红色中华通讯社由同一套人员运作，挂两块牌子。1934年10月，红色中华通讯社随中央红军长征。1937年1月，根据中共中央决定，在延安将其更名为新华通讯社，简称“新华社”。王观澜、杨尚昆、李一氓、沙可夫、任质斌、瞿秋白、向仲华先后任红色中华通讯社负责人（社长），周以栗任《红色中华》报主笔（1932年4月后由梁柏台代理）。

③ 1912年4月15日凌晨1点20分，《纽约时报》主编看到美联社发出的一篇《泰坦尼克号撞上冰山》的电讯稿件，在两个小时内组织了头版的一组报道，加上之后的连续报道，相比于其他媒体，《纽约时报》的报道，更快更准确，为其带来了很大的影响力。

会动员作用[1]。

中国共产党成立后非常重视宣传工作，曾把出版杂志、日报、周报等内容写入党的一大决议之中。正是因为在当时的条件下，通讯社是最有效率的新闻媒体和组织形式，中国共产党可以通过通讯社带动别的媒体宣传自己的主张，成立早期曾创办、领导多个通讯社，包括：杨明斋所具体负责的1920年在上海渔阳里6号设立的中俄通讯社，陈潭秋1921年春在武汉创建的湖北人民通讯社（关于该通讯的创办时间有多种说法），广东共产党组织1922年9月创办的爱群通讯社，1923年中国共产党北京党组织创办的劳动通讯社，1923年9月16日中国共产党人在黑龙江创办的哈尔滨通讯社，1925年6月1日创办的、与中国共产党历史上第一张日报《热血日报》密切相关的国民通讯社等[2]。

（二）延安时期：创办口语和英文广播，有效实施对外宣传

1935年10月中央红军到达陕北。面对国民党围困和日寇侵略的危急形势，中国共产党需要更有效地开展对内对外宣传，推动革命形势发展。自1923年上海出现中国第一座广播电台后，收音机的数量也日渐增长。因而，无线电口语广播成为当时最有效率的、最能帮助跨越地域阻隔的新媒体，也是中国共产党的必然选择。

1937年1月根据中共中央决定，红色中华通讯社在延安更名为新华通讯社。之后，新华通讯社陆续开办起了汉语、日语口语广播和英文文字广播，成为兼有报纸、电台功能的通讯社。

1940年12月30日，新华社所办的延安新华广播电台开始播音。在新华社内负责延安新华广播电台的是新华社口播部。其利用1940年3月周恩来从莫斯科治病返回延安时带回的一台广播发射机，用烧木炭产生的煤气作为动力，用汽车引擎带动发电机供电，在山顶架设了天线，

① 黄志辉：《“保卫苏维埃！”：〈红色中华〉经济动员研究》，《新闻与传播研究》2021年第5期。

② 万京华：《中国共产党早期的通讯社》，《百年潮》2016年第1期。

在离延安清凉山新华社所在地20千米外的王皮湾村半山腰开凿出两孔石窑洞作为发射机房和动力间，在村里一孔土窑洞里设了播音室，于1940年12月30日办起了口语广播，这个日子也成为中国人民广播事业的开始。延安新华广播电台的发射功率大约为300瓦，广播时间从最初每天一次两小时，增至两次三小时和三次四小时。播音内容包括中共中央重要文件，《新中华报》、《解放》周刊、《解放日报》的重要社论和文章，国际国内时事新闻、故事，等等。

1941年5月15日，毛泽东同志为中共中央书记处起草了《关于出版〈解放日报〉改进新华社工作的通知》，告诉全党“五月十六日起，将延安《新中华报》《今日新闻》合并，出版《解放日报》，新华通讯社事业亦加改进，统归一个委员会管理”①。即新华通讯社与解放日报社同为一个新闻机构。

延安新华广播电台开办初期，还开办了日语广播。根据中央军委第一处《1941年工作总结》，延安新华广播电台的日语广播从1941年12月3日开播，每天半小时，持续一年多。日语广播由八路军总政治部主任王稼祥领导筹办。日语广播的对象主要是侵华日军，因此，具体实施由总政敌工部负责②。

延安新华广播电台于1944年9月1日开办了面向国外的英文广播，用无线电广播方式向海外播发新华社英文文字电讯，报道中国共产党的动态、政策和主张，报道八路军、新四军以及抗日根据地的消息。新华社的英文电讯可以有效传播到海外。新华社所收藏的一份原存于美国第二国家档案馆的二战时期远东军事档案复制件，证明延安新华广播电台英文广播正式开播的第三天，美国西海岸就抄收到了新华社通过延安新华广播电台播发的英文电讯。这份档案的第四页即为1944年9月3

① 中共中央文献研究室、新华通讯社编《毛泽东新闻工作文选》，新华出版社，2014，第72页。

② 哈艳秋、周文超：《回旋历史的声音（上篇）：抗日战争中各地的广播 抗战时期延安台的广播宣传》，《中国广播》2005年第10期。

日在美国西海岸收到的新华社英文电讯。内容包括《解放日报》报道的山东地区共产党领导的游击队的活动、打击伪军的胜利，8 月 28 日《解放日报》的一篇社论，八路军为保卫麦收的行动，等等。档案注有“延安英文电发至旧金山，东部战争时间 9 月 3 日上午 7 ： 35”字样。这份档案复制件是新华社有关人员在美国第二国家档案馆查询复制后于 2012 年 1 月从美国带回的。根据新华社档案处张涵的比对研究，这份档案复制件所记录的在美国西海岸抄收到的内容与新华社档案处保存的 1944 年 9 月 3 日播发的英文电讯稿原稿内容相同[①]。

延安新华广播电台英文广播的开办过程，就体现了中国共产党尊重科学、尊重人才、积极运用最新科技开展新闻宣传和舆论斗争的过程。1944 年 5 月，熟悉无线电技术、穿过日寇三道封锁线抵达延安的原燕京大学教授、英国专家林迈可被朱德总司令任命为“第十八路集团军总司令部通讯部技术顾问”。林迈可之前在晋察冀抗日根据地工作了两年多。在林迈可参与下，延安新华广播电台曾用于口语广播的那部发射机被修好了。林迈可认为，只要有一根灵敏度高的定向天线，所发内容在美国也可以收到。他在晋察冀抗日根据地时曾找到一本德曼所著的《无线电工程》，抄下了其中的一些公式，依据这些公式可以设计出一个灵敏度高的定向天线。根据墨卡托的投影世界地图，旧金山几乎在延安的正北方，当时一位技术人员认为天线应该面向正北。林迈可根据球面三角计算，认为旧金山在延安东北偏北，这样天线就应面向山谷另一边。最后按照林迈可的意见设置了天线，实现了对美国西海岸的无线电英文广播。1944 年 8 月 8 日，延安新华广播电台的英

① 据新华社档案处张涵的研究结果，这份档案标注有“DECLASSIFIED”（解密）字样，授权编号为 NND770048。美国国家档案馆（National Archives）于 1949 年并入总务管理局（General Services Administration），并更名为 National Archives and Records Service（NARS），1984 年独立后更名为 National Archives and Records Administration （NARA）。美国国家档案馆有新旧两馆，老馆（也称国家档案馆第一馆）位于华盛顿白宫和国会大厦之间的宾夕法尼亚大道上。1988 年 9 月，美国第二国家档案馆成立，位于马里兰大学园区内。

文广播开始试播。在试播中特别说明："广播内容没有任何版权，可随意刊载。"[①]

（三）互联网时代，全面进军新媒体，增强传播力影响力

随着1969年阿帕网的出现，1992年后互联网向学术界、政府和军队以外的用户开放，互联网成为人类信息传播的技术基础，承载、催生了多种形态的网站、社交网络、移动社交平台，并演变、衍生出博客、播客、社交网络服务（Social Network Service，SNS）、Wiki等代表互联网新浪潮的新传播形态。2007年智能手机大规模发售之后，不仅全球网民从2010年的20亿增长到2019年的45亿[②]，到2023年更达到51.9亿，约占全球人口的64.5%，其中48.8亿人活跃在社交媒体上[③]，移动社交平台、客户端、小视频等多种媒介也吸引了越来越多网民的注意力，生活形态、社会形态、传播形态都随之发生深刻变化。个体与社会的关系更趋向个体化[④]，人人可参与传播的赋能与人们尝试后的深刻体验，使越来越多的网民不只是在网上冲浪浏览，而是参与互动、体验表达、介入传播，使大众传播主要由传媒这种专业组织进行的专业活动，变成一个"人人生产信息、传播无处不在"的群体传播活动[⑤]。网民的

---

① 根据新华社档案处张涵的研究，新华社档案处保存了1944年8月8日新华社对外英文广播试播稿的原稿。这篇试播稿开头部分中文译文为"新华社通讯社英语广播试播。本台每天从民主中国的中心延安，在格林尼治时间11：30，以波长40.005米及36.38米定向旧金山广播。同时，在格林尼治时间1：00，以波长26.36米广播。正式广播将从9月1日开始，欢迎听众告诉我们收听情况，广播内容没有任何版权，可随意刊载。8月8日新华社英语广播题目……"

② 方兴东、钟祥铭、彭筱军：《全球互联网50年：发展阶段与演进逻辑》，《新闻记者》2019年第7期。

③ 数据来源于法新社2023年7月21日报道所引咨询机构Kepios的最新季度报告。

④ 冯莉：《当代中国社会的个体化趋势及其政治意义》，《社会科学》2014年12期。

⑤ 隋岩：《群体传播时代：信息生产方式的变革与影响》，《中国社会科学》2018年第11期。

信息接收渠道和接收习惯发生剧烈变化，国内外传统媒体的发行收入、广告收入等折射其受众数量、影响力和传播格局、份额的指标不断下滑；从“人找信息”到“信息找人”的变化，凸显传统媒体的传播渠道、传播方式、传播形态已无法适应互联网时代。移动传播的发展，凸显了传统媒体在传播效率、运作效率、反应效率等方面与新兴媒体的效率差；移动传播所擅长的互动传播、便利传播、多次传播的扩散效应，凸显了传统媒体直接传播、线性传播、一次传播的相对弱势。“信息无处不在、无所不及、无人不用，导致舆论生态、媒体格局、传播方式发生深刻变化，新闻舆论工作面临新的挑战。”①

中国共产党深刻认识到互联网给新闻舆论工作带来的挑战和增强传播力、影响力的机会，认识到应积极有效利用互联网及其催生的诸多新传播工具、新传播手段、新传播形态。1997 年 1 月 1 日，人民网的前身——人民日报网络版正式上线。1997 年 11 月 7 日新华社网站上线，后来改称新华网。之后，中央主要新闻网站和地方重点新闻网站的矩阵很快形成，这些都早于一些互联网平台的出现。从事传统媒体的人们从担心在官网首先发布新闻会影响纸版的发行、影响通讯社用户数量，迅速转换为努力运用官网和其他平台拓展影响范围。2000 年 5 月，中国开始提供短信服务。之后，一家机关报开始利用手机短信发送新闻，称为“短信头条”②。2003 年，人们开始以新的眼光看待媒体，把短信列为报刊、广播、电视、互联网之后的第五媒体，并有学者著文论述③。但之后，更多的新媒体纷至沓来，人们不再排列谁是第六媒体，而是努力

① 习近平：《加快推动媒体融合发展 构建全媒体传播格局》，《求是》2019 年第 6 期。

② 一般认为，最早以手机短信发送新闻，并称之为“短信头条”的是《中国妇女报》。

③ 如陈力丹：《试看传播媒介如何影响社会结构——从古登堡到“第五媒体”》，《国际新闻界》2004 年第 6 期。但也有学者争论，第五媒体到底应当是短信还是手机。如熊国荣、衫木：《手机：最有资格成为第五媒体》，《新闻与写作》2005 年第 3 期。

利用它，研究如何“不断增强互联网上马克思主义宣传吸引力和感染力”[①]。主流媒体努力运用手机和短信发送新闻，催生“手机报”等多种形式，并开始探索手机在新闻传播中的其他功能。QQ 等即时通信工具逐步成为人们社会关系的主要承载平台，也成为新闻信息的传播平台。主流媒体开始在社交平台上开设账号，人们在社交平台上的转发、点赞等形成的再传播现象，成为主流媒体影响力的放大器。即时通信工具、对等互联也成为互联网之外中央文件和领导人讲话中最早提到的新媒体形态。

2009 年前后，移动互联网的微博类产品陆续上线，特别是新浪微博于 2009 年 8 月内测后用户量迅速提升[②]，使移动互联网传播进入新阶段。这也深刻改变了传统媒体的内容生产流程和传播优先秩序。传统上，通讯社签发顺序中最优先的内容产品是快讯，即使其只有一句话。在基于移动互联网的微博等出现后，通讯社签发顺序中优先的产品增加了微博，甚至在报道策划、组织中开始讨论如何让自己官方账号的微博与快讯同时发出，以领先于其他媒体。2010 年全国两会已经有很多报道通过互联网、手机电视、博客等传播。2011 年的《政府工作报告》已经提出“加强对互联网的利用和管理”[③]。

2012 年 8 月 23 日曾被命名为“官号平台”和“媒体平台”的微信公众平台正式上线，主流媒体纷纷开设了自己的官方账号，其成为更体现编辑意图、更有厚度的移动互联网内容产品。2012 年前后，内容资讯类客户端开始出现[④]，迅速赢得用户的广泛关注[⑤]，从而成为主流媒体进

① 如 2005 年国家社会科学基金课题“不断增强互联网上马克思主义宣传吸引力和感染力的方法和途径”（05BKS028）。

② 在新浪微博前曾有饭否、叽歪、嘀咕等相似产品上线运行，也有一些门户网站推出了自己的微博产品。

③ 黄楚新、朱常华：《试论中国共产党的新媒体学习力》，《媒体融合新观察》2021 年第 2 期。

④ 2012 年 3 月网易推出新闻客户端，5 月推出 2.0 版，12 月推出 3.0 版，2014 年 8 月推出 4.0 版。

⑤ 用户注意力和时间的有限性决定了其日常使用的客户端是有限的几个，从而自然激发了客户端间的激烈竞争。

军新媒体领域的优先选择。内容资讯类客户端提供了更大的自主空间，可以提供更为丰富的内容和服务，包括主流媒体、政府部门在内的多种主体都纷纷上线内容资讯类客户端。2016 年，中华人民共和国国务院也上线了名为“国务院”的客户端[①]。2013 年后，短视频、小视频成为吸引更多注意力、聚集更多受众的新媒体产品，主流媒体和党政部门迅速介入这个新领域，不仅做出了一系列有巨大影响力的内容产品，而且在这个领域的能力越来越强、技巧越来越娴熟、竞争力越来越强。

三、在战略层面推动网络强国，主力军全面挺进主战场

互联网越来越成为人们信息传播的主渠道、工作生活的新空间、获取公共服务的新平台，这是人们的现实体验，也是一种发展趋势。包括互联网、人工智能在内的数字科技和其他科技成果及其应用，正在推动当今世界发生一系列深刻重构。因此，作为带领世界上最大民众群体为初心理想而奋斗的百年大党，在战略层面做出的正确回应和抉择，体现了中国共产党的远见卓识和政治领导力。中国共产党面对历史性挑战所做出的正确回应和战略抉择之一，就体现在中国共产党的新媒体战略上。这至少包括以下几点具体体现。

（一）使互联网这个最大变量变成事业发展的最大增量

互联网不仅是新闻舆论的新兴领域，舆论生成、演化的主要平台，更让人们警醒的是，互联网已经成为社会动员的重要工具，越来越不可忽视地影响政治认同，已经是新闻舆论工作的主阵地、舆论斗争的主战场，从而带来更深刻的影响和更大的挑战。2011 年中东北非的动荡，凸显了互联网特别是移动社交媒体的社会动员力和对政治认同的影响。从战略层面看，美国政府不仅将“网络自由”纳入美国外交政策框架，而

① 国务院客户端是国务院发布政务信息和提供在线服务的新媒体平台，由国务院办公厅主办、中国政府网运行中心负责运行维护。

且于2011年5月16日发布了奥巴马称之为“美国第一次针对网络空间制定的全盘计划”的《网络空间国际战略》①。“网络信息技术日新月异，全面融入社会生产生活，深刻改变着全球经济格局、利益格局、安全格局。世界主要国家都把互联网作为经济发展、技术创新的重点，把互联网作为谋求竞争新优势的战略方向”。② 同时，互联网，特别是移动互联网的发展，对政治、经济、社会和人们的思维、行为等的影响是多方面的、基础性的③。如何适应以信息技术为核心的新一轮科技革命，如何“确保党和国家长治久安”④，就成为一个必须回答好的时代命题。习近平总书记多次警示中国共产党人：“过不了互联网这一关，就过不了长期执政这一关”⑤，“主动适应信息化要求、强化互联网思维，善于学习和运用互联网”⑥，而且提出“必须科学认识网络传播规律，提高用网治网水平，使互联网这个最大变量变成事业发展的最大增量”⑦。

以百年甚至更长久的历史眼光观察，“使互联网这个最大变量变成事业发展的最大增量”的提出，具有极为重要的战略意义，可以从以下

① 《网络空间国际战略》于2011年5月16日由美国白宫、国务院、司法部、商务部、国土安全局、国防部共同发布。

② 《习近平在中共中央政治局第三十六次集体学习时强调：加快推进网络信息技术自主创新 朝着建设网络强国目标不懈努力》，《人民日报》2016年10月10日，第1版。

③ 当今世界信息发布的最大平台互联网（Internet），通常指基于一组通用协议，由网络与网络串联而成的单一巨大国际网络。今天的互联网始于1969年在美国诞生的阿帕网。在互联网50多年发展历程中，因为TCP/IP协议（传输控制协议/网际协议）实现了连接，而构成因特网；因为在应用层使用的是HTTP协议（超文本传输协议），就出现了万维网（World Wide Web）。

④ 习近平：《决胜全面建成小康社会，夺取新时代中国特色社会主义伟大胜利》，载《习近平谈治国理政　第三卷》，外文出版社，2020，第52页。

⑤ 习近平：《加快推动媒体融合发展 构建全媒体传播格局》，《求是》2019年第6期。

⑥ 同⑤。

⑦ 习近平：《自觉承担起新形势下宣传思想工作的使命任务》，载《习近平谈治国理政　第三卷》，外文出版社，2020，第311页。

几个层面来观察。

其一，“使互联网这个最大变量变成事业发展的最大增量”，与“信息化为中华民族带来了千载难逢的机遇”[①]的战略判断是紧密相连的，与实现中华民族伟大复兴是紧密相连的。正是因为如此，习近平总书记强调“我们必须敏锐抓住信息化发展的历史机遇”，“加强网上正面宣传，维护网络安全，推动信息领域核心技术突破，发挥信息化对经济社会发展的引领作用，加强网信领域军民融合，主动参与网络空间国际治理进程，自主创新推进网络强国建设”[②]。

其二，“使互联网这个最大变量变成事业发展的最大增量”是网络强国战略的最新体现。党的十八大以来，党中央重视互联网、发展互联网、治理互联网，“不断推进理论创新和实践创新，不仅走出一条中国特色治网之道，而且提出一系列新思想新观点新论断，形成了网络强国战略思想”[③]。因此，“使互联网这个最大变量变成事业发展的最大增量”虽然是在全国宣传思想工作会议上提出的，但已经远远超出单纯的信息传播、舆论引导范畴，而具有全局性意义；是要在各个方面都使互联网成为事业发展的最大增量，成为制度优势、发展努力、战略能力的放大器。党的十八届五中全会通过的《中共中央关于制定国民经济和社会发展第十三个五年规划的建议》，明确提出实施网络强国战略以及与之密切相关的“互联网 +”行动计划，党的十九大报告提出加快军事智能化发展，提高基于网络信息体系的联合作战能力、全域作战能力，都体现了要使互联网成为事业发展的最大增量。

其三，“使互联网这个最大变量变成事业发展的最大增量”体现了中国共产党在新的历史条件下如何“牢牢掌握意识形态工作领导

① 习近平：《自主创新推进网络强国建设》，载《习近平谈治国理政 第三卷》，外文出版社，2020，第 305 页。

② 同①。

③ 同①。

权”[①]。中国共产党清醒意识到“移动互联网已经成为信息传播主渠道”。因此，“人在哪儿，宣传思想工作的重点就在哪儿，网络空间已经成为人们生产生活的新空间，那就也应该成为我们党凝聚共识的新空间”[②]，从而有效巩固全党全国人民团结奋斗的共同思想基础，为实现“两个一百年”奋斗目标、实现中华民族伟大复兴的中国梦提供强大精神力量和舆论支持。

（二）推动主力军全面挺进主战场，占领新兴传播阵地

在社会发展进程中，互联网信息服务的传播量、影响力越来越为社会各方面，特别是传媒行业所关注，从而引发了媒体融合。媒体融合从借助互联网传播渠道开始一步步深化，传统媒体不约而同选择走向将自身优势互联网，更大力度借助互联网、大数据、人工智能等技术提升传播力、竞争力。正是因为“新闻客户端和各类社交媒体成为很多干部群众特别是年轻人的第一信息源，而且每个人都可能成为信息源。有人说，以前是‘人找信息’，现在是‘信息找人’”[③]，中国共产党把“推动媒体融合发展、建设全媒体”[④]作为一项政治决策、战略行动。这可以从以下几个层面观察。

其一，习近平总书记亲自部署推进媒体深度融合决策和实施。

习近平总书记不仅多次强调要推进媒体融合，把以“全媒体时代和媒体融合发展”为主题的中央政治局集体学习放在人民日报社进行，还在六年间两次主持会议通过关于加快推进媒体融合的重要文件，并将重点从“加快推动传统媒体和新兴媒体融合发展”，提升为“加快推进媒

① 习近平：《决胜全面建成小康社会，夺取新时代中国特色社会主义伟大胜利》，载《习近平谈治国理政　第三卷》，外文出版社，2020，第 32 页。

② 习近平：《加快推动媒体融合发展 构建全媒体传播格局》，《求是》2019 年第 6 期。

③ 同②。

④ 同②。

体深度融合发展”[①]。2020年9月，中共中央办公厅、国务院办公厅印发了《关于加快推进媒体深度融合发展的意见》，从重要意义、目标任务、工作原则三个方面明确了媒体深度融合发展的总体要求；并提出要推动主力军全面挺进主战场，以互联网思维优化媒体资源配置，把更多优质内容、先进技术、专业人才、项目资金向互联网主阵地汇集、向移动端倾斜，让分散在网下的力量尽快进军网上、深入网上，做大做强网络平台，占领新兴传播阵地。推动主力军全面挺进主战场的要求，凝聚了新媒体战略的核心要求，深刻体现了中国共产党应对历史条件、科技发展等带来的挑战和变化所做出的积极、主动的战略抉择，是以习近平同志为核心的党中央在应对当今世界百年未有之大变局做出的战略抉择和政治决策。习近平同志高瞻远瞩、总体布局、多次强调、亲自部署、亲自推动。纵览当今世界，还没有任何国家的主要领导人如此重视、部署、推动媒体融合，也没有任何国家把加快推动媒体深度融合置于国家战略的地位。

其二，要求把制度优势转化为巩固壮大主流思想舆论的综合优势。

推动主力军全面挺进主战场，并不只是媒体或者新闻舆论工作者的事。在习近平总书记看来，“媒体融合发展是一篇大文章”，“媒体融合发展不仅仅是新闻单位的事”[②]。一是“面对全球一张网，需要全国一盘棋。各级党委和政府要从政策、资金、人才等方面加大对媒体融合发展的支持力度”[③]。二是要充分发挥制度优势，“要把我们掌握的社会思想文化公共资源、社会治理大数据、政策制定权的制度优势转化为

① 2014年8月18日，中央全面深化改革领导小组第四次会议审议通过了《关于推动传统媒体和新兴媒体融合发展的指导意见》；2020年6月30日中央全面深化改革委员会第十四次会议审议通过了《关于加快推进媒体深度融合发展的指导意见》。

② 习近平：《加快推动媒体融合发展 构建全媒体传播格局》，《求是》2019年第6期。

③ 同②。

巩固壮大主流思想舆论的综合优势”[1]。三是“各级宣传管理部门要改革创新管理机制，配套落实政策措施，推动媒体融合朝着正确方向发展”[2]。“正能量是总要求，管得住是硬道理，……用得好是真本事”[3]。

其三，向互联网主阵地汇集、向移动端倾斜，占领新兴传播阵地。

推动主力军全面挺进主战场，是加快实施新媒体战略的具体体现。它的实施要求是立体的、全面的。一是要把党的优良传统和新技术新手段结合起来，强化媒体与受众的连接，以开放平台吸引广大用户参与信息生产传播，生产群众更喜爱的内容，建构群众离不开的渠道。二是要以互联网思维优化媒体资源配置，把更多优质内容、先进技术、专业人才、项目资金向互联网主阵地汇集、向移动端倾斜。三是要让分散在网下的力量尽快进军网上、深入网上，做大做强网络平台，占领新兴传播阵地。四是要以先进技术引领驱动融合发展。从全球范围看，媒体智能化进入快速发展阶段，因此要探索将人工智能运用在新闻采集、生产、分发、接收、反馈中，用主流价值导向驾驭算法，全面提高舆论引导能力。

（三）构建具有鲜明中国特色的战略传播体系，加强和改进国际传播工作

回顾百年历史，中国共产党高度重视对外宣传工作，在每一个历史阶段都做出了艰苦努力，取得了显著成效。处于百年未有之大变局加速演进的外部环境中，习近平总书记在多次强调、部署加强中国国际传播能力建设之后，于 2021 年 5 月 31 日再一次亲自部署加强和改进国际传播工作、展示真实立体全面的中国。这是在实现“两个一百年”奋斗目

① 习近平：《加快推动媒体融合发展 构建全媒体传播格局》，《求是》2019 年第 6 期。

② 同①。

③ 同①。

标的历史交汇点上中国共产党在国际传播领域的新战略、新部署。它体现在以下几个层面。

其一，要从塑造更有利战略态势来认识国际传播工作的重要地位。

为实现中华民族伟大复兴塑造更有利的战略态势，是加强中国国际传播能力建设、加强和改进国际传播工作的战略目标。中国国际传播工作的目的是什么？“讲好中国故事，传播好中国声音，展示真实、立体、全面的中国，是加强我国国际传播能力建设的重要任务。”[①]国际传播的战略目标和根本任务，是服务于国家利益，塑造更有利的战略态势。这也是战略传播的要义所在。战略态势可以塑造，也必须塑造，才能够更利于自身发展。国际传播的根本任务，从战略层面看就是要基于国家利益努力塑造态势、引导趋势、放大优势、催成大势。中国的国际传播工作，就是要服从服务于实现中华民族的伟大复兴，并为伟大复兴塑造更有利的战略态势。进一步加强和改进中国国际传播工作，展示真实、立体、全面的中国，帮助国际社会重新认识中国，是为实现中华民族伟大复兴塑造更有利战略态势、为中国实现进一步发展创造良好外部环境的关键之一。

其二，构建具有鲜明中国特色的战略传播体系，已成为加强中国国际传播能力建设的顶层设计之一。

党的十八大以来，我们党大力推动国际传播守正创新，理顺内宣外宣体制，打造具有国际影响力的媒体集群，积极推动中华文化走出去，有效开展国际舆论引导和舆论斗争，初步构建起多主体、立体式的大外宣格局，我国国际话语权和影响力显著提升。在实现“两个一百年”奋斗目标的历史交汇点上，加强和改进国际传播工作所面临的新形势和任务，就是“加强顶层设计和研究布局，构建具有鲜明中国特色的战略传播体系”[②]，这是提升中国国际传播能力建设战略地位与战略效能的关

① 《习近平在中共中央政治局第三十次集体学习时强调 加强和改进国际传播工作 展示真实立体全面的中国》，《人民日报》2021年6月2日，第1版。

② 同①。

键抉择，也是第一次把“战略传播”作为中国国际传播能力建设的基本概念和重要目标。在“初步构建起多主体、立体式的大外宣格局，我国国际话语权和影响力显著提升”之后，构建具有鲜明中国特色的战略传播体系，才能适应新的形势，完成历史性任务。

其三，适应移动化社交化可视化趋势，全面提升国际传播效能。

当今世界，互联网的发展使国际传播的传播手段、传播方式发生巨大变化，给加强和改进国际传播工作、展示真实立体全面的中国带来挑战，也带来巨大的机会。因此，“我们要把握国际传播领域移动化、社交化、可视化的趋势，在构建对外传播话语体系上下功夫，在乐于接受和易于理解上下功夫，让更多国外受众听得懂、听得进、听得明白，不断提升对外传播效果”①。“要全面提升国际传播效能，……要采用贴近不同区域、不同国家、不同群体受众的精准传播方式，推进中国故事和中国声音的全球化表达、区域化表达、分众化表达，增强国际传播的亲和力和实效性”②。还“要创新体制机制，把我们的制度优势、组织优势、人力优势转化为传播优势”③。这也正是我们的战略传播体系的鲜明中国特色之一。

在中国共产党百年光辉历史中，无论是自觉运用媒体宣传自己的主张、努力和成效，有效利用最新科技手段传播自己的声音、讲述中国共产党、中国人民和新中国的故事，还是明确提出并实施网络强国战略，适应互联网等带来的挑战，积极努力把互联网这个最大变量变成事业发展的最大增量，都体现了中国共产党是如何登高望远、居安思危，勇于变革、勇于创新，永不僵化、永不停滞的，是如何以永不懈怠的精神状态和一往无前的奋斗姿态，继续朝着实现中华民族伟大复兴的宏伟目标奋勇前进的。

① 习近平：《加快推动媒体融合发展 构建全媒体传播格局》，《求是》2019年第6期。

② 《习近平在中共中央政治局第三十次集体学习时强调 加强和改进国际传播工作 展示真实立体全面的中国》，《人民日报》2021年6月2日，第1版。

③ 同②。

第二节　谋势战略：战略思维与实现战略传播效益

新闻宣传工作的重要使命是“为国谋势”，谋长远之势，行长久之策。国际传播本质上是一种基于战略目的的交流、沟通和对话。塑造态势是一个国家战略的长期表现，是战略执行的一部分，也是国际传播活动的长期目标。

一、为国谋势：从战略层面思考、谋划、实施

（一）新闻宣传工作的重要使命是“为国谋势”

新闻宣传工作的重要使命是“为国谋势”。在全面开放、内宣外宣一体的条件下尤其如此。

这不仅是因为已不存在单纯的国内新闻与国际报道，必须跳开具体的国内国际报道，从总体上去思考主流新闻机构活动的努力方向与效果追求；更是因为中国的和平发展所面临的内外部环境，决定了新闻媒体的领导者还必须基于中国安全与发展全局去思考与认识新闻工作的任务，去体悟什么是新闻媒体的历史使命。

“当前我国国家安全内涵和外延比历史上任何时候都要丰富，时空领域比历史上任何时候都要宽广，内外因素比历史上任何时候都要复杂”①，因而，习近平总书记在中央国家安全委员会第一次会议上强调：“必须坚持总体国家安全观”②。总体国家安全观，既包括“以人民安全为宗旨，以政治安全为根本，以经济安全为基础，以军事、文化、社会安全为保障，以促进国际安全为依托，走出一条中国特色国家

① 《习近平主持召开中央国家安全委员会第一次会议强调 坚持总体国家安全观 走中国特色国家安全道路》，《人民日报》2014 年 4 月 16 日，第 1 版。

② 同①。

安全道路”[1]的总体要求，也包括“构建集政治安全、国土安全、军事安全、经济安全、文化安全、社会安全、科技安全、信息安全、生态安全、资源安全、核安全等于一体的国家安全体系”[2]的实现途径，还包括“对内求发展、求变革、求稳定、建设平安中国，对外求和平、求合作、求共赢、建设和谐世界”[3]的目标宣示。实际上，这样的要求、途径与目标，又有一个清晰明确的指向，就是维护中国和平与发展的总趋势；有一个要求，保证中国平稳前行、实现“两个一百年”奋斗目标；有一个重要使命，以各种必要手段，塑造并维护实现中国梦的大趋势。因而，坚持总体国家安全观的要求，既是安全要求，也是发展要求；既是对其他方面工作的要求，更是对新闻宣传工作的要求。这样的要求，用简捷明快的语言概括，我理解，就是“为国谋势”。

这里的“势”，首先是指努力目标是为实现中国梦而谋大势。主流媒体必须为国而谋。谋什么？首先是谋大格局，谋大趋势。中华民族语汇中的“势”，大者如清人陈澹然所言，“不谋万世者，不足谋一时；不谋全局者，不足谋一域”，强调的就是大势的重要性；小者如围棋高手对弈时的弃子取势，同样强调的是大势对实现目标的关键作用。“肯取势者可为人先。”为国谋势，要求新闻媒体领导者择高处立，居高望远，视野打得更开，思考指向更深，不只着眼于一时一事的得当有效，更着眼于形势、趋势与大势。因而，要谋大势，谋大格局，谋大趋势，主流媒体领导者就不能仅以一时一篇报道产生了影响为满足，而必须着眼于“取势”，必须着眼于谋大势而排兵布阵，必须着眼于谋大格局、大趋势而运筹帷幄。古人以“千尺为势，百尺为形”的尺度规定作为建筑体量与外部空间设计的所谓“外部模数”，“千尺”与“百尺”的数量之别，就变成“势”与“形”的质之差。这清晰地提示何以必须基于

① 《习近平主持召开中央国家安全委员会第一次会议强调 坚持总体国家安全观 走中国特色国家安全道路》，《人民日报》2014年4月16日，第1版。

② 同①。

③ 同①。

谋大势而为。新闻媒体每日面对纷繁的新闻事件与现象，领导者必须善于积百成千、变形为势。这既体现领导者的大局观，体现媒体的位势与格局，更体现媒体的贡献和努力成效。

这里的“势”，当然包括努力重点是塑造形势、促成趋势、催成大势，促成大势所趋、势在必行、势不可当的局面。舆论指向，就是一种“势”。什么叫作引导舆论，如何报道、如何发声、如何作为，都有一个内在目标指向。在我看来，引导舆论说到底就是塑造形势、促成趋势、催成大势。“能谋势者必有所成。”而新闻宣传工作的使命，就是要着眼于实现中国梦而谋势，为实现安全与发展而谋势，为构建人类命运共同体而谋势。

这里的“势”，当然既是形势，更是位势，是一种力量。舆论引导，说到底是要影响人心。湖北省荆门市郭店乡 1993 年出土的战国楚墓中的《老子》竹简中就有“执大象、天下往”。而引导舆论，既是体察民意，共鸣民心，成“形”为“势”以影响天势，也是把握大势、借用势能，从而感化、影响人心，促使“人心”与“天势”合一。这正所谓“会用势者可得天下”。

（二）从战略层面思考、谋划、实施

中华民族的集体智慧，特别重视“势”。这一点体现在我们有很多成语充满了这种体现中华民族先哲善于从全局与总体认识、把握与运用大势的智慧。大势所趋而势如破竹、势不可当、势在必行，体现对大势的认识与把握；应势而动、顺势而为、乘势而上，则体现了对如何顺应大势、有所作为的重视；而蓄势待发、借势而为则体现了在相对困难条件下如何行动的智慧。

势虽无形，却实在产生影响；势，是领导者最难把握又最需要把握的。把“势”看作一种能量，取势就体现了识势、借势的能力。势虽无形，却往往左右着事态发展的方向。审时度势而为，对舆论的引导与对舆论环境的塑造，就可能得遂所愿；甚至，顺势而上可能事半功倍；而

如果审时度势之功有所欠缺，逆势而动，则可能事倍功半。因而，司马迁才会强调得势益彰、失势则无。

要想做到“为国谋势”，需要新闻媒体的领导者与新闻报道的组织者习惯于从战略层面思考，要善于从战略层面领悟。战略是筹划和指导全局的方略。从战略层面思考，不仅要求胸怀大局、眼观全局，还要求领悟方略、把握总体。习近平总书记提出的“因势而谋、应势而动、顺势而为”[①]，正是从把握国际国内两个大局层面，对新闻宣传工作提出的具有方略意义的要求和指导。新闻宣传工作要想做到“因势而谋、应势而动、顺势而为”，就必须先省察何为大势，就必须顺应总体方略而部署新闻报道工作，这样才能在事关大是大非和政治原则问题上，有效增强主动性、掌握主动权、打好主动仗。可以说，为国谋势，是要求从更高层面把握与权衡新闻报道的时机、尺度、效果。

二、基于谋势：政治传播策略的研究基点

在大变革时代如何确定政治传播策略？以什么样的思维框架研究政治传播策略？政治传播策略的研究基点是什么？

这一系列问题之所以有必要提出，是因为世界正在发生激烈而深刻的变化，世界经济重心正在向非西方国家转移，近代以来以西方国家为中心的世界权力秩序正在经受明显冲击，以移动互联网、人工智能为代表的新一轮技术革命在推动生产力增长的同时，也在深刻改变社会结构、社会运作方式和人们的认知，当今世界正处于“百年未有之大变局”[②]。在这样

① 《习近平在全国宣传思想工作会议上强调 胸怀大局把握大势着眼大事 努力把宣传思想工作做得更好》，《人民日报》2013年8月21日，第1版。

② 习近平总书记在中央外事工作会议上指出：“当前，我国处于近代以来最好的发展时期，世界处于百年未有之大变局，两者同步交织、相互激荡。”参见《习近平系统阐述新时代中国特色社会主义外交思想》，《人民日报》（海外版）2018年6月25日，第1版。

的大变革时代[①]，各个国家和执政主体都在努力向域内和国际社会施加影响，力图营造更有利于自己的发展环境，塑造更有利于自己的博弈态势。除此之外，国家间的竞争和博弈还通过多个层面、多种方式反映出来，而传播特别是政治传播，更成为这种博弈的呈现场、加速器，甚至更为直接而深刻地体现着战略博弈，常人看来不过是各种传播碎片的堆积，其实往往服务于战略目的。

这一系列问题之所以有必要提出，还因为传播行动所产生的影响并不会止于一时，并不会仅限于某些层面。即使所涉及的事件和现象看起来已烟消云散，但这些事件和现象的传播所造成的影响仍然会持续，人们内心产生的认同、拒斥等会长期留存，对人们的价值观、意识、行为方式产生的影响仍然会持续。特别是政治传播所着力的重要部分就是长期影响、深刻改变，所希冀获取的传播效益本来就在战略博弈层面。因此，有必要从战略层面思考政治传播策略的研究基点。

（一）战略思维与传播之道

什么是政治传播？政治传播是传播主体有意或无意，利用行为、语言等有意义的符号和方式，直接传播或借助传统媒体、新媒体向社会成员或者域外受众传播政治信息、获得政治效果、实现政治意图的现象、行动和过程。政治传播从其诞生以来，无论是以相对原始的方式传播政治组织的决定与意图，还是以多种手段实施选民说服，还是以人际传播、群体传播、组织传播、大众传播等方式进行政策传播，或是传播主

① 中国传媒大学政治传播研究所组织筹办的“第三届中国政治传播研究学术论坛”的主题为“新时代、新基础、新形态：大变革背景下的中国政治传播”，本节内容是作者对此次论坛主题演讲的展开。

体基于长远谋略实施战略传播[①]，其所希望获得的政治效果、所希望实现的政治意图，往往超越了其所传递的信息本身。当今世界发生的诸多事件，都可以把原因归于某种思想观念长期以多种形式传播所产生的深远影响。在移动互联网时代，政治传播已经不局限于传统形态。从政治传播的视角观察，一切能够传递政治信息、获得政治效果、实现政治意图的传播都是政治传播。这更使政治传播的总体把握面临历史性的命题，必须从战略层面研究政治传播策略。当前世界正经历百年未有之大变局，政治传播所面临课题、所涉及内容、所影响利益、所参与博弈的特殊性，决定了研究政治传播策略时思维框架不能局限于一时一隅，而必须基于战略思维。基于战略思维确定的政治传播策略，在注意力、影响力竞争中，才可能帮助传播主体获得所期冀的效果和效益。

对政治传播策略的确定与实施而言，战略思维为何如此重要？“战略问题是一个政党、一个国家的根本性问题。”[②]在人类历史上，人们看到过太多这样的案例，战术层面堪称精彩、战役层面取得成功、战略层面愚蠢失败。在战争中，这样的事例往往表现为在军事上取得成功而在政治上彻底失败。在一个国家发展的关键时刻，在战略上做出的选择，决定国家的前途命运。因而，“战略上判断得准确，战略上谋划得科学，战略上赢得主动，党和人民事业就大有希望”[③]。而政治传播策略的确定和实施，同样需要在战略上准确判断、科学谋划，从而在战略上赢得主动。

战略思维能力是一种极为重要的能力，无论是对于个人，还是对于一个政治集团。它既体现为“善于观大势、谋大事，站在国内国际两个

① “战略传播是指政府或组织为实现特定战略利益，动员协调各种资源，向特定目标受众传递信息、施加影响的过程。战略传播的目标包括认知提升、形象塑造、身份建构、态度转变、价值认同和行为转化。”参见毕研韬、王金岭：《战略传播初探》，《海南师范大学学报》（社会科学版），2011年第5期。

② 《习近平在纪念邓小平同志诞辰110周年座谈会上的讲话》，《人民日报》2014年8月21日，第2版。

③ 同②。

大局、党和国家工作大局、全面深化改革全局来思考和研究问题”[①]；也体现为战略领悟能力和战略定力。2013 年 1 月，十八届中共中央政治局就坚定不移走和平发展道路进行了第三次集体学习，习近平总书记在主持学习时就要求“加强战略思维，增强战略定力”[②]。面对当今世界的急剧变化，提升战略思维能力的任务也越来越紧迫。党的十九大报告把战略思维放在增强政治领导本领必须坚持的五个思维之首，要求“坚持战略思维、创新思维、辩证思维、法治思维、底线思维”[③]。在党的十九大报告中“战略”一词出现 42 次[④]，其中包括人们已经非常熟悉的“重要战略机遇期”“协调推进‘四个全面’战略布局”“创新驱动发展战略”“新形势下军事战略方针”等等，也包括人们不太熟悉的新概念，包括“战略科技力量”“战略性重组”“战略能力”“国家战略体系”。以上都可以理解为中央在引导人们往什么方面思考，以有效提升战略思维能力。

客观地说，战略思维是一种稀缺的思维品质。它要求一个人或一个组织的思维要具有以下六个要素。一是具有战略思维高度，要不管身居何种位置和环境，其关注点与思维重心必须处在战略谋划、战略制定、战略实施的高度。二是要有战略思维框架，要求思维方式和问题把握要有大格局、大视野、大关注。三是要有战略权衡能力，要对战略格局与影响战略目标的力量对比有执着的关切，对影响战略能力与战略目标实现的因素有敏锐直觉、理性把握与系统分析。四是要有战略想象力，要

① 《把握大局审时度势统筹兼顾科学实施 坚定不移朝着全面深化改革目标前进 习近平主持召开中央全面深化改革领导小组第一次会议》，《人民日报》2014 年 1 月 23 日，第 1 版。

② 《习近平在中共中央政治局第三次集体学习时强调 更好统筹国内国际两个大局 夯实走和平发展道路的基础》，《人民日报》2013 年 1 月 30 日，第 1 版。

③ 习近平：《决胜全面建成小康社会 夺取新时代中国特色社会主义伟大胜利——在中国共产党第十九次全国代表大会上的报告》，人民出版社，2017，第 68 页。

④ 在党的十八大报告中，“战略”一词出现 33 次。在党的二十大报告中，“战略”一词出现 61 次。

能够基于现实因素又突破现实因素的阻碍，在战略层面充分想象未来图景与走向，冷静谋划战略目标与实现路径，探寻实现战略目标的力量来源与驱动方法。五是要有战略预见能力，要在对战略要素、战略目标、战略得失有清醒、理性又富有想象力的评估的基础上，对战略形势演变、战略竞争态势变化有清醒预测，从而谋划实现战略目标的路径与方法。六是要有战略实现能力，既能够意识到位，虽然未在其位，却视野与思维框架到位；又能够方法到位，以适应战略谋划的逻辑框架、理论方法研究战略问题；还能够实施到位，以坚韧不拔的努力和切实有效的行动实施既定战略。

传播形态、传播方式的剧烈变化，公众传播素养的提升和传播能力的增强，使传统传播主体面临巨大挑战。国家间的竞争和博弈越来越深刻地反映到传播中来，更促使政治传播研究从“术”的层面深入“道”的层面。

在我看来，传播之道，基于谋“势”。因势而谋、应势而动、顺势而为、因势利导，这四个成语体现了中国人的处世之道，体现了中国的传统政治智慧，同样也是政治传播智慧。从方法论层面说，中国智慧的重要体现就是对于“势”的认识。中国人对“势”的领悟和把握，渗透着中国传统文化的精华，在诸多层面都有体现。

舆论引导，说到底是要影响人心。势虽无形，却实在产生影响。尽管传播的着眼点、切入点都可以很具体，但总体思维必须发生变化。过去，人们比较注重传播效果的研究。但总体来看，对于具体事件、主题传播效果的讨论较多，却缺少对于一段时间、一个领域、一个议题的舆论博弈效果的观察与研究；缺少对于战略性问题的舆论博弈效果评估。考量舆论博弈某种意义上就是对舆论态势的评估和判断。如果没有战略思维，就谈不上考量舆论博弈；没有博弈论思维，也很难赢得舆论博弈。政治传播，应当更多地引入博弈论的研究成果，从而，更有效地从博弈思维决定如何切入舆论博弈，以什么样的思维来参与舆论博弈。博弈思维可以开拓人们的传播视野，帮助人们从战略层面考虑得与失，而不是对每一个舆论事件都做出针锋相对的直接反应。

（二）传播思维应当发生的转变与优化

今天讨论政治传播，显然不能局限在一国的地理边界与一般的时空环境。

今天的中国处在什么样的历史方位？习近平总书记纵观当今世界百年未有之大变局，明确提出“三大趋势”“三个前所未有”“三个重大危险”等战略判断。所谓“三大趋势”，即，从外部环境来看，国际形势风云变幻，当今世界是一个新机遇新挑战层出不穷、国际体系和国际秩序深度调整、国际力量对比深刻变化并朝着有利于和平与发展方向变化的世界。所谓“三个前所未有”，即从我国发展的阶段性特征来看，我国前所未有地靠近世界舞台中心、前所未有地接近实现中华民族伟大复兴的目标、前所未有地具有实现这个目标的能力和信心。所谓“三个重大危险”，从国家安全面临的威胁来看，主要存在国家被侵略、被颠覆、被分裂的危险，改革发展稳定大局被破坏的危险，中国特色社会主义发展进程被打断的危险。

今天中国的历史方位，特别是“三个前所未有”，决定了今后相当长时间内中国政治传播的战略基点与着眼点。不能够从战略层面领悟这些战略判断，就难以深刻理解和得当把握政治传播与国际传播。

基于中国所处的历史方位和维护中国国家利益的需要，今天，政治传播思维应该发生什么变化？至少包括以下四个方面。

1. 基于为国谋势把握国际传播

如何做国际传播，人们可以从“术”的层面做深入探讨，而且必须研究政治传播之“道”，国际传播之“道”。国际传播、政治传播之“道”，就是为国谋势。今天中国的政治传播、国际传播的基本思维应当发生深刻变化。今天中国的政治传播不仅仅是出于国内政治公开透明的需要，同样是一种新闻发布。今天的新闻发布应当是舆论博弈、战略传播的组成部分。中国的发展本身不可避免地对全球地缘政治格局产生一定影响，顺应“三个前所未有”，今天的新闻发布将更多面对有关国际事务和涉外事务的提问。而这与当年因“非典”而在全国从上到下建立新闻发布制度时所面临的使命与任务有了重大不同，显然，其回应方式也会有明显的不同。

要讲好中国故事，就不能只是漫无目的地、随意地一个一个讲，而是要择高处立，居高望远，视野打得更开，思考指向更深，不局限于讲好一个故事，而是着眼于谋大势而排兵布阵。尽管国际传播的着眼点、切入点都可以很具体，但总体思维必须发生变化，必须有国际政治和战略意识。

2. 基于战略思维考量舆论博弈

在今天，没有足够的战略思维，就难以把握复杂的舆论形势，也很难做出适当回应。如果没有战略思维，就谈不上考量舆论博弈；没有博弈论思维，也很难考量评估舆论博弈。

3. 基于战略布局运用传播资源

今天，政治传播必须有战略思维；传播资源的运用，既必须依据整体战略布局来考量，也必须形成一个目标、路径清晰的战略布局，并依据这样的战略布局实施具有战略意义的传播行动。

4. 基于解释权竞争推进好感传播

国际传播的境界是好感传播。如何做到好感传播、魅力传播？仅仅靠讲故事是不够的。从世界范围看，政治博弈的核心往往在解释权竞争上有淋漓尽致的体现。对于国际事务、贸易规则、历史事件和人类共同关心的话题，不同国家与国际组织的领导者、学者、媒体，会给出各种各样的解释。在传播领域，人们越来越意识到，对事实的选择性叙述和解读等观点性信息，往往比事实本身更容易产生影响，甚至影响力会超过事实本身。任何客观事实，无论是用影像还是用文字叙述出来，都可能加入了叙述者的主观意图。选择哪些事实讲出来，选择什么细节构成所叙述的事实，都体现了叙述者有意识或无意识的主观意图。何况，在移动社交时代，观点、分析、判断、意见往往更有传播力与穿透力。观点、分析、判断、意见所体现的就是对事实的解释。这种解释能力不断体现，形成影响，或被事物发展所验证，使得传播者好像握有了解释权。我把这样的舆论博弈称之为解释权竞争。

好感传播最硬的内核，恰恰是价值观传播。价值观的外在体现则可以是多样的、多手段的。

（三）政治传播策略研究的三个思考

在当今世界百年未有之大变局中，中国政治传播必须服务于实现中华民族伟大复兴这个中华民族近代以来最伟大的梦想，服务于推动构建人类命运共同体这个越来越得到世界各国认同的愿景，服务于共建“一带一路”这个体现我国国际影响力、感召力、塑造力的倡议。因此，政治传播策略研究必须体现新的高度、新的境界、新的路径。

1. 以战略思维经营当下，谋划未来

政治传播要关注现实问题、研究现实对策。但以战略思维来思考政治传播策略，就必须着眼于通过实现长期目标来处理现实问题，以经营当下来谋划未来。什么是战略？在管理学家德鲁克看来，战略不是研究未来要做什么，而是研究今天做什么才有未来。虽然，这句话是基于企业战略而言的，但是对于政治传播策略的确定仍然有启发意义。对现实问题的密切关注和应对，是政治传播实践常态，但这种关注与应对，不应局限于就事论事，不应仅仅着眼于处理现实问题，而必须基于实现长期效益和长远目标。在另一位管理学家安索夫看来，战略管理的一个重要任务是管理动荡环境。战略管理是面向未来动态地、连续地完成从决策到实现的过程的。这种思维方式有益于政治传播策略的研究与实施。在急剧变化的世界历史中观察政治传播，政治传播恰恰是在动荡环境中不断完成从决策到实现的过程。只是，在当今信息全球流动的时代，政治传播必须在更高层面服务于战略目标，政治传播策略的重心必须处在战略谋划、战略制定、战略实施的高度，政治传播行动必须时时权衡是否符合战略利益。

2. 基于谋“势”研究政治传播策略和方法

正是因为传播之道在于谋“势”，政治传播策略与传播方法的研究就要基于谋“势”。在当今百年未有之大变局中，更应该从历史维度、战略层面拉开观察视野和思维框架，延伸思维长度，从历史过程分析现实问题，基于“谋势”处理现实问题又谋求长远效应，谋划具有战略意义的现实对策和策略。基于谋“势”研究政治传播策略和方法，可以帮助人们超越一般认知，有更深刻的理解。

只要能够实现谋“势”的目标，政治传播的手法与形态就可以是多样的。为了实现政治意图、获得政治效益、实现战略利益，政治传播可以借助传统形态，表现得正式、严肃；也可以借助多种新手段，运用更体现时代特点、更容易吸引受众、更让年轻人喜闻乐见的形式。实际上，基于谋求长远效应的政治传播，其表现形式、传播手法恰恰有别于传统政治传播。布热津斯基的《大棋局》等一系列著作是其一系列战略谋划的体现，而人们把“奶头乐理论”与布热津斯基联系在一起，正是因为看到了所谓精英阶层以这种温情、麻醉、低成本、半满足的传播方式，消除“边缘化人口”不满背后所隐藏的战略目的。

3. 以百年眼光理解现实事件，研究舆论博弈

政治传播不是静态的，不是孤立的。中美贸易摩擦的发展与演变，让人们活生生地看到大国博弈如何在多个领域进行，如何复杂地体现为舆论博弈。现实事件是历史进程的延续。许多现实事件的背后，或明或隐地体现着一种长期战略的延续，体现着一个民族、一个国家宿命般的历史追求。因此，认识政治传播现实，研究政治传播策略，必须去研究大国博弈的历史进程和长期战略。恩格斯曾经指出，“世界不是一成不变的事物的集合体，而是过程的集合体”[①]。许多延续许久的发展和变化，要以百年以上的历史眼光和特殊视角观察，才可能得出比较深刻的

① 恩格斯：《路德维希·弗尔巴哈和德国古典哲学的终结》，载《马克思恩格斯全集 第二十一卷》，中共中央马克思恩格斯列宁斯大林著作编译局编译，人民出版社，1965，第 337 页。

认识。

谁控制了海洋，谁就控制了世界，这是战略学家经常谈到的。以海洋为切入点观察大国间的百年博弈，就会发现其经略海洋战略延续几百年，从而对正在发生的诸多事件的特殊意义有新的认识。世界上上千个大小海峡中，可以航行的约 130 个，其中作为国际航行通道的约 40 多个。冷战结束后，美国仍坚持其在冷战时期所宣布的控制 16 个海上咽喉航道的战略。这 16 个海上咽喉航道包括马六甲海峡、望加锡海峡、巽他海峡、朝鲜海峡、苏伊士运河、曼德海峡、波斯湾、霍尔木兹海峡、直布罗陀海峡、斯卡格拉克海峡、卡特加特海峡、格陵兰—冰岛—联合王国海峡、巴拿马运河、佛罗里达海峡、阿拉斯加湾、大西洋上非洲以南海域到北美的航道。这也正是当今世界的热点地区，相当长时间内国际新闻的热点恰恰都围绕这些海峡。地缘政治中有这样一个比喻，即“六把钥匙锁世界”，是指六个海上运输通道决定着全世界的能源运输。它们是巴拿马运河、直布罗陀海峡、苏伊士运河、霍尔木兹海峡、曼德海峡和马六甲海峡。这六个海上运输通道尤其是博弈焦点和新闻热点。以海洋视角观察俄罗斯，同样有不同的认识。13 世纪末莫斯科大公国开始兴起，在瓦西里一世、瓦西里二世、瓦西里三世统治时期，莫斯科大公国从 43 万平方千米扩展到 280 万平方千米，向北延伸至白海。因之发现了海岸与出海口对其实力和发展的重要作用，自称为沙皇的伊凡四世（1533—1584 年在位）企图打通波罗的海作为出海口。在彼得一世时期，占领海岸与出海口成为明确的国家战略。1721 年，俄罗斯帝国迫使瑞典签订了《尼斯塔特和约》，在结束了北方战争的同时，获得波罗的海东岸的大片土地，打开了波罗的海出海口，成为海上大国，从而挤进了欧洲强国的行列。圣彼得堡城因之开始建设。

以百年以上的历史眼光和特殊视角观察欧洲，同样会加深对现实事件背后的战略意图的认识。丘吉尔在《第二次世界大战回忆录》中说，“英国四百年来的对外政策，就是反对大陆上出现最强大、最富于侵略性和最霸道的国家”，英国总是“参加不那么强大的一方，同它们联合起来，打败和挫败大陆上的军事霸主，不管他是谁，不管他所统治的是哪一个国家”。英国的均势战略的核心是，英国在任何时候都“必须反对一个最强大的国家或者几个国家联合起来的政治上的独裁”。不希望欧洲大陆被一个最强国的霸权所统治，不愿意欧洲大陆出现强权。英国通过离强合弱、扶弱抑强、孤立、干涉等手段在外交事务中交替应用均势政策，维持着一种对自己有利的欧洲大陆均势，并成为这种均势的操纵者。从丘吉尔所描绘的英国百年战略，可以对英国在欧洲和欧洲以外地区的一些出人意料的选择，有更深的思考和认识。

实际上，许多战略学者也正是以百年尺度作为观察和评估战略影响的依据，作为他们战略谋划的着眼点的。如前文所述，1946 年 2 月 22 日，时任驻苏联代办的乔治·凯南向美国国务院发了一封长达 8 000 字的电文，对苏联的内部社会和对外政策进行了深入分析，由他提出并最终被美国政府所采纳的对付苏联的长期战略，也就是“遏制政策”，对 20 世纪后半叶的世界政治产生了重大影响。1947 年，乔治·凯南以“X”署名在美国《外交事务》上发表文章《苏联行为的根源》。该文明确提出美国要使用“抵抗力量”，对苏联的扩张倾向进行长期、耐心、坚定与警觉的“遏制”。这被普遍认为是美国对苏战略的思想基础。美国智库哈德逊研究所的中国战略研究中心主任白邦瑞所著的《百年马拉松——中国取代美国成为全球超级强国的秘密战略》认为，中国有一个百年的秘密战略，即在 2049 年取代美国成为全球霸主。类似的观点，正在成为西方政治传播中的不容忽视的内容之一。因而，百年眼光和观察尺度也应当是观察分析舆论博弈、研究政治传播策略的必要思维方式和工具。

政治传播策略的研究必须基于战略思维，必须有跨越历史的眼光，从而得出对实现中华民族伟大复兴最为有益的传播策略。

（四）政治传播的传播策略与传播之道[1]

1. 新媒体传播时代的政治传播

政治传播是传播主体有意或无意，利用行为、语言等有意义的符号和方式，直接传播或借助传统媒体、新媒体向社会成员或者域外的受众传播政治信息、获得政治效果、实现政治意图的现象、行动和过程。在移动互联网时代，政治传播已经不局限于传统形态。从政治传播的视角观察，一切能够传递政治信息、获得政治效果、实现政治意图的传播都是政治传播。政治传播可以表现得很正式、严肃，也可以借助多种新手段，运用更体现时代特点、更容易吸引受众、更让年轻人喜闻乐见的形式。比如，为了让海外公众了解“四个全面”，新华社制作了一段微视频，运用了摇滚、说唱音乐的形式来介绍什么是“四个全面”，点击量巨大，取得了非常好的传播效果，海外的主流媒体也纷纷给予正面积极报道。

在移动互联网时代，政府的公共管理不仅要管好互联网本身，也要充分运用传统媒体和基于互联网、移动互联网的各种新媒体，有效进行包括政策宣传、解读在内的政治传播，从而提高治理的有效性。所以，我们要有效提升领导干部的政治传播素养。2016 年 2 月 26 日，当年两会之前，“国务院”客户端上线。人们会问，国务院可以借助、动用的主流媒体、信息渠道那么多，为什么还要自己办一个客户端呢？中国政府网在关于“国务院”客户端上线的介绍中说：“国务院客户端是国务院办公厅中国政府网发布政务信息和提供在线服务的新媒体平台，主要发布国务院重大决策部署和重要政策文件、国务院领导同志重要活动等政务信息，也是政府面向社会提供服务、与公众互动交流的新渠道。客户端的开通有利于创新信息公开方式、扩大政务公开参与渠道，也会促

① 本部分内容系在《政治传播不仅仅是讲故事——访传播专家陆小华》（答《党员干部之友》记者邢华问）基础上改写的。

进法治政府、创新政府、廉洁政府和服务型政府的建设。”[①] 从政治传播角度观察，有一个重要规律，即便利性决定传播的有效性，也决定公共治理的有效性。让传播对象更便利，传播就更有效，就更能影响他们。让管理对象获得政策信息、政策解读信息越便利，管理就越有效。“国务院”客户端更便于让国内外的公众了解政策和动向。

纵观传媒发展史，政治传播在不同历史时期都会借助不同媒介形态、传播手段。在这个时代，政治传播有什么特殊表现形式呢？

一方面，视频在政治传播中发挥更大影响力。人们已经比较熟悉新媒体的“三微一端”，即微博、微信、微视频和客户端。微视频影响力越来越大，这首先是因为数字技术条件提供的便利，其次是因为影像可以传递更为丰富的信息，相对于语言描述，影像有更丰富的表现形式，可以给人们更多样的、更强烈的信息冲击和感受，从而更容易打动人们。新华社制作的庆祝中国共产党成立 95 周年的微视频《红色气质》在 2016 年 7 月 1 日之前上线，点击量巨大，非常受年轻人的欢迎。这部片子不到 10 分钟，通过有冲击力的表达方式，清晰传递着政治信息。

另一方面，视频直播也体现了特殊的影响力。新华社对庆祝中华人民共和国成立 60 周年大会、纪念中国人民抗日战争胜利暨世界反法西斯战争胜利 70 周年大会等都进行了电视直播。这种直播好像一个仪式，对在现场和不在现场人们的思想、认知、行为都会产生非常强的塑造作用。

2. 传播与治理：政治传播的四个规律

在政治传播视野中探讨治理，有四个规律是非常重要的。

其一，现代政治中权力更源于信息施放。政治学上有一个著名的观点：所有的权力垄断最后都是一种信息的垄断。但是在新媒体时代，这个“规律”失灵了，因为人人都使用社交媒体，信息无法真正封锁。因

① 《国务院客户端上线》，https://www.gov.cn/xinwen/2016-02/26/content_5046572.htm，访问日期：2024 年 3 月 11 日。

此，有效的公共治理，需要有效的信息施放。

其二，善治更基于善于运用信息驱动力。认识信息，就发现了力量；占有信息，就拥有了权力；整合信息，就增强了能力；传播信息，就施展了力量；形成信息流，就形成了更强的支配力。

其三，便利性决定传播的有效性，也决定公共治理的有效性。让公众便利地获得信息，让相关群体更便捷地获取相关信息，传播就越有效，治理也就越有效。这个便利，包括时间、方式、渠道、手段等方面的便利，包括内容要简明、突出、完整，等等。

其四，效果可控的传播才是好的政治传播，是善治的基础。要传播，就要预估传播可能引发什么样的影响，引发什么样的社会效果。效果可控，是传播的前提。如果对传播效果没有足够把握，宁可不传播。

3. 新媒体时代政策传播需注意的问题

在新媒体时代，要做好政策传播需要注意以下几点。

第一，从社会效果的角度考虑政策传播。即使是一种专业性很强的政策，在公布时，也要把它作为社会政策去寻找解释重点，确定传播重点，预估误解点与质疑点，预定应对办法，这样才能获得好的效果。这是因为，即使是专业政策，对社会运行也会产生强烈影响，因此，人们常常把政府的专业政策当作社会政策去评价。

第二，从利益变动角度评估政府决策与行为可能引发的反响。历史证明，每一项重大政策出台与重大基础设施建设，都是对利益格局与市场格局的重新调整。诸多与政府有关的热点证明，质疑方首先往往是利益可能被损害或者自认为利益可能受损的群体。因此，进行政策传播，要评估政府决策与行为可能调整的利益与可能连带影响到的相关利益方，据此决定传播策略。

第三，谨慎评估政策实施可能产生的极端情况，据此决定如何进行政策传播。政策传播，要慎做绝对性表述。人们会从多方面评估社会对政府决策和施政行为的接受程度。政府出台的决策和施政行为，对于处在不同发展阶段的区域、不同的行业，引发的影响和接受程度是不同的。这就要求进行政策传播时，要对不同地域和行业有针对性地确定不同的解读重点和传播重点。

第四，进行政策传播时，恰当运用决策考虑和细节。管理和决策从来都不是内部的事情，都会对外部产生影响。因而，公众会非常关注政府的决策考虑和关键细节。因为这些决策考虑和细节会透露出政策文本以外的更多信息，会帮助人们更有效地把握政策。因此，进行政策传播时，可以主动作为，透露对政府机构运行、政府决策行为更为有利的细节。这种决策考虑和细节的传播，实际上有助于政策的实施。

第五，政策传播注重非文本内容的运用。公众会高度关注政府决策与行为的非文本内容。在文件内容以外，关注由谁来公布、谁来解读、以什么样的形式发布。这些非文本内容包含丰富的信息，也是政策传播中具有重要影响力的部分，在进行政策传播时必须精心考虑。

第六，把核心举措作为政策传播的重点。人们可以看到，新媒体对一个新出台的政策的引述和评论，往往集中在核心举措上。政府的决策会有很多内容，公众关心的往往是最核心的举措。这就要求把核心举措作为传播重点。传播者要注意从职责履行与传播效果两个角度权衡，解读核心举措。

第七，善于对专业决策进行通俗易懂的翻译和概括。互联网时代的政策传播就是关键词的传播，通俗而概括的表达方式能产生更好的传播效果。进行政策传播时，如果主流媒体不做通俗易懂的翻译和概括，在新媒体平台上，人们就会按自己的理解去翻译。

第八，把握好决策传播口径和关键表述的变化。互联网有远比人脑更好的记忆。人们可以借助搜索引擎比较一个政府部门就同一事项前后表述的变化。前后口径差异过大，公众就可能提出批评。因此，进行政策传播时，需要特别注意协调性，对必须出现的变化给出合理解释。同时，要善于释放恰当信息，有效引导人们的预期。

三、善于谋势：把握“国之大者”，提升国际传播效能

当代中国正在经历人类历史上最为宏大而独特的实践创新，改革发展稳定任务之重、矛盾风险挑战之多、治国理政考验之大都前所未有，世界百年未有之大变局深刻变化前所未有，提出了大量亟待探索的理论和实践课题。

今天，要胸怀中华民族伟大复兴战略全局和世界百年未有之大变局，牢牢把握“国之大者”推进国际传播，提升国际传播效能。党的二十大报告特别强调，要“坚守中华文化立场，提炼展示中华文明的精神标识和文化精髓”，这是“讲好中国故事、传播好中国声音，展现可信、可爱、可敬的中国形象”的重要前提；“加快构建中国话语和中国叙事体系”，这是讲好中国故事、增强中华文化传播力影响力的基础；“加强国际传播能力建设”是增强中华文明传播力影响力的物质基础和能力基础；“全面提升国际传播效能，形成同我国综合国力和国际地位相匹配的国际话语权”是对全党全国的目标要求。在此基础上，在国际文化激荡中，我们要“深化文明交流互鉴，推动中华文化更好走向世界”①，向世界展现中华民族伟大复兴的精神风貌和内在力量。

（一）传播格局变化与国际传播策略

国际传播的主体是国家和国际组织，国际传播以跨越民族国家界限为特征，以大众传播与人际传播为主要途径。传统平台的规律性变化必然会影响国家战略的实施。传播规律的变化必然要求国际传播战略的实施方式做出调整。

1. 传播格局变化与国际传播实施

在今天，传播格局变化有什么样的特征呢？从中国国家国际传播战

① 习近平：《高举中国特色社会主义伟大旗帜 为全面建设社会主义现代化国家而团结奋斗——在中国共产党第二十次全国代表大会上的报告》，《人民日报》2022 年 10 月 26 日，第 1-5 版。

略的实施角度来说，有这样几个。

其一，大国纷纷介入，跨国电视传播成为国际竞争工具。美国有线电视新闻网（Cable News Network，CNN）于 1980 年 6 月创立，以全球采集、全球覆盖，突发新闻、连续报道，现场直播、多点评论等手段形成富有特色的报道和运作模式，它对国际政治影响如此之深，以至于联合国前秘书长加利曾经说：CNN 就是联合国安理会的第 16 个成员。英国广播公司（BBC）于 1991 年开启全球新闻服务电视频道，1995 年更名为英国广播公司世界电视台（BBC World），它也接受政府资助。法国的 24 小时新闻频道，即法国 24 新闻台（France 24），于 2006 年 12 月 6 日开播。今日俄罗斯的电视节目制作机构也有政府拨款。卡塔尔创办的半岛电视台于 1996 年 11 月开播，从此出现了小国创办的电视台影响国际政治格局的局面。历史地看，大国开办电视台，是开办国际新闻广播的延续。最早开办国际新闻广播的是荷兰，始于 1927 年，然后德国在 1929 年、法国在 1931 年、英国在 1932 年分别创办了国际新闻广播，以向国际社会施加影响。

其二，新媒体崛起成为新实力工具。新媒体普及速度更快、影响力更大，形成了一个主导者乏力、利用者实力倍增的格局。获得 1 亿用户脸书用了 4 年，新浪微博用了 15 个月，腾讯推出的微信只用了 433 天。

其三，全球信息流动加剧价值观的博弈。对于新闻传播而言，当今是一个国内外热点共振的格局，已不存在纯粹的国内新闻。今天，全球信息流动挟经济势能又背离经济地位，具有较强全球经济地位并不意味就会相应获得与其相当的全球传播地位。

其四，传播模式变化形成新传播力量。当今是广播式传播、分享式传播、关系链传播并存的格局。是否善于运用新传播模式影响着国际传播效能的好坏。

其五，传媒运用策略有效影响国际规则制定。马尔代夫内阁在水下戴着潜水工具召开一次内阁会议，其照片掀起巨大波澜，使得太平洋岛国在气候变化问题上有了新的博弈力量，影响了其后召开的气候大会的讨论议题和进程。

2. 可作为国际传播策略的选项

其一，确定更明晰的国际传播战略意图。国际传播的目的是什么？是影响甚至改变外界的认知，这就决定了传播的路径、方法和内容。在今天，国际传播究竟是价值观导向的还是目的导向的？显然应该是两者结合的。大家对比一下中法文化年，中国文化年在巴黎的开年仪式和法国文化年在中国的开年仪式，从不同的活动内容就可以看出国际传播的目的是否清晰，而这将使效果大不一样。法国文化年在北京的开年仪式是法国百年工业设计展、法国印象派画展和法国飞行表演队在长城上空进行飞行表演。而法国飞行表演队在埃及的飞行表演飞过了金字塔，活动内容的选择显然蕴藏了传播目的。

其二，塑造更丰满的中国形象。当今应当着力塑造更丰满的可爱、可信、可敬的中国形象，而不是简单地介绍中国。国家形象塑造是国际战略博弈的一部分，一个不怒而威的形象可以扩大战略优势。

其三，更努力地介入国际传播秩序的构建。当今中国应当作为国际舞台上全球信息的重要传播者，应当向世界报道世界，从而影响世界。作为全球信息的重要传播者，报道世界同样能够增进外部的认同。

其四，更有力度地布局周边传播。从战略层面看，中国国际传播的重心之一应该是明晰有力的周边传播与区域传播。区域合作、多边合作、双边合作的发展对周边和区域传播提出了新的要求，要求有新思维、新策略。

（二）增强共建“一带一路”传播有效性的原则和策略

1. 增强传播有效性的四个对策

共建“一带一路”倡议提出超十年，其成为构建人类命运共同体的重要实践平台共商共建共享取得很大进展和丰硕成果。“一带一路”相关主题、进展和成就传播的核心目标是在增进了解和理解的基础上，增进共识和合作，以更好地实现习近平总书记提倡的“五通”目标：实现政策沟通、设施联通、贸易畅通、资金融通、民心相通。其中，民心相通是基础，也是实现前面“四通”的重要条件。

要实现这样的传播目标，形成更有利于实现共建“一带一路”的舆论环境，需要优化理念与传播模式。在对内传播与对外传播越来越互动、互励的情况下，必须采取一系列对策增强对外传播有效性，以增强针对性、提高接受度、放大感染力、提升说服力。这四个具体目标应当如何实现?

其一，以国别研究为基础，增强传播针对性。

共建“一带一路”涉及的国家和地区数量众多，区域广阔。面对如此庞大复杂的区域和群体，传播绝不能是大水漫灌式的，绝不能是简单地把它们当作一个对象、一个整体、一个区域做传播。有效的关于共建“一带一路”的全球传播一定是以对国别的研究和理解为基础的，这样才能有效增强针对性。应当说，一个大国在走向强盛的过程中，必然伴随着对世界诸多地区、国家、民族的深刻了解和理解，和被这些地区、国家和民族了解和认同，以此为基础才能实现合作。共商共建共享“一带一路”是共建国家的共同选择和愿望。作为共建“一带一路”的首倡国，中国的全球传播也必须建立在国别研究的基础上。2018 年，全国哲学社会科学工作办公室宣布，国家社科基金从当年开始设立冷门“绝学”和国别史等研究专项，重点围绕对国家战略发展具有重要意义和研究投入不足的基础学科，对文化传承具有重要价值而急需抢救的濒危学科，对中国特色哲学社会科学构建具有重要作用而有待加强的特色学科。涉及一级学科主要包括哲学、中国历史、世界历史、考古学、中国文学、外国文学、宗教学、民族学、语言学等人文基础学科，涵盖敦煌学、藏学、边疆史、边海防史、非物质文化遗产研究、历史地理学、地名学、中小国家特别是“一带一路”共建国家国别史、周边外交及中外交往史、少数民族史、简牍学、古文字学、少数民族语言文学、外语小语种、因明学等学科领域。其中，世界历史、考古学、民族学、语言学等基础学科，特别是历史地理学、地名学、中小国家特别是“一带一路”共建国家的国别史、周边外交及中外交往史等，更是与共建“一带一路”的对外传播密切相关。国家社科基金的新举措给有关共建“一带一路”的全球传播提出了重要启示。

其二，以更深入的受众研究为基础，提高传播接受度。

受众研究，在学术界和新闻传播实践领域，都是人们关注的重点和持续研究的课题。但是有关共建“一带一路”的全球传播，面对的是复杂的受众群体，受众研究还必须更加深入和深化。传播必须建立在对受众群体心理、需求、习俗、禁忌有所了解、把握的基础上。很多时候，人们期望的传播效果没有实现，其原因，既有可能是传播与受众群体的需求不匹配，也有可能是与其习惯错位，更有可能是与其禁忌有所冲突。这时候，传播不仅达不到效果，甚至会产生负面影响。今天，中国需要推进对“一带一路”共建国家的国别研究，有了该领域的研究成果，我们就可以更有效地支撑更深入的受众研究，从而实现期望的传播效果。今天，更深入的受众研究需要在新的时代条件和研究条件下更深入地推进，需要基于数据分析，尤其注重对行为数据的分析；需要对受众心理和需求的更深入研究，更需要对传播效果的更深入研究；需要定性的研究，更需要定性和定量研究相结合。

其三，以更有温度和硬度的故事，放大传播感染力。

什么样的故事更有利于增进了解和理解，增进共识和合作？讲故事，从来都不是简单地介绍一件事是如何发生的，而是在讲述中与受众有感情交流、价值观互动。这里的价值观互动体现的就是硬度，感情交流体现的就是温度。故事，从来都不是简单地重现发生了什么和如何发生的，故事中必须蕴含着受众能体会到的思想和观点。好故事，应当是有温度又有硬度的。有思想含量，有足够的思想性，又有高明的表达，才是好故事。传播所需要的有温度又有硬度的故事，和现实生活中的故事有所区别，其中已经渗入了想表达的思想和观点。只有蕴藏了思想和观点的故事，在传播实践中才可能产生比较好的影响。

其四，以高明解读与创新表达，提升传播说服力。

新闻事实可以有多个报道角度，特定条件下最适合的角度，往往需要用心地发现和精妙地表达。有些重大新闻可以有多个解读角度，但传播力最大的可能是切入点最简单又最说明问题的。高明的解读和创新的表达同等重要。如今，传播者需要掌握新媒体的传播规律，要以独特的思维提炼新闻的价值点，要以专业的处理和加工能力确定最适合此刻传播的切入点，以对受众需求点、敏感点、关注点的把握确定稿件的共鸣点，从而驱动新媒体舆论场上的再传播。能够驱动人们参与再传播，驱动人们通过转发、点赞来放大传播的效应，就能达到更好的国际传播效果。同样，还需要以恰当的价值提炼和表达，与受众在深层形成共振，从而实现通过传播增进认同和共识的目标。

高明解读和创新表达，能够推动完成认知提升、形象塑造、身份建构、态度转变、价值认同、行为转化的全过程，从而实现以传播效果为战略目标服务。

2. 增强传播有效性需要把握好的五个问题

基于服务“五通”的要求，增进了解理解、增进共识合作的传播目标，有关共建“一带一路”的全球传播还需要把握以下几个问题。

其一，以政治传播的标准把控传播行为。

效果可控的传播才是好的传播。传播从来都不应当是一个随意释放出去的箭，不应该是随意泼洒出去的水，而应该对它的效果有预测、预见、预判，从而实现预计的传播效果，这才是好的传播。

政治传播是传播主体有意或无意，利用行为、语言等有意义的符号和方式，直接或借助媒体，向社会成员或域外受众，传播政治信息、获得政治效果、实现政治意图的现象、行动或过程。在我看来，一切能够传递政治信息、获得政治效果、实现政治意图的传播都是政治传播。今天，在国际传播中尤其如此。因此，我们应以政治传播的眼光和标准，来评判、把控所进行的传播，实现所期望的传播效果，哪怕所做的是文化、商业或其他领域的传播。

其二，以内外并重的思维把控传播效果。

传播已经不能简单区分为对内还是对外。对内传播与对外传播正在打通、互励、交叠，从而产生交互影响。今天，传播已经不能人为地区分为媒体传播、网络传播，其正在呈现深度融合状态，形成融合传播。今天，人人都可能是传播者，人们的日常生活行为都可能是在做传播。传播，可能已经不是一种特意进行的行为。政治家、企业家、媒体人、公众都在以自己的方式从事传播、参与传播，改变传播形态。

因此，今天必须以内外并重的思维把控传播效果。以对内报道的效果要求，估量对外传播在国内可能产生的影响；以对外传播的效果控制标准，估量对内报道可能在境外产生的影响。

其三，以增强权威性为基础优化传播效应。

高传播性不一定等于高影响力，高影响力不一定等于高权威性。在微传播时代，传播力并不是使用了互联网工具就会自然获得的，引导力必须基于新的理念和工具重新构建。在这样的基础上，要以增强权威性为基础优化传播效应。

其四，以优化便利性为手段提升传播效率。

便利性决定传播的有效性，决定引导的可能性。今天，利用新媒体传播，必须以优化便利性为手段提升传播效率。移动互联网创业的基本规律，就是“便利性替代”。同样，传播领域发生的变化在相当程度上也体现为“便利性替代”。增强便利性就可以增强传播的有效性。只有让受众接触、获得、理解更为便利，传播才可能更为有效。

其五，以博弈思维为权衡赢得舆论斗争。

不可否认，在国际传播舞台上，正以多种形态发生着舆论博弈和舆论斗争。面对西方国家的“中国威胁论”“中国崩溃论”等论调，面对国际舆论场上对中国的谣言和中伤，主流媒体在“一带一路”的全球共建中，必须关注舆论博弈，必须以舆论博弈为权衡努力赢得舆论斗争。在传播中，无论是议题设置还是对新闻事件的反映，都必须有博弈思维。有了博弈思维，才能更有效地把控传播效果，才有可能赢得舆论斗争。

第三节 塑造战略：以战略领悟力与运筹力统筹把握

在全面对外开放的条件下，在互联网联通世界、移动新媒体重塑信息传播格局的时代，要更有效地引导人们更加全面客观地认识当代中国、看待外部世界，要更好地围绕中心、服务大局，要在“正在进行具有许多新的历史特点的伟大斗争”中更有力地引导舆论，激发全社会团结奋进的强大力量，这就要求媒体领导者、报道组织者、传播实施者必须善于从战略层面思考，增强战略领悟力与运筹力，统筹把握对内对外报道。

一、增强战略领悟力，掌握解释权与形象塑造权

无论是做好国内报道、国际报道还是对外传播，都必须增强战略领悟力，心中装有国际国内两个大局。

传媒竞争，从来就不是单纯的此消彼长的竞争。从世界范围看，传媒竞争越来越多地表现为一个国家影响能力的竞争，因而被视为一个国家在国际舞台话语权的体现。同样，在受众需求移动化、传媒技术数字化、竞争方式复合化等因素的推动下，国际传媒竞争取向也在发生变化，媒介融合、视觉传播、即时共享成为全球竞争的新支点与新焦点。传媒竞争的格局、特点与趋势正在发生明显变化。因而，增强中国国际传播能力的努力必须顺应这样的变化。

中国到底怎么样？应当由谁来说明、分析、解释中国正发生、正面临的一切？

在全球化的今天，中国面临的最重要的挑战之一，是要掌握解释权与形象塑造权，是中国必须有足够的传播力、解释力、说服力，是中国必须自我定义，而不是任由外部世界的传媒或意见领袖告诉公众什么是中国、中国正在怎么样、中国还要怎么样；是中国必须通过有效运用传

媒以及其他传播手段和传播形式，做出恰当而令人信服的说明、分析和解释；而且不仅要有效实施，还要在第一时间做出恰当反应，从而在公众心目中形成一种可兑现的预期和可为事实发展证实的信赖。掌握了第一解释权，就有力地掌握了话语权。

在全球化时代，正因为信息全球流动，信息的力量更显强大，更需要用世界听得懂的语言、看得懂的形式，讲我们要讲的东西，增进共识。从诸多案例与研究可以看出，真正对人们的心理、思想和行为产生深刻影响的，并不仅仅是事实，更是对事实的解释；并不仅仅是事件本身，更是关于事件的某种描述和分析。也许可以说，人类社会的发展过程就证明，对历史的记录和转述，本来就是一种对历史的解释。人们通过努力只能不断地逼近历史的真相，而很难说就获得了历史真相本身。从传播规律说，事件传播实际上传播的是对事件的描述和解释。就产生的影响而言，解释往往比事实本身更直接、更深刻、更有力、更难以改变。

因而，在应对新挑战时，中国更需要把解释权和形象塑造权掌握在自己手里。

（一）提升报道思路与中央战略部署的匹配度

大局观的重要体现，是在报道组织、报道意图中体现出对党中央战略判断、战略部署的领悟，从而提升报道思路、报道安排与中央战略部署的匹配度。

一是增强战略领悟力，首先要增强战略敏感性。这就要求媒体对战略格局的变化迹象与中央的战略部署有更强的敏感性，能够跳出具体事件看事件，跳出阶段报道看阶段，正确看待当今世界正在发生的重要事件，对形势做战略层面分析，体现对大局的感知。这就要求有关人员不仅要增强新闻敏感性，还要增强战略敏感性，而增强战略敏感性是前提。报道组织者具有较强的战略领悟力，对战略层面的变化与意图有敏锐的感知，才能把握好舆论导向。对战略敏感，才会有战略领悟，才能实现习近平总书记在全国宣传思想工作会议讲话中所要求的因势而谋、应势而动、顺势而为，才能实现因势利导。

二是必须提高战略思维素养，才能形成较强的战略领悟力。报道组织者不仅要善于从新闻层面观察，还要善于从战略层面思索，以系统思维组织报道，才能有效提高报道质量与影响力。这就要求报道组织者不断提高战略思维素养，从国内、国际两个大局的结合点观察，清晰估量两个大局的核心所在，形成正确的判断，做出更好的安排和引导。

三是必须增强战略定力，才能有真正的战略领悟力。战略定力实际上是一种在复杂形势下冷静应对、坚持战略目标的能力，包括对发展趋势、阶段局势的全面而冷静的判断，包括对战略目标的准确认知。每天有无数的新闻发生，有许多非事件新闻现象，有许多问题隐藏在水下，报道主要做什么，选择什么问题作为一个阶段的重点，首先要求报道组织者要有战略定力。即坚持应坚持的，发现必须发现的。

有战略定力，才能更好地审时度势，把握好时机与时效。以 2013 年美联储主席耶伦的第一次新闻发布会为例，会上所释放的信息显示她与其前任伯南克不同的政策思路，7 个月退出 QE3（第三轮量化宽松，QE，Quantitative Easing，即量化宽松），再过 6 个月可能加息。如何看，怎么报？我们必须研究其政策思维，而不是局限于具体事件。而这类涉及全球市场的有关货币政策的言论，我们必须从战略层面考虑，权衡多种因素，而不是简单地把它当作新闻事件报道。

四是必须有战略领悟力，才能在报道中更好地服务两个大局。新华社是国家通讯社，也是在世界上有强大影响力的全媒体新闻机构。新华社不仅在对内报道上承担有效引导舆论的使命，在对外报道方面更处在报道世界并影响世界的重要位置。从世界舆论角度说，新华社在报道什么、如何评论，为各国政府、智库与主流社会所关注。因而，新华社的报道，尤其是新华社的述评、评论等，很多时候是一种战略对话、战略沟通。换一种眼光看，新华社的报道，既是互信的实现方式和载体，也是舆论斗争的平台与手段。因而，作为报道组织者，必须有战略领悟力，才能统筹好对内对外报道，更好地服务两个大局。

（二）增强系统运筹力，提升内容生产效率和传播力

新华社的优势是拥有遍布海内外的新闻采集网，这就要求编辑部善于发挥这个新闻采集网的优势，不仅善于使用处在某个点的报道力量，还要善于根据新闻事件的影响范围、编辑部的报道意图，以系统思维发挥好相关区域的报道力量的作用，即铺好这张采集网，用好这张传播网，整体考虑如何利用相关区域的报道力量，促使协同有效发挥作用，使采集网更好地呈现规模价值。从庆祝中华人民共和国成立 60 周年大会 22.5 小时大型电视直播报道，到应对日本福岛地震及核危机的长阶段报道，在以往的诸多重大报道与突发事件报道中，新华社音视频报道以发挥采集网价值的思维，努力打通对内、对外报道间那堵看不见的墙，报道的空间跨度、报道力度、表达深度都有了质的提高。

视频内容生产的特点是链条长、环节多，这更要求报道组织者必须有系统思维，才能发挥这个覆盖全世界的报道系统的系统运筹力。报道组织更需要体现系统思维，统筹传统电视部分与新媒体部分，统筹对外报道与对内报道。目前，新华社音视频部的内容生产平台，对接着新华社的电视通稿线路、电视节目线路、英语电视通稿线路、音频通稿线路、电视直播线路、新华全球连线等面向国内外新闻机构供稿的业务；对接着新华社多种传播终端和新媒体账号；还对接着为新华社融合报道提供视频稿件的业务。面对如此复杂交叉的业务，如此多的发布出口，如此多个内容生产环节，如果不以系统思维组织报道，发挥好系统运筹力，就难以保证报道安全，难以高质量地完成报道任务。

在实施全媒体战略、发展融合报道服务的今天，新华社内外各方面对视频内容产品与素材的需求量越来越大，电视采集网的负荷也越来越大。尤其是在重大突发事件发生时，前方记者既要完成所负担的文字、摄影或电视报道任务，又要按照全媒体报道要求，完成新媒体报道，还要尽可能满足媒体用户的视频或音频、直播或录播连线需求。无论是马

航 MH370 航班失联与搜寻报道、韩国“世越号”客轮失事与救援报道，还是国内的突发事件报道，媒体用户的视频或音频、直播或录播连线需求都非常强烈。这就要求报道组织者必须进行系统化运筹。只有系统化运筹，才能更集约地使用人力。在传媒激烈竞争的今天，提高生产效率就是增强竞争力。

二、顺应传播新趋势，塑造传播新格局

从传媒发展趋势来看，未来十年，更将是解释权竞争时代。正因为所有的传统界限都在弱化，各种力量都一定会努力在新融合时代、新格局中确立自己的位置与影响范围。因而，竞争依然在激烈进行。其焦点之一，是解释权竞争。解释世界，从而影响世界；解释趋势，从而影响趋势。在新融合时代，要掌握解释权和形象塑造权，必须顺应传媒竞争的新趋势，主动而有效地利用影响传媒竞争格局的新因素，突破从技术层面、市场层面进行观察的传统思维方式。从总体上看，媒介融合、视觉传播、即时共享，是影响传媒竞争格局的新关键因素，充分利用这些关键因素，是新融合时代中国传媒业必须做出的新选择。

（一）媒介融合：对现存者的挑战、给赶超者的机会

从世界范围观察，媒介融合的表现特征，可以描述为传播工具的泛媒介化、传媒形态的全媒体化、传媒业态的多媒体化、融合取向的新媒体化、运作模式的跨平台化。

所谓传播工具的泛媒介化，是指许多正在用来传递、传输信息的工具，在被试图用于传播信息、用作一种信息传播工具，充当媒介而不仅是信息传输工具。实际上，传输工具的泛媒介化，是一种融合选择。总起来看，泛媒介化可以给信息渠道带来更多价值，使人们本能地选择媒介化。而这些渠道的泛媒介化，给社会带来了更为丰富的信息来源，也给传统媒体带来了更多竞争者。

所谓传媒形态的全媒体化，是指在媒介融合的过程中，一些强势传媒通过购买、创办等形式介入所有媒介工具的使用以维持强势，或是通过介入以往未曾进入的领域来获取更多空间。值得注意的，是这类媒介融合，不全是所谓的传统媒体向新媒体融合。有一个引人注目的例子，就是 CNN 开始向美国的地方报纸提供文字稿件，相当于进入了通讯社领域。CNN 是美联社电视供稿业务的最大用户之一。而 CNN 的这个举措，深深影响了美联社向报纸用户供稿的传统业务。

所谓传媒业态的多媒体化，是指在媒介融合的进程中，媒体的运营模式发生变化，更趋于同时、综合运用多种媒体形态或进而形成多媒体业态。传统媒体不再满足于仅仅依靠报纸（或仅仅依靠广播、电视）等单一业态保持市场占有和竞争，而是转而依靠多种媒体业态以适应传媒的变革，增强生存能力与竞争能力。今天的报社，已不再只是生产报纸的专业组织，而越来越趋向内容产品的生产和提供者，向自己所拥有的报纸、网站等终端以及其他终端提供内容产品，成为同时拥有包括报纸、网站等媒体形态在内的专业组织。中央广播电视总台成立国家电子竞技发展研究院，表现出对深受年轻人喜爱的电竞的接纳，也表现出其将电竞作为融媒体业务一部分的新思维。

所谓融合取向的新媒体化，是指平面媒体、电子媒体纷纷以介入新媒体领域、运用新媒体工具、融入新媒体运作理念，作为媒介融合的基本取向。曾经有过电子媒体积极创办报纸杂志、进入平面媒体领域的风潮，不过 20 年前就趋于平静了。取而代之的是电子媒体纷纷以各种方式进入新媒体领域并与之融合。更值得注意的，是传媒运作理念中增加了越来越多的媒介融合因素，不仅包括互动、多媒体化等理念与方法在传媒运作中产生越来越大的影响，占有越来越大的分量；还包括传统媒体接纳所谓网上传播的草根属性；不仅包括传统媒体更愿意跟进报道、评点网上热点；还包括传统媒体愿意以多种方式使用公众制作的内容。

所谓运作模式的跨平台化，是指在媒介融合的推动下，传媒的运作模式更趋于跨平台运作，统筹运用平面媒体、电子媒体、网络媒体及新媒体生产流程与终端。在跨平台运作的推动下，传媒集团内部、新老传媒间更趋于以一定机制分享内容资源、品牌资源和渠道资源等。总体上看，这种资源分享和共享，体现为提高资源利用效率和信息共享水平。

在今天，媒介融合集中体现为加快传媒移动化变革的进程。当今世界受众发生的最大变化，是受众的移动化，即移动需求成为需求的主流部分。这种移动需求不仅是接收，更是传播，是移动中的受众自己要加入传播。因而，传媒移动化变革趋势中，满足移动接收与移动传播需求，成为两种殊途同归的重要驱动力量，会促使传播格局发生更耐人寻味的变化。

换个视角看，媒介融合既对所有媒体形态与所有传媒的运营者提出了新的挑战，也给赶超者提供了新的机会。问题在于如何尽快适应，以及怎么利用。在今天，便利性等要求决定了传媒终端走向便携化，这不仅迫使报纸小型化，出现更多紧凑型大报，出现更多借助便携终端的信息产品，也同时在改变传媒的传播理念、产品形态和生产流程。

（二）视觉传播：超越语言与文化阻隔的传播方式

在以平面媒体为主的时代，视觉化表达的主要传播手段是画报，是图表，是静止画面连缀而成的各种类型的书刊；在以电子媒体为主的时代，视觉化表达的主要传播手段是电视，电视不过是视觉化表达在工业化生产流程与远距离传输支撑下的一种集大成的传媒形态；在网络媒体成为主流的时代，视觉化表达的主要传播手段是网络视频，而且网络视频的提供方式明显从早期的碎片式提供（如提供视频片段），转为分享式提供（如分享视频），再到大体量版权节目提供（最明显的表现是购买电视剧与直播节目等的独家首播权）。

油管（YouTube）的成功被人们看作视频时代来临的标志。这大概是盯住了这样一个事实：人们蜂拥而上地提供视频文件，点击视频文件。也因为如此，还不如称其为新视频时代。因为，YouTube的尝试与以往网上视频不同，其不是以由专业的视频制作者提供内容，供公众欣赏为主，而是由大众提供、分享视频内容。这正是所谓的分享式提供，即为了分享而提供，点击所提供的内容而分享。这就与以往的网上视频的运作方式有了较明显的区别，与那种把传统电视的制作理念、运作方式平移到互联网上的做法有了明显不同。视觉化表达与分享式提供的结合，实质上是传统力量与数字媒体运作方式的结合。它催生了一种新型运作方式。这种运作方式实质上正在孕育数字媒体运作模式。

网络视频版权保护与以网络视频版权为竞争手段的阶段如此迅速地到来，超出许多专家的预料。以购买视频节目网络独家首播权来获取爆发式的流量，实现超额广告收入的赢利模式，成为一些商业网站的竞争手段。随着政策层面的支持，网络视频节目版权保护在竞争格局重新调整中所能发挥的作用将更为巨大。

视觉传播成为主流传播方式更为明显的体现，是屏幕式传播、图像化接收渐趋成为信息、资讯传播的主流。从电视屏幕到户外屏幕，再到手机屏幕，屏幕式传播已经从图像、活动影像扩展到包括文字在内的多媒体。2009 年 10 月，在北京举行的世界媒体峰会上，资讯和信息的视觉化就曾是与会的传媒掌门人关注的重要问题之一。

（三）即时共享：满足信息、心理、决策需求的传播方式

现代化进程的必然结果，是人们生活节奏的加快。反映在信息需求领域，就是人们的时效要求发生明显变化。人们希望及时获知，更希望即时获知，甚至常常要求实时获知。因而，直播化提供，不管是电视直播，还是网络直播或微博直播，已成为人们的首选。同时，直播也使人们的参与感、空间感发生明显变化。从通过获知信息来感受与外部世界的关联，到希望亲历现场，或至少通过传媒的即时视频直播而如同亲历现场，直播使观众能实现“同时异地”地亲历现场，观众可以“共享”记者特有的在现场见证历史的感受。这种共享与共历融合形成的影响，迥别于观众、网民间的共享所能带来的。从某种意义上说，直播特别是大型电视直播，既实现了传播学意义上的共享，更实现了社会学、政治

学意义上的共享。

在媒介融合时代，作为一种报道形态，电视直播本身也在不断演变、不断发展。电视直播报道形态会发生更明显的变化。这不仅包括电视直播报道的结构方式、表达方式、现场处理方式等会明显演变，还包括外在形态与运用模式的变化。电视直播报道走向常态化，现场直播成为常规报道手段，而且还会大时段化，即以大时段的直播化报道作为新闻频道的基本结构单元和基本报道模式。从世界范围看，著名新闻频道都以大时段直播化报道、现场直播与演播室访谈的结合来体现反应速度与竞争能力。

在媒介融合时代，电视直播不仅是一种竞争手段，更是一种有效的说服手段，是一种有效的形象塑造手段。以图像、声音、文字、动画等多种表现手段、多现场、多信息流等构成的仪式直播或直播报道，对观众的冲击和影响是一般报道难以比拟的。

即时共享的要求，不仅体现在直播上，还体现在很多领域。社交网站的爆发性增多，移动互联网应用的快速普及，网上论坛影响力的持续强劲，即时通信工具作为基本手段用于电子商务网站，垂直搜索和社区搜索的多样化发展，特别是即时通信工具的媒介化，都清晰地体现着即时共享作为基本发展取向的影响。

第三章　对策实施

实现传播意图、提升传播效能等诸般努力中的重要一环，是传播策略设计和对策谋划。

主题报道实现预期传播效果的关键之一，是让解释在合适的关节点体现。在复杂多样的传播环境和传播行动中，哪里是合适的关节点？如何识别、选择、运用这样的关节点？在不同的关节点提供什么主题报道内容和解释性内容，以什么样的方式表达、呈现、传递内容？这就需要基于共振、共鸣、共享、共识设计传播策略、谋划现实对策，把实现驱动再传播作为设计传播策略、谋划现实对策的考虑基点。

国际危机事件、海洋危机事件、灾难报道等重大危机事件影响巨大而复杂。如何把握、如何报道？不仅需要我们更加注意从战略层面权衡并把握，而且必须审时度势、恪守原则，周密谋划、得当实施，以取得更好的报道效果。

第一节　主题报道：让解释在合适关节点体现

如何创新主题报道，是新闻工作者难以回避的任务和紧迫课题。

主题报道，要求通过多种新闻宣传手段和报道形式，让一个主题深入人心。这既可以通过常规宣传方法实现，在新的社会和技术条件下，也可以更多地通过借助新闻媒介和新媒体来实现。在我们党的新闻宣传工作历史上，以主题报道统一思想、营造氛围、凝聚力量，是推动实际工作甚至实现战略目的的基本手段和成功方法，创造了许多至今仍有借鉴意义的案例。在新的社会和技术条件下，新闻工作者又在一系列新的实践中进行了新的探索，提供了新的案例。

这样的案例有什么样的价值，如何从新的高度认识、发现其中蕴藏的规律性的东西？

一、基于共振、共鸣、共享、共识谋划传播策略

如何实现传播效果不同寻常的主题传播？新闻报道总是有访谈的，把访谈放到一个个有象征意义的现场，通过访谈把精心采访获得的故事、细节展示出来，让一个个经历了深刻变化的人物讲述自己的心路历程，从而揭示主题，是一种很好的表达方法，这就需要基于共振、共鸣、共享、共识谋划传播策略。

（一）创新前提：共振基于总体把握

要做好主题报道，首先要求传播者努力与传播内容、传播对象形成共振，这样，宣传才可能是有效的。宣传，从某种意义上说，就是意图明确的大范围传播，而要想让宣传意图实现，就要使宣传过程成为传播者、传播内容与传播对象的共振过程。共振程度高，宣传效果才会好。

在今天，要想使主题报道有效发挥影响和作用，形成有效共振，传播者必须对传播内容和传播对象有足够的了解和理解，要把握新的执政理念指导下的客观现实，把握新的舆情条件和受众心理，把握新媒体条件下的传媒发展趋势，把握宣传主题的深刻内涵及其与人民群众切身利益的连接点。这一系列把握，是新媒体时代主题报道创新的前提和方法论基础。

可以说，创新的前提和基础是总体把握。正是因为有了这样的总体

把握，主题报道才能够在群众和观众间，在领导干部与群众间形成共振，产生共鸣。

1. 把握新的执政理念指导下的客观现实

主题报道的有效性，源于宣传主题与客观现实具有紧密、丰富和关键性的联系。

要宣传主题，首先要理解主题、解析主题、丰富主题，这就要把这个主题还原到客观现实中。和谐中国，是一种政治理念，更是一种共同目标。我们是如何走向和谐中国的？这需要用事实来回答，需要身历其境的人们用自己的感受来回答。因此，宣传和谐中国这个主题，成功的关键是要把这个主题还原到客观现实中，用事实本身来回答。

还原是一种思想方法和认识方法，还原是对新闻工作者的基本要求，更是较高要求。在今天，要做好主题报道，就要从总体上把握新的执政理念指导下的客观现实，而不是停留于对一系列具体事件的印象。从总体上、趋势上、客观上认识越深刻，越容易找到主题报道的关键点、敏感点、效益点。

2. 把握新的舆情条件和受众心理

主题报道的有效性，还源于它对舆情条件和受众心理的针对性。针对性不足，主题报道难以奏效。

在新媒体时代，电视主题报道面对的舆情条件和受众心理已经与以往大不一样，这不仅是因为信息来源多元化，更是因为新的传播工具、传播渠道、传播方式，改变了受众的收视心理和收视偏好。

受众在变化，这首先是因为电视教会了他们挑选电视节目，挑选对他们朦胧需求的不同满足方式，更因为电视帮助他们改变了生活方式，从而使他们对电视本身更加挑剔。他们需要更高层次的满足感，需要更多的共振和共鸣，而不只是一般的信息获得和娱乐。因此，主题报道就要以人们更感兴趣的方式把丰富的事实展示出来，以给不同层次的电视观众更愉悦的收视体验、更高层次的满足感。

在新媒体时代，受众收视偏好的特征，可以用几个关键词概括，即收视指向短期化、收视行为随机化、收视心理分享化、收视选择类型化、收视过程伴随化、收视时段多元化。因而，电视主题报道的操作模式也要随之调整，以增强针对性。

3. 把握新媒体条件下的传媒发展趋势

主题报道的有效性，还基于对传媒工具特性的深刻体悟及更具想象力的认识。这就需要把握新媒体条件下的传媒发展趋势。

今天，传媒发展趋势如何，电视的竞争环境如何？我们可以用五个关键词来概括，即移动化、分享化、精准化、社区化、单元化。

（1）移动化

传媒移动化，是其适应技术与生活变革的结果。它既包括接收地点移动化，摆脱在固定地点接收的传统模式，也包括接收工具的移动化。

应当看到，接收地点的多元化已经在改变电视，改变人与电视的关系模式。如果概括地描述电视，可以说电视已经是个人化的电视、偶遇式的电视、移动着的电视。电视移动化是传媒移动化的最重要表征。与之最为相关的，是手机媒体化与终端移动化，是移动互联。这将带来超越想象的变化。

（2）分享化

分享化适应了在技术进步与信息消费方式变化的背景下人们复杂的心理需求与信息需求。实际上，分享既是一种运作方式，又是一种机制，首先满足的就是人们的心理需求，即我看到了，在分享着，其次才是得到了什么信息。

纵览 30 年来节目形态的变化，最鲜明的特征之一，是“分享”作为节目元素占有越来越重要的地位，并逐渐成为节目的核心元素。人们习以为常的“互动”，成为电视节目的元素，就是“分享”成为节目元素的体现；而“分享”成为节目核心元素则体现在参与式节目越来越成为主流，如益智类节目、选秀类节目。

（3）精准化

所谓精准化，是为了适应受众需求细分与传播渠道多元化。需求细分与渠道多元化是一种现实，因此电视频道的定位策略必须发生明显变化，从定位于人群，到定位于共同需求，再到定位于人们生活方式的某个环节。精准定位已经成为共同选择。在早晨，人与电视的接触方式已经从看电视转换到听电视，这就给人深刻启示。

（4）社区化

所谓社区化，是为了更好地适应人们追求同类聚集和共鸣需求。在今天，特色媒体与节目越来越成为共同爱好者的社区。打造社区，成为媒体新的竞争策略与新的生存选择。人们看电视的心理基础，越来越不单纯是获取信息，而更多的是获得一种心理认同、身份认同、文化认同、时尚认同。

社区是一种力量的结果，而不是开始。社区就是聚集到一起的共同需求。借助传播平台的互动，这类共同需求自己聚集到了一起。这比传统媒体通过磨合与需求对接显得更有效率，显得更强劲，更需要媒体的相应运作，以形成现实效益。从某种意义上说，一个叫座的栏目，与其观众就已经形成了这样一种社区。

（5）单元化

所谓单元化，是为了适应人们生活节奏的变化与行为方式的要求。我们可以从几个方面讨论单元化的存在基础和合理性：一是受众需求心理变化，希望集中获得同类信息和娱乐，避免选择疲劳；二是受众生活节奏变化，希望在特定时间获得所需要的内容；三是传媒传播策略变化，希望以足够容量黏住读者；四是传媒传播技巧变化，以波段传播形成节奏；五是竞争单元变化，竞争单元变得更大。这些都促使单元化趋势的形成。

4. 把握宣传主题的深刻内涵及其与群众利益的连接点

主题报道的有效性，更基于传播者对宣传主题与群众需求间的连接点的把握。这就需要我们把握宣传主题的深刻内涵，分析人们在现阶段的心理需求，再决定是需要权威解释，还是需要重点渲染，从而找到连接点，为有效地宣传主题奠定基础。

要宣传和谐中国这个主题，就要找到其与群众利益的连接点。从民生切入，以一系列故事和细节揭示所发生的变化，揭示和谐与发展，这就体现出了群众的根本利益，形成了主题报道内在的感染力。

（二）创新关键：共鸣源于感受融合

主题报道的核心，是要通过提供适当的形式和内容，让人们在不知不觉中或沉浸在某种氛围中，接受某个主题的影响，接受一种理念，接受一种愿景，接受一种事实，感受一种力量。

其实主题报道的内容与表达形式的处理方法，从总体上说，就是着力于通过各种手段唤醒受众的感受，让他们在事实、细节的呈现中，在情绪、理念被唤醒的过程中，接受所宣传的主题；就是通过各种手段，催生他们的感受、想象和共鸣，从而实现植入一种理念的目的。

因此，提供适当的内容和相适应的表达形式，从传播者角度说，大致是一种软化、感性化的过程，是一种还原的过程。从方法论的层面说，概括起来，就是要把宣传主题新闻化、故事化、感性化、立体化（立体在于结构和过程，更在于细节，在于满足人们的想象需求）；就是要把宣传主题还原到生活场景中，还原到历史进程中，还原到切身感受中，还原到（真正）生活价值（生活现实）中。

1. 主题报道新闻化、故事化：让事实感动人心

关于以新闻化的手法开展主题报道，人们已经摸索出一整套方法。在今天，我们要增强主题报道的有效性，既要在更好地新闻化上下功夫，也要在故事化上下功夫。媒体要善于讲故事，把主题还原回生活，用更具说服力的故事唤醒个人感受，使其接受影响。

（1）换几种角度看事实——让事实更有说服力

事实在认识中存在，在解释中体现意义和价值。因此，主题报道中如何使用事实？既要准确、客观、全面地报道，又要准确、权威、高明地诠释。

有些重磅主题报道中的一些新闻事实，是平面媒体和其他媒体报道

过的。但通过现场访谈和实物展示，特别是让与此有关的各类人物都来讲述，主持人再加以点评，便凸显了事实的关键细节和感染力，增强了说服力。

（2）从人的感受说事实——让事实更有感染力

国计民生，其实是紧紧地连接在一起的。因此，从民生角度看国计，可能更容易让人有切身感受。如果从民生角度看国计，那就应当运用好利益视角、感受视角。看到整体利益，还要看到群体和个体利益；看到整体感受，还要看到个体感受。就此而言，当年中央电视台《百姓纪事》栏目特别注重从人的感受说事实，所以有很好的体现，也获得了很好的效果，得到了领导者与观众的好评。

2. 主题报道感性化、立体化：让氛围无声说服人

对一个重大主题，一定要有一种高度理性的概括，才会在一个较长时期内具有解释力和影响力。而主题报道，要实现的恰恰是让一个硬主题更有感染力、渗透力、说服力。大音希声，行之自远。面对一个重大主题，特别是与人民群众切身利益紧密相关的主题，在感性化、立体化上下功夫，是一个行之有效的办法。

（1）感性化：在还原生活中唤醒个人感受

还原生活，本来就是主题报道的应有方法，而电视主题报道更应在还原生活上下足功夫。毕竟，电视这种传播手段提供了足够的还原生活的空间。

感性化如何体现，关键就是要在还原生活中唤醒个人感受。从方法论角度说，唤醒是传播的关键。电视主题报道更应该在还原生活上下功夫。唤醒了观众的个人感受，主题报道就获得了效果。中央电视台 2007 年秋季推出的《和谐中国行》系列特别节目的开篇之作《走进阜新》，让大白鹅走进演播现场，也是一种还原生活。真正的基层很难走进演播室，生活的日常状态同样也很难走进演播室。以一个特别的细节安排改变一下节目的叙述方式，给观众一个类型化特征，更容易唤起观众的感受。

（2）立体化：在氛围细节中满足想象需求

现场访谈为什么更有吸引力，就在于它比一般的演播室访谈，提供了更多细节，构成了更有说服力的氛围。现场访谈中，现场的一景一物都在提供信息，它提供了一个活的结构，把记者采访获得的信息、细节和故事，组合在一起，凸显出来。如果更简明地讨论《和谐中国行》的创新，其价值就在于创造一种氛围，从而装入更多具有说服力的细节和观点，体现生活的本来特征。和一般的节目相比，《和谐中国行》多的是氛围，多的是细节，多的是互动，多的是分享。

有效的立体化，在于提供一个简明的结构和过程，更在于提供丰富的细节，这样才是还原到生活场景中，满足人们对过去、现在和未来的想象和认识需求。

（三）创新重点：共享优化传播过程

主题报道创新的重点，显然不只是形式的创新、内容的丰富，还应当包括传播过程的优化，以达到更好的传播效果。

如何优化传播过程？首先要从更高层面认识主题报道创新的主体。谁是主题报道创新的主体？绝不仅仅是新闻媒体或新闻工作者，还应当包括百姓自身。我们应让主题报道的对象参与主题报道的过程，让他们成为传播过程的一部分，让他们在分享中参与传播。显然，这样既达到了让他们自己教育自己的目的，以自己的事感染自己、以自己的经历理解大的历史进程、以自己的感受感悟大的主题，同时，又感染带动更多的观众还原到自己经历过的历史环境，还原到自己已经经历或可能经历的生活，而进一步拉近主题报道与观众的距离。

因此，让百姓参与，让观众分享，让宣传者与宣传对象共享传播过程，是优化传播过程、创新主题报道的重点所在。

1. 从观看到参与：角色不同，提供的内容和形式迥然不同

如何定位电视主题报道中的传播对象？如果仅仅把他们定位于被传播者、观看者，就等于把他们置于传播过程的末端，把他们放在被动者

的位置。显然，效果会不尽如人意。

而如果把传播对象定位于传播过程的参与者，显然，提供的内容、提供方式等，都会有很大不同。媒体会更注意选择，让传播对象从分享中自己得出结论；会更注意方法，让传播对象在更放松的状态下接受内容。

也许，像《和谐中国行》这样把演播室放在现场，让访谈在事实发生的环境中进行，是编导们不经意间的选择，但这样的选择，使更多普通劳动者转换了角色，参与节目，使他们自己和观众的感受都产生了变化。

2. 从参与到共享：定位不同，获得的效果与影响必将不同

而从更高层面观察，媒体还需要提供更多机会让传播对象更深程度地参与传播，通过更多分析形成特殊的共享机制，这样，才能更适应新媒体时代的受众心理，更好地优化传播过程。

（四）创新核心：共识实现传播目的

主题报道为什么要创新，不是为创新而创新，而是要通过创新的方法达成更大程度上的共识。增进共识就是目的。

在主题宣传中达成更多的共识，关键是要在提供丰富事实与故事、营造氛围的同时，我们要拎出价值、阐释意义、分析影响，关键是要牢牢抓住第一解释权，突出其中的硬核部分，否则，宣传就会流于故事、细节，变成软性的东西。那就失去了主题报道的本意。

1. 给故事一个硬核：让解释在合适的关节点体现

电视主题报道不能为讲故事而讲故事，故事只是一个拉手，真正的价值在于如何认识、解释故事。研究古代说书人的传播技巧就会发现，不管怎么说故事、卖关子，说书人总会在适当的时候跳出来，解释故事、臧否人物、提炼价值、发表议论。说书人所做的，就是在他认为的关节点做自己的解释。其实，不同的说书人，哪怕是师徒，也可以呈现出不同的魅力，原因就在于他们可以选择不同的关节点，做出不同的

解释。

给故事一个硬核，让解释在合适的关节点体现。这可能是传播者的意图，更可能是报道主持者的责任。主题报道成功的关键，就是要紧紧抓住第一解释权。在电视主题报道中，可以通过主持人或其他方式，拎出价值，阐释意义。在《和谐中国行》这样的节目中，主持人的贡献就是点出故事的价值。不要用评价一般节目主持人的方式去评价这类节目的主持人。在这类节目中，主持人是一个符号。评价他的贡献，是看他的主持行为在整个节目结构中起了什么作用。把整个节目的结构展开，看他在每个关节点上做了什么。这样解剖，编导或主题报道的主持者在创作下一个节目的时候，心里就更清楚如何在关节点上点出价值。从某种意义上说，让解释在合适的关节点体现，结构思维是成功的关键。

2. 给解释一个氛围：让道理按自己的逻辑走出来

最好的讲故事方式，并不做有解释，而是创造一种环境，给故事和解释一个合适的氛围，让主题和道理按自己的鲜活的逻辑走出来，像原上春风、山间小溪一样轻轻吹拂、流淌。以这样的视角再看成功的主题报道，就更能看出主题报道以这种方式进行所具有的特殊价值。

二、把驱动再传播作为传播手段和传播策略

21 世纪传媒领域发生的最重要变化之一，就是广播的重新崛起。

虽然，20 世纪 20 年代后，广播作为一种新媒体，以其真切、多样、便捷、广域的传播方式，产生了强劲的影响力，甚至直接影响了 20 世纪 30 年代初美国总统罗斯福的施政方式。但随着电视的诞生，不同地区发生不同程度变化，人们渐渐把广播视为弱势媒体。广播是弱势媒体吗？这样的问题萦绕在许多人的心头，也直接影响了一系列传媒政策的走向。而到了 21 世纪，在中国，广播重新崛起，以一系列指标观察，有些特色广播频率甚至可以称得上是强势媒体。广播何以崛起，人们自可以给出许多案例和答案，但有一个重要的外在条件的变化不可忽

视，那就是受众移动化。受众移动化以及相应的一系列变化，促使媒体的运作理念、节目形态、运作方式发生变化，使广播率先成为移动媒体，成为适应受众移动化的很有说服力的样本。可以说，广播的重新崛起，既是受众移动化所推动的，也是受众移动化和传媒移动化互动的结果。

中国广播改革是从类型化变革开始的，首先是分出经济台，1986年12月15日广东珠江经济台诞生；然后出现音乐台等；十年后人们才开始探索如何办交通台。交通台经历几年低迷之后，从2004年开始，以北京交通频率广告收入过亿为标志，交通台崛起。交通频率的崛起，实际上意味着广播改革的类型化变革已经呈现出新的价值、新的特征，走进了一个新阶段。

回望广播电台类型化变革，会给我们新的启示。作为类型化变革第一个选择的经济台，在今天如何发展，这是在回望广播改革时不能回避的问题。这实际上也是我们在探讨类型化变革选择在今天有什么价值时不能回避的问题。

经济台今天如何重新崛起？选择之一，就是要高度关注人们权利意识的新觉醒。今天，人们的权利意识中，除了政治权意识、人身权意识之外，更为强烈的是财产权意识。从当年对《中华人民共和国物权法》（现已整合进2021年1月1日起施行的《中华人民共和国民法典》）的关注，到今天这么多人参与理财，这些都说明百姓财产意识和财产权意识的新觉醒。财产意识和财产权意识的新觉醒，为经济台的重新崛起提供了新的基础与可能。一个真正的财经媒体应该帮助人们增加收益、增加经济学术语中的福利。对广播来说，财经节目与经济台的内容应该和人们的利益需求相关，而不是简单地和信息需求相关。利率和汇率的波动，正为财经媒体提供施展空间，因为，人们在这时候更需要判断和前瞻。现在，利率和汇率在经济运行和百姓生活中发挥着越来越重要的调节作用，这为经济台重新崛起提供了前提和基础。

人们如何消费财经节目也值得再加研究。很多人参与股票市场买卖，主要信息来源之一就是收听、收看电台及电视台的证券节目，根据播出时间在不同的台之间不停地转换，呈现出典型的类型化收听收看偏好。这给人们新的启示：类型化变革在今天有新的价值。因为，类型化需求是今天市场细分、需求细分的最主要取向。这就提供了新的运作空间。

面对这样的需求，在特定时间段以什么样的内容切分、类型化处理应对，以什么样的节目形态、传播节奏适应人们的需求，就是确定竞争策略时最应当注意的问题。今天，传媒竞争的重要变化之一，是竞争单元发生阶段性变化。如果说 20 世纪 80 年代是节目和节目竞争的时代，20 世纪 90 年代是栏目和栏目竞争的时代，之后是人们所说的频率和频率竞争的时代、频道和频道竞争的时代，那么，21 世纪第一个十年已经进入波段竞争的时代。所谓波段竞争，就是看在特定的时间段以什么样的产品和传播方法满足人们的类型化需求。在波段竞争的时代，类型化频率大有作为。关键是怎么判断需求，怎么确定竞争策略。

在这样的格局下，以这样的眼光来看广播的变革与一些广播栏目的探索，就会有新的感受和认识。

（一）从一个栏目的探索观察广播的变革

传媒研究者既要从宏观层面关注广播的发展，也需要从一个栏目的探索与成功来探讨广播的变革。如何看《浙江第一线》这个栏目作为一个成功案例的意义？人们已经从舆论监督角度做出了很好的总结和分析，除此之外，还有哪些可给人们更多启示的东西？

1. 回到现场是成功的关键之一

关于《浙江第一线》的内容与运作方式，人们做了比较充分的介绍。换一个角度看，这个栏目的成功，不仅仅在于舆论监督。其实，各省市电台都有舆论监督类节目，同一台的许多栏目都会有舆论监督的内容。可以说，《浙江第一线》与它们的不同，恰恰表现在栏目形态、栏目运作方式上，这样的变化恰恰可能是其成功的关键。舆论监督固然是这个栏目的成功要素，但分析这个栏目作为一个成功案例的价值，不应当只停留在对成功的舆论监督的总结上。这个栏目之所以能成功，很大程度上是因为栏目形态重构了事件现场环境，回到了百姓生活的现场和对一个事件众说纷纭的状态。这种众说纷纭的状态，可能不够规整、严格。但是它能使听众回到生活本身，对栏目产生共鸣。如果是非常冷静的、第三者式的舆论监督，但没有重构现场这种栏目基本形态的帮助，这个栏目未必能获得这样的效果。

现在，以舆论监督为主的栏目很多，几乎没有新闻专题栏目不涉及舆论监督。什么样的栏目是舆论监督类栏目，在今天已经很难界定。但舆论监督说到底是人民群众的监督，一个栏目要想受到欢迎，就要回到现场，重构现场和议论纷纷的环境，这样才能体现舆论监督的本质，也才能够吸引受众参与进来。

2. 满足早晨收听偏好是成功的关键之二

《浙江第一线》成功的关键，还在于满足了人们在早间时段对焦点事件想一知究竟的收听心理和收听偏好。

在中国，在早间，人们和广播的关系有几个特征和决定因素。其一，几十年来中央人民广播电台的《新闻和报纸摘要》栏目成为早晨人们最重要的信息源，塑造了几代人和广播的关系。其二，今天的人们在早间获取信息的同时，可以从广播中获取身临其境的现场感觉。但在早晨，人们除了获取信息，还希望对焦点事件一知究竟。而《浙江第一线》栏目成功的关键，就在于其在早间提供了深度报道时段，满足了人们在早间收听广播时对焦点事件想一知究竟的收听心理和偏好。

今天，人们在早间获取信息的渠道很多，电视、报纸、手机、网络都在争取受众。如果在早间只是提供信息，不能很好地满足人们一知究竟的需求，或者抓不住可以让听众满足一知究竟和引起心理共鸣的事件，一个频率就可能不够吸引人。

3. 提供参与、分享、共振的机会是成功的关键之三

一个栏目要受欢迎，就要给予受众参与、分享、共振的机会。21

世纪第一个十年，社会心理的重要变化，就是人们的权利意识在增强。维权事件的增多，给舆论监督报道提供了很多题材，也体现出人们参与、分享的欲望和要求也在不断增强。提供了参与、分享的机会，就借用了这种力量，提供了共振的可能，就会受到欢迎。《浙江第一线》让听众能参与、分享，所以其容易让听众产生共鸣、共振，这和一般新闻信息栏目产生影响的机理有很大不同。共鸣感、共振感是因为得以分享和参与才实现的。其实，一个受到听众喜爱的栏目，一定有自己的互动机制，因为它帮助这个栏目获得成功。

（二）受众移动化时代广播的竞争策略

所谓受众移动化，既是对受众构成特征的描述，也是对受众行为特征的描述，更是对受众需求特征的描述。因而，其对传媒格局、运作理念与运作方式的影响也是多方面的。受众移动化推动了广播的重新崛起。在受众移动化时代，广播的竞争策略必然随之调整。

1. 催生受众移动化的三个因素

（1）经济高速发展，受众生活节奏加快

经济的高速发展是一个事实，其为人们满足多样的新信息需求，提供了经济条件。但经济高速发展的影响不只反映在经济水平上，还反映在人们的生活节奏上。20 世纪 80 年代，有学者比较了香港与北京街头人们步幅大小与频率快慢，发现在香港街头人们明显走得快。而今天，这种快频率的街景特征已经成为中国许多城镇的共同特征。快节奏生活为移动信息需求提供了现实基础。

（2）技术条件变化，提供更多移动信息手段

信息技术的发展，在集中于速度之后，开始更多地以便捷作为发展方向与驱动引擎。反映在计算机领域，便是电脑从小型化走向便携化，速度越来越快、功能越来越强大的同时，外形越来越小巧便携，以新的方式诠释了摩尔定律。反映在通信领域，便是电话从普遍化走向移动化，无论是通过传统通信网络还是通过网际互联协议（Internet

Protocol，IP），移动通信正在成为人类通信的主要选择。在网络领域，互联网走向移动化正在引发最超越想象的变革，从 4G 到 5G，网络设施越来越成为城市的基础设施与基本选择，从而给受众在移动状态下获取信息提供了技术条件。

（3）受众生活方式变化，在移动中的时间增加

随着经济发展水平、技术条件和人们生活理念的变化，人们的生活方式发生很大变化，在某种意义上表现为移动化的生活，即人们在路途中的时间大大增加，在活动中的时间增加，在家庭和办公场所以外的地点停留的时间增加。受众群的构成特征更为动态化，而不只是以性别、年龄、职业等静态的社会学特征就可以概括的。在移动状态下的时间的增加，形成了复杂多样、特征鲜明、有异于传统模式的移动信息需求，构成重要的需求条件。

2. 受众移动化特征与对传媒的影响

受众移动化是一个渐进的演变过程，已经显露出鲜明的特征，并已对传媒形态、运作理念、服务方式产生深刻的影响。

（1）受众主体移动化

这个时代，受众主体发生重要变化。主要的信息消费群体作为社会主流人群，更多地处在移动状态中。他们的生活方式、工作方式发生明显变化，出行距离扩大，出行时间增加，在家庭、办公场所以外的时间增加，同时有强烈的信息需求。这其实与社会学上的人口特征变化相符。人们在地域间的流动加速，人们的活动空间扩大，人们更多地处于活动状态中。

反映到广播听众群体，就呈现出明显的变化过程。20 世纪六七十年代，广播是最具有时效性的强势媒体，从而拥有特殊的影响力；到了 20 世纪 80 年代末，广播的时效优势相比于电视的多媒体特征不再那么具有吸引力，广播的受众主体发生变化，更为中老年化，广播被人们视为弱势媒体。而到了 21 世纪，广播的受众主体更多地在移动状态中，人们在移动状态下最便捷地获取新闻信息的方式是听广播。这也促使受

众主体移动化的形成。

（2）接触状态伴随化

观察人们与传媒的接触方式就会发现，最大的变化是人们更多的是在活动状态下接触传媒，而不再只是在安静状态下接触传媒；更多的是在处理其他事务时接触传媒，而不是专门从传媒获取信息；更多的是在时间缝隙、时间碎片中从传媒获取信息，而不再主要是在某个特定读报、看电视的时间段获取信息，这时的报纸、电视、广播往往在充当时间填充物。因而，人们接触传媒的状态，更多的是活动化、伴随化的。

（3）接收载体便携化

这些年科技革命成果的最重要体现，是信息接收载体和处理工具的便携化、小型化、智能化，它们既适应人们生活方式的变化，也推动人们生活方式的变化。传媒移动化与受众移动化双重作用的结果，是台式收音机基本退出了历史舞台。曾经作为人们生活中的重要器具、几大件之一的五灯收音机消失了。虽然调频广播和数字广播可以提供音质更好的广播节目，但人们依然更多地选择便携的小型收音机。而随着人们出行方式的变化，车载收音机成为主要的广播接收工具。收音机甚至在很多时候失去了其外在的形态，化为手机的一个功能。但这一系列演变，这种便携化、小型化，这种隐身式、车载式的存在，反而为广播的重新崛起提供了最适应人们生活方式和需求变化的基础。

（4）信息需求实时化

正是因为人们在移动状态下、在时间缝隙中获取信息，人们对时效性、简捷性、针对性的要求达到了空前的高度。

概括人们在移动状态下的信息需求，有几个鲜明的特点。一是全时空存在，即希望随时随地获取信息，随时保持对外界最新动态的接触、关注和获取。二是高度时效性，甚至希望总是能在第一时间获取信息，追求在直播状态下与历史同在、与进程同步的感受。三是高度选择性，满足人们对简捷性的要求，即人们希望获取的信息是经过精心选择的，希望直接获取最重要的东西。四是高度针对性，以求获得最好的时间利用效益，这对传媒的内容与服务方式定位提出了更高的要求，促进传媒市场与传媒节目形态的进一步细分。五是高度类型化，即人们的信息需求更集中在一些领域、方面，呈现类型化特征。

（5）接收方式便利化

受众移动化对传媒提出的最强烈要求是便利性。因而，便利成了人们选择传媒的第一门槛。人们希望在移动状态下便利地获取信息，导致传媒形态发生一系列变化。它促使世界著名大报放弃对开的版型，演变为四开大小的“紧凑型大报”。它促使人们牺牲一部分对音质、对声场、对视觉的享受要求，选择了车载广播、移动电视和手机之类的移动信息接收工具，作为获取信息的工具。它促使人们更多地选择移动上网，推动互联网加快与移动通信融合。

便利性的要求还促使传媒的运作方式发生变化。它促使媒体开始借用互联网领域首倡的推送式服务。于是，人们看到了更多的媒体开办的手机报、新闻短信。传统媒体所做的所谓手机报、新闻短信，与其看作传统媒体利用新媒体，与新媒体融合，不如看作传统媒体运作理念、服务方式的变革。把选择好的信息直接推送、提供给受众，让受众在他们方便的时间、以他们方便的方式获取，这种推送式服务更好地体现了信息需求的个人性与时间利用的自主性。其后出现的算法推送，推动力量既包括个性化、精准化，也包括便利性。

3. 广播重新崛起的三个因素

在媒介生态圈中，不同时期广播所起的作用有明显不同。

广播在 20 世纪初诞生，是当时名副其实的新媒体。之后，广播逐渐演变成新闻媒介。但最初，它在整个媒介生态中所起的作用，主要是平面媒介的提示器。广播只播报新闻提要，广播员在结束时总会提一句：“详情请参阅你们的地方报纸。”这种提示器的功能，虽然远远没有展现出广播这种新媒体所具有的传播信息的及时性、表达内容的传真性、收听对象的广泛性、收听节目的方便性，但毕竟让人们看到了广播的竞争力和崛起成为新强势媒体的基因。

20世纪40年代，广播的及时性、传真性、广泛性和方便性的特质以一种特殊的方式被发掘出来，其开始了现场直播这样一种深刻影响未来的传播方式。1940年8月18日，美国哥伦比亚广播公司（Columbia Broadcasting System，CBS）的记者爱德华·默罗站在英国广播公司的楼顶上，开始了他著名的《这里是伦敦》的现场报道。他以绘声绘色地描绘探照灯射向天空、炸弹在城中炸响的情景，开启了电子媒体现场直播的新时代。现场直播，以它的传真性、现场性，以它的展现现场的感染力和说服力，很快风靡全球。更重要的是，在技术等的支撑下，在电视与网络等的共同参与下，现场直播得到创造性发展，产生了更为深远的影响，极大地改变了听众的心理预期，改变了广播从业人员作为传播体系参与者所具有的先得信息的优势。

新媒体时代的到来，使听众获取信息的渠道更为丰富，所有听众都可以选择从不同媒体处获得信息，再从其他渠道来补充、印证，评判媒体所提供的信息。这改变了媒体和受众的关系，也使得适应受众生活方式的变化，成为新的媒体竞争要求与选择标准。

如果探究今天广播重新崛起成为强势媒体的原因，可以说，原因至少有三方面。一是提示器功能中蕴藏的诸媒介之上的引导性媒介之便利，二是现场直播中蕴含的传真性、现场性的特殊影响力与说服力，三是其与今天人们生活方式变化的紧密契合。这三个因素，仍然会推动广播继续走向强势媒体，走向新的未来。

4. 传媒移动化时代广播的竞争策略

在传媒移动化时代，广播栏目究竟应该做出什么样的变化，才能更有力地帮助广播从弱势媒体走向强势媒体，走向更有影响力的媒体，这是学者、广播人都应该思考的。

（1）受众移动化给广播带来的机会和制约

在传媒移动化时代，受众的收听心理、收听偏好以及更愿意选择的栏目类型等，都在发生变化。如果广播的栏目形态、运作方式本身没有变化，在适应性、吻合度上就会出现偏差。这样，就会影响栏目的竞争力，就会相应影响其所属频率的竞争力。因此，在传媒移动化时代，广播的栏目形态、时段安排以及运作方式，必须和人们生活方式的变化相吻合。

为什么这样说？电视频道早间节目的变化，已经使人们和电视的关系发生改变，人们从看电视改变为听电视。今天，中国重要的电视频道早间节目大多演变成了以读报为核心的综合信息版块。而且早间综合信息版块的时长已经从 15 分钟延长到 1 小时。早间节目不再以电视新闻杂志、音乐节目、健身节目为主，而是一步步转向提供信息选择结果，提供对新闻的分析和点评。这样的变化是因为人们的生活节奏发生变化，人们在早间的信息需求发生变化。如果电视在早间时段不分类提供精心选择的新闻信息，给人们提供边处理生活琐事边获取信息的便利，电视媒体在早间的吸引力就会降低，人们在早上选择电视的必然性就会削弱。电视发生这样的变化，切分了广播原有的市场份额，是对广播吸引力的最大挑战。

但广播的更大机会在于人们生活方式的变化，在于受众移动化。

现在有越来越多的人在移动状态下消费传媒。受众的生活方式变化，出行距离扩大，出行时间增加，在家庭、办公场所以外的时间增加。在移动状态下，受众选择的与媒体接触的方式发生变化，人们自然而然地选择了广播作为伴随媒体，方便其边做其他事，边从广播中获取信息和娱乐。于是，人们听广播的方式也主要转为在移动状态下，在路上通过手机听广播，而不再是坐着以台式收音机作为收听终端。受众坐在家里听广播的时间越来越少，这既推动了受众移动化，又加速了传媒移动化。

受众移动化，使得传媒移动化成为当前传媒变革最重要的特征和必然发展趋势。而正是受众移动化和传媒移动化的互动，重塑了传媒形态与格局，重塑了传媒和人们的关系，促使传媒提出新的应对策略。而新的参与者参与竞争，使得受众移动化和传媒移动化的趋势愈演愈烈。21 世纪第一个十年，世界主要移动通信运营商在各种场合、论坛上讨论

“手机媒体化”，希望看到人们将手机作为媒体信息终端。实际上，在我看来，手机所能承载的功能，手机与人的生活的关系，手机所具有的价值，还会发生更超越想象的变化。可以说，手机与互联网移动化结合起来，会使手机成为人连接外部世界的门户和窗口。

广播人尤其不能小看手机媒体化、手机终端化，这样的变化已经在预示着传媒移动化会更深入地推进。受众移动化要求广播节目的形态发生什么样的变化，是值得研究的。全世界的电视剧每集的长度以 45 分钟左右居多，这和中小学一堂课的时间是一样的。为什么？其中一定有规律性的东西。这就包括人们在特定状态下的注意力集中时间以及时间利用习惯。成年人在端坐状态下注意力集中时间是 40 分钟左右，中学生是 30 分钟左右，小学生是 20 分钟左右。人们在移动状态下注意力集中时间是多长？可以接受的节目长度是多长？没有什么文章专门讨论这些问题。但是，业界实践已经给出了有启发性的答案。楼宇电视这个业态和行业的诞生，就是因为发现了人们在等电梯时有大约两分钟的时间碎片，这就决定了人们在那个状态下的注意力集中时间。那么，人们在移动状态下，愿意或适宜观看的电视节目的长度也是有限的，一定远远短于静坐状态下适宜观看的电视节目的长度。也许，3 分钟就是一种合适的选择。那么广播呢？人们在移动状态下愿意或适宜收听的广播节目的长度和形态是怎样的呢？面对移动化的听众，广播需要什么样的节目形态、传播节奏、内容结构和表述方式？这些变化正在发生，都值得我们潜心研究和探索。

（2）适应收听心理的传播方法

在传媒移动化与受众移动化双重演进的时代，广播节目形态与竞争策略的变化，应该适应受众心理、收听偏好的变化，适应受众生活方式的变化。也许可以说，一个吸引人的好节目，其传播方法要体现这样几个关键词。

第一是选择。采访不仅仅是收集信息，其核心实际上是选择。新闻传播就是有组织地、工业化地收集、整理、加工、传播新闻信息。在这个流程中，人们普遍意识到，要以编辑为核心。而编辑这个核心环节，所做的工作还是选择。提供的选择的结果，不仅包括内容，也包括判断和观点。

第二是重构。重构是一种还原。做出的报道，实际上就是以新闻的表述方式，把所要报道的新闻事实还原出来。对于广播来说，节目还必须重构现场，还原环境，还原生活的状态。这相当于给想表达的内容、观点和解释一个合适的氛围，让道理自己走出来，而不是将其强加给受众。

第三是诠释。诠释的核心，是对新闻及其背景的意义、价值和影响做出分析、解释和判断。对于主流媒体来说，这是发挥主流媒体引导作用和公信力的关键。一个媒体，不能假定所有事件发生的时候都能抢到第一落点，都是第一报道者，其往往是从第二落点跟进、切入。但对一家主流媒体来说，即使是从第二落点切入，也要努力把新闻事件的背景、意义、影响诠释清楚，做出正确的判断，这样就可以获得最大的影响力，就等于拿到了第一解释权。在今天，掌握第一解释权的意义更大一些。因为，牢牢掌握了第一解释权，媒体就有了影响力。

第四是节奏。传播节奏是最重要的传播因素之一。不管是新闻事实，还是新闻背景及分析，以什么方式传播，形成什么样的传播节奏，让人们在什么状态下自然而然地接收信息，决定了可能产生什么样的影响。传播节奏已经成为相应的影响要素之一。

第二节　危机报道：战略权衡与思路拓展

重大危机事件的报道是一个系统工程。国际危机事件的把握和报道更须从战略层面权衡，审时度势，得当把握。

一、国际危机事件报道的战略权衡与体系竞争

历史地看，重大危机事件总是会在一定程度上影响经济走势，影响一个群体的集体心理与选择，影响一个国家随后的资源投入，进而，会影响历史进程。虽然，历史不存在假设，人们无法确定假使危机事件没有发生，历史会不会是另一种走向；但一系列历史事件证明，重大危机事件确实会改变历史进程。或者说，重大危机事件会以自己的方式影响着历史走向。

但对于现代世界，对于媒体已经高度发达的现代社会，可以说，在重大危机事件影响历史，影响历史的前台角色的时候，媒体在其中也起到一定作用。媒体的报道会让更多人对某个危机事件的关注度得到提高，牵动人们的注意力分配与决策选择，从而总是在一定程度上扩大危机事件的影响，或者说，会让危机事件的影响变得更牵动关切、更影响认知。对于电视，对于电视直播，更是如此。

正因如此，值得提出的问题是，面对国际危机事件，淋漓尽致地投入报道，是否就是媒体可选择的应对方式的全部，是否就是衡量标准？今天究竟应当如何报道国际危机事件？在大国博弈、地缘冲突多发的复杂国际环境下，是否需要更加注意从战略层面权衡并把握国际危机事件的报道？在国际危机事件的报道中，如何更有力地体现统筹把握国际国内两个大局？

（一）危机事件：从来就不是一种单纯存在

危机，是一种由意外事件引发的紧急状态。

意外事件的出现、产生对相关事件、相关人或相关秩序的威胁及危害，迫使人们紧急做出反应以应对。汉语中以“危”强调此状态，说明人们对其紧急程度的认识。意外事件作为诱发因素或外在表象，会激起一系列反应，迫使相关人做出反应，做出选择，从而改变相关秩序，影响相关走向，产生一系列新的变化。这种变化，又给有心人提供了新的

变化机会，敏锐而有智慧者从而有了新的选择空间。此常被视为“机”。这也就是人们常常把“危机”解释为危中存机、危中见机的内在原因。

但不可否认，由意外事件引发的危机，总是会对原有状态与秩序产生强烈冲击，总是有足够的冲击力甚至杀伤力。何况，危机并不总是朝着提供新的选择机会的方向发展，并不总是“机”，而可能走向乱麻一团，走向死结，至少对某一个阶段、某一个群体是无解的死结，从而带来更大的损失甚至毁灭。这已被多种事件所证明。

虽然，人们概括说，危机有意外性、急迫性、破坏性等特点，但危机并不总是意外的，并不总是急迫的，而可能依其逻辑，经历发生、发展、嬗变、激化、再发展等阶段，甚至可能一再呈现减弱与再激化的反复过程，胶着反复，而让相关人不知何时以何种方式解决。当今，巴以冲突又发，还不知何时及以什么方式结束，就可称为进入胶着性危机。

虽然，人们概括说，危机具有聚焦、吸引人们注意力的天然特性，但当一个危机持续一些时日，或有另一个危机、另一个足以吸引人们注意力的其他事件发生，人们对前一个危机的关注度一定会降低，哪怕这个危机后来带出的事件比早先爆出的事件更具杀伤力，人们的心态似也已有些平和，反应似也已有些迟钝。比如，在 2011 年 5 月上半月日本福岛第一核电站 5 000 吨重污染水不知去向，人们对此新闻的关注与反应，与核电站危机后污染水可能进入大海时人们的焦急与担忧，迥然不同，而后者的危害性看来还要大一些。

在信息全球流动、联系日趋复杂紧密的大背景下，国际新闻与国内新闻间的界限越来越模糊。发生在他国、他地区的危机事件，对一国一地区内部经济发展、社会安定与人们的思想状况、决策选择等，影响日趋强烈。国际危机事件往往具有模板效应，会引发一连串类似事件。不管是政治家、学者，还是经济参与者，甚至普通公众，更多的人早已不再把国际新闻单纯地视为国际新闻，而更注意其可能产生的复杂影响。因而，无论是从决策选择还是从媒体报道的角度说，国际危机事件都不是单纯的、国际的、危机的事件，而往往会在一国一地区内部产生复杂效应，甚至是在地理距离遥远的国家、地区引发复杂效应。因而，政治家才会要求传媒领导者，要统筹国际、国内两个大局。

在今天，国际危机事件所影响的，不仅是事件发生地人们的生命与福祉，不仅是事件发生地周边的政治、经济与社会秩序，而更可能是人类福祉，人类的共同家园。类似英国石油公司墨西哥湾漏油事件的危机事件，都会引起世界关注，长时间成为媒体报道的焦点。今天，对生命的关爱、对自然环境与生物多样性的关注等，已经成为人类共同的价值取向，国际危机事件的影响就更为深远。

对一个国家而言，人们已经接受要以国家利益来权衡国际新闻报道，国际危机事件报道自然包括在其中。但在联合国有关公约规定一个国家的领海的最大宽度不超过 12 海里、专属经济区可以宽 200 海里的今天，在各国更深程度参与全球分工与合作的今天，在一个国家的资源、能源、市场对外依存度不断加大，相应来源、运输通道的安全和稳定，都与一个国家的国家利益密切相关的今天，一个国家的国家利益已不限于一国的地理边界内，国际危机事件往往与周边国家，或更大范围内的主体的利益密切相关。日本核危机引起整个世界的关注，更引起周边和环太平洋国家的担忧，就说明了这一点。国家利益已不限于一国的地理边界这个现实，也必然影响人们对于国际危机事件的认识，与对国际危机事件报道的把握。

（二）体系竞争：国际危机事件报道的突出特点

正是因为国际危机事件的复杂性，也因为在信息全球流动、新媒体影响日趋强劲的大背景下媒体竞争激烈，传媒对国际危机事件的报道体现出三种能力，而这三种能力实质上则通过在资源、体系、战略三个层面上进行的竞争体现出来，其中体系竞争是其突出特点。

1. 资源层面的竞争，体现媒体国际危机事件报道能力

对媒体而言，重大危机事件即重大新闻。有竞争欲望的媒体自然会

投入所能调动的报道资源，参与国际危机事件报道的竞争。很多时候，这正是体现一个媒体的实力、能力的时候。多少年的磨炼与准备都在这一时间展现出来。对于许多媒体人，多少有些得以施展拳脚的莫名兴奋在其中。

因此，国际危机事件报道时资源层面的竞争，往往首先是从个体层面开始的。媒体所拥有的国际危机事件报道资源，首先集中体现在所拥有的擅长报道国际危机事件的记者队伍和编辑队伍上。在传统媒体竞争环境下，拥有几个优秀的战地记者，尤其是战地摄影记者，就可以在这样的竞争中展现出自己的特色。其报道，甚至可能会影响战争的走向。对于作为战地记者的文字记者，以往人们对他们的要求往往集中在军事素养和采访、写作能力上。因此，历史上，优秀的战地记者与作家往往是两栖的，优秀的危机事件报道者与作家往往也是两栖的。1989 年 10 月 17 日下班时分，美国加州北部发生大地震，奥克兰的 880 号双层州际公路，因上层公路崩塌压毁下层公路，仅 1 千米长的路段上至少有 253 人被活活压死。对比这次地震报道，人们自然想起近 100 年前马克・吐温对旧金山地震的报道。

但今天，普通公众的信息渠道众多，信息来源丰富，信息处理能力不同以往。自然，今天的受众对国际危机事件报道者的专业素养与报道能力，就有了不同以往、不同一般的要求。这并不只简单地涉及外语能力强弱，或危机事件报道能力强弱，还包括相关专业素养和分析判断能力等等。

对于一个媒体，其报道资源还体现在其他许多方面。这如同军队，当然包括装备技术层面的资源。地震发生、海啸即将到来，日本广播协会（NHK）不仅可以预先布设摄像机拍摄地震时刻的画面，还可以调用直升机，从空中直播海啸来袭的场面，使其成为少有的电视直播的海啸灾难。此外，这还包括一个媒体可以在紧急时刻调用的信息资源。具体就是，能不能够以一切手段把记者投送到关键地点，能不能够拿到权威机构的关键信息，能不能够把核心事件相关关键专家请到演播室参与直播？日本地震直播，最初被请进电视台的是地震专家，但很快就换成了核专家。一时间，核专家成了最抢手的报道资源。

2. 体系层面的竞争，体现媒体系统实力与运作能力

面对重大国际危机事件，对参与报道的传媒，特别是电视节目制作机构而言，竞争不仅是报道者个人层面的竞争，还是报道组、报道团队等集体层面的竞争，更是体系层面的竞争，或者借用一下军事术语，是体系层面的对抗。

一个媒体的报道体系，不仅包括报道系统，还包括技术系统、后勤支援系统，甚至包括决策系统。一场国际危机事件的报道，总体上是种体系性动作，而不是单纯的报道层面的行动。无论是危机发生后的快速响应、迅速展开报道，还是后续的资源投入与报道运行，都依赖并体现报道体系的运作。讨论起危机事件的报道，人们习惯关注的是报道系统、技术系统与后勤支援系统是否动作到位、配合有力，实质上就是在关注体系层面的运作是否有效。而一个报道体系的运作效能，很大程度上取决于决策系统。决策系统的信息传递速度、决策速度与周详程度、协调力度与效果等，都直接影响报道体系的运作效能、能力的发挥。

从体系层面观察一个媒体的报道能力与危机事件的应对能力，才能真正发现存在的问题，也才能真正形成如何更有效地发挥其效能的共识。很多时候，危机事件报道开始后，人们才发现诸多问题，但当时当地却难以解决，只能权宜应付，先做报道。而当危机事件过去，报道时发现的问题，却往往被忽视了。因此，所谓体系层面的对抗，很多时候，首先竞争的不仅是体系性准备，更是体系性修复，包括修复速度、修复能力。因为，针对性修复，才是更有力的准备，才是对下一次危机事件报道的更有力的支持。

3. 战略层面的竞争，体现媒体战略意识与把握能力

在体系层面的竞争的背后，实质上是战略层面的竞争。

首先，一个媒体的报道体系如何构建，取决于一个媒体有什么样的战略考虑。这样的战略考虑，包括媒体的发展战略，但不限于媒体的发

展战略。媒体的发展战略首先是媒体自身如何发展，但一个媒体向什么方向发展，怎么发展，又不完全取决于媒体自身需要，还取决于其使命与追求。因此，广泛意义上的媒体战略就应当是媒体对自己使命与追求的认识和谋划。所求者大，所谋之远，一个传媒才可能获得更为广阔的发展空间。

实际上，媒体人愿意追求的是影响力。如果从战略层面认识问题，就不能一般性地停留在国际危机事件报道可以有力拓展自身影响力这个局部，虽然，不少媒体通过对国际危机事件的报道获取了影响力，提高了报纸发行量、节目收视率、视频点击量。但要从战略层面认识问题，其就要把自己的追求和使命，与中华民族伟大复兴、与增进人类福祉结合起来。

对于面向海内外的报道，具有一定国际影响力的新闻机构，如何把这两者结合起来？至少从一个角度可以说明。过去，人们习惯于向世界宣传中国；当意识到仅仅靠宣传不一定能够让域外的人们认同的时候，人们开始努力向世界说明中国。而对于具有一定国际影响力的新闻机构，着力追求的，则是向世界报道世界，向世界说明世界，是体现全球视野，当然要以中国视角、中国立场来体现。以向世界报道世界、向全球拓展影响力空间为追求，报道体系的构建、报道行为的实施，就会以这样的战略为核心来进行。

而以这样的战略考虑为基点，对国际危机事件的报道，就不会着眼于事件本身，就不会被西方传媒的声音与基调所左右，就不会专注于细节而忽略对大局的把握。以这样的战略考虑为依托，国际危机事件发生时，报道资源的投入就有了新的思考路径，所着力影响的对象就更为明确与清晰。

（三）大国传媒：国际危机事件报道的战略权衡

在重视国家实力展现与影响力拓展的今天，重大国际危机事件的报道，许多时候，又与一个国家软实力密切相关。“3·11”日本地震后，全世界的电视节目连续多日反复使用NHK的画面，甚至在自己的电视直播中直接切入NHK的实时画面，使更多人对日本社会的灾难应对有了直观认识。NHK的灾后报道，对其背后的日本，不管是日本社会还是国家能力，就是一次效果明显的形象传播。当然，这种形象传播不一定都是正面的。在这次地震、海啸引起的核危机中，日本政府灾情信息披露与采取的应对措施都显得滞后乏力，长时段的电视直播直接打破了一些人心目中日本防灾抗灾能力强的神话。

不仅是报道中所提供的信息会让人们对一个国家、一个民族、一个社会有新的认识，实际上，媒体在危机报道中的表现，也会让人们对这个媒体及其背后的国家、民族、社会，有新的认识。虽然，有些媒体致力于国际传播，力图客观地报道全球新闻，但人们会把其在重大国际危机报道时的表现，与其背后的国家联系起来。一个媒体在重大国际危机事件时表现出能力和实力，或者没有表现出应有的能力和实力，人们都会将之与其背后的国家的能力联系起来。这样的思维方式与关联评判方式，在东西方社会同样存在。卡塔尔人口虽只有300万（2023年5月），但当人们谈起其所拥有的半岛电视台时，人们对这个国家的印象，又绝不仅仅是将其排在只有300万人口的位置上。

冷静地看，国际危机事件越来越多，这是不争的事实。国际危机事件的解决过程，越来越多地与大国利益相关联，这也是不争的事实。一些国际危机事件爆发后，其发展不以人们意志为转移，走向复杂胶着，一时看不到尽头。一些危机事件的爆发看起来原因明显，但一段时间后，发现当初引发一场战争、一场危机、一场对抗的所谓原因，并不真实存在，或不是真相的全部。从国际政治角度，人们经常说，一场战争的发生，第一个牺牲者往往是真相。那其背后的真实原因呢？则变成了需要长久追寻的东西。

对国际危机事件的报道及其成效，成了对一个传媒把握能力的检验。应当说，这种检验，不只是在报道能力、报道体系等层面，更在战略把握层面。对于今天的中国传媒而言，其在从事国际危机事件报道时，应当从大国传媒出发做必要的权衡。

大国传媒，这首先是一个事实。中国成为世界第二大经济体，中国对国际事务正在产生越来越大的影响，中国的国家利益事实上已超越地理边界，中国海军在索马里海域护航就是例证，中国因素、中国市场、中国取向越来越为国际社会所关注。这决定了国际危机事件与中国的联系多样而复杂，其绝不再只是域外的一个重要事件，中国作为一个负责任的大国，一定与之密切相连。这也决定了中国媒体在报道国际危机事件时，在客观报道的同时，会有与以往不同的关注点与分析切入点，会有与以往不同的报道落脚点。大国传媒，还是一种责任。作为一个大国的媒体，不管是对内报道，还是向世界传播，都负有促进世界和谐共生的责任，都有基于促进全球文明交流互鉴，基于促进构建人类命运共同体而努力的基础。这就决定了中国传媒在国际危机事件报道时的立场与观点。

在国际危机事件报道中，一系列因素如何把握都需要从战略层面做权衡。

比如，利比亚危机，空中打击开始前与最初阶段，总体来看，媒体的报道反应速度与报道量都是足够的。但报道的相当一部分篇幅、画面与时间，均集中在所使用武器的效能与空中打击的效果上。而人们已经认识到，战争武器的打击能力，通过媒体的渲染，就会变成实际上的心理威慑力，会在人们心目中形成一种心理暗示。这种心理威慑力，会不会变成一种实际威慑力？如果有可能形成，媒体应当如何把握战事报道与对武器效能的介绍？

一些国际危机事件初看起来原因是具体的、可见的，但即使其原因是具体存在的，国际危机事件的后续效应也可能远超直接诱因。因而如何处理危机、如何报道危机，就需要有战略考虑。当年的科索沃之战，对其诱因，战争之前国际媒体有大量报道，战争之后也有一些真相揭露，似指所谓大屠杀并不如西方报道般存在。但一个事实是，科索沃战事前，新生的欧元，1 欧元最高兑 1.189 9 美元；战事开始后，欧元下跌，最低时 1 ∶ 0.844 7，即 1 欧元只能兑 0.844 7 美元。“9·11”事件之后，美国在中亚一些国家有了军事力量，而这些军事力量，显然具有战略价值。

对于传媒而言，一些国际危机事件涉及重大国家利益与人类利益。如果其仅仅进行被动式报道，可能跟踪了新闻事件，而在战略层面出现偏差；也就是，技术层面无误，战略层面有失。

（四）持续危机：检验总体把握与议题设置能力

危机事件，总体上看可分为两类。一类是单一性事件，如地震、空难、袭击等。虽然，这类危机事件也会有连锁反应、次生灾害，但总体上是一过性事件，媒体的报道总体上是事件后报道。另一类是持续性事件。这类事件多属人为事件，如动荡导致的政治危机、内战等，其原因可能较为复杂。虽然这类危机事件也往往是由一连串单一性事件构成的，但它们互为影响，持续发展。

这给媒体人提出了一系列需要回答的问题。从技术层面看，当一个国际危机事件呈胶着状态、持续很长时间时，如何对报道进行阶段转换与持续推进，保持其对受众的吸引力与影响力，是需要考虑的问题。至少，这在考验传媒的议题设置能力。

一般而言，受众对一个危机事件的关注能够保持一个月左右。之后，关注度就会明显快速地下降。在危机事件爆发后不久，很小的变化都会引起受众的密切关注。而在危机事件发生一个月后，相同级别的变化，已经引不起受众的关注，即使是重大变化，引起的关注也少很多。危机事件发生后一段时间，人们对其的主要关注点，不再是引发因素、事件过程、最新发展等，而是其重大转折、重大影响、关键选择等。

因而，面对呈胶着状态的危机事件，媒体需要通过议题设置、视角拓展、问题深化等方式，实现报道阶段转换，不断保持吸引力与影响力。

同时，收看状态的危机事件更是对媒体总体把握能力的检验。危机事件越是持续，利益影响越大，越能从各方应对危机的行动中看出各方的真正考量。因此，越是持续性危机，越需要报道者具有全局观，善于把一系列零散现象拼起来，还原成图景，以解读危机，帮助人们更全面深入地认识其影响。

越是在这种时候，媒体越有必要从国家利益的角度做必要权衡，并以此为基础把握报道基调。

二、海洋危机事件报道的基本原则与思路拓展

不经意间，海洋危机事件报道越来越多地占据了中国传媒的报道资源，吸引着人们的注意力。更让许多人陡然一惊的是，海洋危机事件报道不再只是国际新闻，而是实实在在发生在身边、引起国际社会连锁反应的国内新闻，而且实实在在地与中国的权益紧密相连。

今天，中国在全球分工与合作体系中扮演了越来越重要的角色，海洋事务越来越与中国的国家利益以及人类的共同利益交织在一起。

有识之士都很清楚，要让全社会有更强的海洋意识。媒体除了告诉人们我国拥有约 300 万平方千米的海疆、必须重视海洋权益等外，还应怎样有效地加深人们的认识？特别是当海洋危机事件发生后，在危机事件传播的同时，怎样危中见机、应势而动、随势而为，更有效地帮助人们从多种视角理解海洋、认识海洋？在这样的背景下，应如何把握、展开、深化海洋危机事件报道？如何更得当地把握海洋危机事件报道？在当前，这些都已不是停留在纸面上的研究课题，而是实践提出的急迫问题。

（一）大国传媒，需要有经略海洋的战略眼光

1. 历史地看，国家崛起过程，无不与经略海洋的过程相吻合

海洋，从来就是战略利益的交织体。

如果说，20 世纪是石油世纪，那么，21 世纪则可称为水的世纪。

水资源与石油一样，成为诸多复杂关系交织的中心与驱动因素。这里的水资源，既包括珍贵的淡水资源，也应包括承载世界历史波澜的海洋。

历史地看，人类对海洋的认识与利用的努力一直在持续，但认识的角度、高度与程度，不同地区、不同族群、不同阶层的人们又多有不同，从而写下了不同的历史。

早在2 000多年前，古罗马哲学家西塞罗就指出，谁控制了海洋，谁就控制了世界。今天来看，此语中的“海洋”，未必与今人口中的海洋含义完全相同，但依然显示出古罗马人对海洋的认识。

梳理大国兴衰的历史，就会发现，一个国家崛起成为强国的过程，无不与经略海洋的过程相吻合，或在一定程度上体现为以具有远见卓识的战略为指导经略海洋、利用海洋的过程；而近代史上传统大陆强国的衰弱过程，也往往与海上防御能力不足或海洋资源利用能力不足相关联。

15—17世纪发生的西方视角中的地理大发现，某种意义上首先是以新眼光对海洋价值的重新发现。欧洲航海者开辟新航路和“发现”新大陆的努力和结果，被称为地理大发现。这是见识、勇气与持续努力的结合，它形成了海洋资源利用能力的重要部分，帮助了一个又一个国家成为当时的海上霸主。葡萄牙、西班牙因为具有这样的能力而最先拥有近代意义上的世界海权，之后的荷兰被称为“海上马车夫”与17世纪标准的资本主义国家，其拥有强大的海军，垄断了当时大部分海上贸易。再之后，英国曾拥有200多年的海上霸主地位，但海上霸主地位的失去，也是英国失去原有地位的开始。

对海洋的战略价值认识不够的结果，必然是从海洋失去更多的东西。据不完全统计，1840年到1940年的100年间，外国列强从海上入侵中国479次，其中规模较大的有84次，迫使中国签订了一些不平等条约[①]。国家欲富强，不可置海洋于不顾。财富取于海，危险也来自海

① 杨毅：《建设一支与中国角色相称的强大海军》，https://baijiahao.baidu.com/s?id=1631198396972482814&wfr=spider&for=pc，访问日期：2024年3月11日。

上。另一传统大陆强国印度成为殖民地也是从海洋开始的。

2. 现实地看，大国传媒需要以远见卓识去推动经略海洋、利用海洋

历史地看，大国从来都不是简单地以其版图大小来确定其地位的，而往往以其在国际社会负责任的能力或曰支配能力来确定。平面地看，这样的负责任的范围就包括经略海洋、利用海洋。而一个国家在此问题上能够形成多大的共识，在一定程度上又与传媒所提供的信息、体现的见识紧密相关。因而，现实地看，大国传媒需要从战略层面加深对海洋的认识，需要以其远见卓识去推动经略海洋、利用海洋。

对海洋战略地位与价值的认识，被概括地称为海权意识。

历史地看，海权意识的形成与传播，有力地推动了对海洋的经略与利用，也实际上推动着一些国家的兴衰。

传统的对海权的认识，主要从控制力角度着眼。17 世纪初，意大利法学家真提利斯提出，国家的领土包括毗连的海域。1702 年，荷兰法学家宾刻舒克在其《海上主权论》一书中提出：陆地上的控制权，终止于武器力量的终止之处。而经过试验，当时的大炮最远射程在 3 海里左右。至 1782 年，意大利法学家加赖尼据此提出以 3 海里为领海宽度。3 海里领海的规则被普遍接受至 20 世纪下半叶，与此有关的一些故事颇为有趣。1967 年 9 月 2 日，英国前海军上校派迪 · 罗伊 · 贝茨占领了英国海岸外 6 海里处一个二战时的英军堡垒，成立了一个国家叫“西兰公国”。1968 年，一艘英国海军的巡逻船只进入了“西兰公国”，罗伊和儿子迈克尔 · 贝茨向他们鸣枪示警，投掷燃烧瓶，后因此而受审。1968 年 11 月 25 日，法庭宣布由于事件发生地处在英国领海之外，他们对此事件无权干预。

控制力最终还要通过利用力来体现。因此，今天人们对海洋战略地位与海权的认识，更增加了利用力的维度。这种思维，从相关规则的制定中也有所体现。1982 年通过的《联合国海洋法公约》规定：每一个国家有权确定其领海的宽度，直至从按照本公约确定的基线量起不超过 12 海里的界限为止。这个公约创立的一项新制度，是关于不超过 200 海里

的专属经济区的，沿海国对其专属经济区内的海床上覆水域、海床及其底土的自然资源（生物和非生物）可行使勘探和开发、养护和管理的主权权利等，对人工岛屿、海洋科学研究和海洋环境保护拥有管辖权，但其他国家在该区内航行、飞越、铺设海底电缆和管道不受限制。

而作为法律概念与制度的大陆架权利的创设，更是基于利用力的海权思维的产物。大陆架有丰富的矿产，其中已探明的石油储量是地球石油储量的三分之一。虽然 1982 年通过的《联合国海洋法公约》对大陆架法律制度做了明确规定[①]，但随着各国开发利用海洋资源的意愿越来越强烈，人们越来越清楚地看到大陆架的战略价值与经济价值，围绕大陆架权利主张的争斗甚至越来越激烈。东海大陆架划界问题就是如此，围绕如何划界，中日间的争论，绝不是简单的学术争论。

今天，诸多海洋危机事件的发生，其起因可以说是着眼于对其战略价值与经济价值的利用。诸多国际新闻事件以及围绕相关焦点问题的激烈争论、竞争甚至斗争，已实际体现出这一点。对于南海问题，邓小平同志提出的“搁置争议，共同开发”的主张，就体现了这种基于利用的海权思维。当然，利用一定基于控制力，不看到这一点，就不能很好地把握诸多海洋危机事件的报道尺度。

一个大国的传媒，不管其是“大”传媒，还是“小”传媒，都需要以其远见卓识去帮助人们从战略层面认识海洋、认识海权，以提供足够的信息帮助人们了解与理解为什么及如何去经略海洋、利用海洋，以其远见卓识所形成的舆论影响力去推动维护中国的海洋权益，并为世界海洋事业做出贡献。

① 沿海国的大陆架包括陆地领土的全部自然延伸，其范围扩展到大陆边缘的海底区域，如果从测算领海宽度的基线（领海基线）起，自然的大陆架宽度不足 200 海里时，通常可扩展到 200 海里，或扩展至 2 500 米水深处，二者取小；如自然大陆架宽度超过 200 海里而不足 350 海里，则自然的大陆架与法律上的大陆架重合；自然的大陆架超过 350 海里，则法律上的大陆架最多扩展到 350 海里。大陆架上的自然资源主权归属沿海国所有，但在相邻和相对沿海国间，存在具体划界问题。

（二）从“陆战”思维到“海战”思维：海洋危机事件需要调整报道思维

从陆地报道思维到海洋报道思维，或者简单地称之为从“陆战”思维到“海战”思维，这也许就是面对海洋危机事件，新闻媒体首先应当做的调整。

海洋危机事件本身的复杂特点，决定了其新闻判断、报道把握、报道展开的方式都与一般危机事件报道有明显区别。对于长期以“陆战”为主的记者而言，确实面临一个思维方式的调整问题，许多似乎顺理成章的事情值得再问一问。

其一，哪儿是核心现场？

突发事件发生后，报道指挥者的第一反应，一般除第一时间通过掌握的报道终端抢发相关消息外，就是派记者去突发事件的核心现场。在陆地上发生的危机事件，核心现场是清晰的，一般也是能够到达的。而对于海洋危机事件，哪儿才是核心现场？

日本“3·11”地震发生，震中在海上，事实上那一刻无法到达，即使能够到达，对即时报道也不太有意义。除了地震本身所引起的生命财产损失外，地震所引发的次生灾害海啸，却可能造成范围更大、更为严重的生命财产损失。因此，此刻的核心现场，是地震波造成损害的现场、海啸可能冲击的主要地区。出于这样的新闻判断，报道的展开方式与力量投入显然不同。在日本地震速报系统发出警报后，NHK 的直升机升空，以航拍直播的方式，把海啸到来时令人惊叹的场景、一切面目全非的场面，实时展现于人们面前。

此案例启示人们，地震这类海洋危机事件的核心现场，至少包括次生灾害可能危及的地方。面对海洋危机事件，在第一时间部署力量、展开报道的思维一定要与面对陆地上的危机事件时有明显不同。

其二，在哪儿验证核心事实？

核心现场有核心事实。当记者没有了新闻的第一落点，还有没有可能重获新闻爆发点？当事件涉及方声称相关危机事件已解决，记者是否需要验证事实，到哪里验证事实？

当年墨西哥湾漏油事故发生时，国内媒体将其当作国际新闻，报道比较充分。也许当时较好利用了外媒的信息，报道数量、跟踪速度、报道角度都比较丰富而有力度。海底漏油点收集装置的实时监控画面，让人印象深刻。但当漏油事故出现在中国海域，应当如何判断、如何展开报道呢？显然，需关注的，绝不仅仅是可能受到危害的陆地，最具爆发潜质的新闻点，依然是事件发生的核心现场。

2011 年 6 月 21 日，有微博爆出，渤海有两个油井发生漏油事故并已持续两天了，希望能得到控制，不要造成污染。这引起了媒体的关注，记者们开始求证，传统思维当然是找相关方与监管方。等到媒体辗转联系上中海油投资者关系部（不是传统的公关部门或新闻处），搞清楚作业者是康菲石油中国有限公司，已是几天之后的事。到底漏没漏？中海油、康菲石油中国有限公司缄默以对。这几天，记者们对此事件的反应与以往迥然不同，以往如听说陆地上哪儿有事故，记者就会想尽办法赶到现场。而这次，虽然渤海上有几个海上油田是可以检索到的，但还是没有人乘船去现场。

直至近 6 月底，国家海洋局预告 2011 年 7 月 5 日开新闻发布会。大多数媒体开始耐心地等待。而 7 月 5 日的新闻发布会，揭开了事件一小块幕布，却激发起媒体现场查证的本能。这主要是因为，几个数据和事实对公众心理形成强烈冲击：蓬莱 19-3 油田溢油事故已形成劣四类海水面积 840 平方千米，罚款 20 万元，对海洋环境造成了一定程度的污染损害。因而，公众和媒体对“漏油情况已得到控制”存有疑问。

显然，这时最具新闻爆发潜质的就是事故发生地，那儿是最有挑战性的。但首先接受挑战的却是纸质媒体。2011 年 7 月 9 日到 10 日，微博上分别出现一家周刊和一家报纸的记者在蓬莱 19-3 油田现场拍摄的照片，曝光事故现场仍有多艘船在作业，“海面已无明显漂油”的说法与记者的现场目击和所拍照片有着明显反差。面对可能对生态有威胁的海洋漏油事故，电视记者缺位了。此时，如果电视记者去现场验证，不仅是对“海面已无明显漂油”说法的质证，更可能揭开核心事实的面纱，给有关部门的监管提供有力的证据。但也许是“陆战”思维在起作用，虽然屡有提示和催促，电视记者的摄像机仍然没有出现在海面上。

这之后，漏油事件的进展急转直下，2011 年 7 月 13 日，国家海洋局态度陡然强硬，责令美国康菲石油国际公司停止蓬莱 19-3 油田 B、C 平台油气生产作业，认定之前康菲石油中国有限公司采取的溢油处置措施大多是“临时性的、补救性的”，“并不能彻底有效地消除溢油风险，再次发生溢油的可能性随时存在，已经对渤海海洋生态环境构成巨大威胁”。时至 8 月初，国家海洋局再次披露，“现场监督检查发现，目前为止，康菲石油中国（有限）公司在处理漏油事件上采取的只是临时性措施”。

渤海漏油事件演变发展的事实提示记者，对于海洋危机事件的报道，一是要现场查证，而不是只报道当事方的声音；二是要慎下结论，特别是涉及可能造成生态损害的事件。在渤海漏油事件公之于世之初，有的媒体匆忙间就报道其对山东当地的渔业和旅游没有影响，但没有提及渤海湾那个季节的主要风向是朝向河北、辽宁的，给人的印象是生态影响很小。而 7 月，河北、辽宁方面传出渔业受污染影响的信息。至 8 月初，国家海洋局则明确指出，康菲石油中国（有限）公司在完成国家海洋局提出的“确保海上溢油不登陆、确保不影响环境敏感区”上没有兑现承诺，在清除海面溢油和海底油基泥浆工作上没有达到要求。这与当初有关报道的局部性结论形成了引人深思的对比。

其三，以什么尺度判断关键细节？

海洋危机事件与陆地上的危机事件的重要性不同，其影响范围更大。在人们的生态意识、权利意识高度觉醒的时代，海洋危机事件对生态、环境、经济利益格局可能造成的影响，更能引起人们的高度关注。因而，记者判断细节、探究真相的考虑范围必须扩大，否则难以适应时代要求。

在渤海漏油事件的早期，关于污染面积的两个数据曾经非常惹人注目：一是 200 平方米，一是 840 平方千米。2011 年 7 月 5 日国家海洋局召开媒体通报会，向社会公布蓬莱 19-3 油田溢油事故情况，称截至 7 月 4 日，本次事故已形成劣四类海水面积 840 平方千米。《中国青年报》在报道中引述说："据媒体报道，此前，中海油有关人士称，从原油泄漏的范围来看，只涉及 200 平方米左右，对事故海域环境影响较小。事故未造成人员伤亡，没有任何关于野生生物、渔业或航运受不利影响的报告。"显然，一旦原油泄漏，其影响尺度是难以用"平方米"计量的。

类似的数据还有渤海漏油可能引发的赔偿要求。在 2011 年 7 月 5 日国家海洋局召开的媒体通报会上，国家海洋局官员称"责任主体康菲石油中国有限公司因此面临最高 20 万元的行政执法处罚"，20 万元的数字让在场的记者以及看到报道的公众大哗，认为太低。但这确实是海洋法所规定的对造成海洋污染的最高罚款数额。可见相关法规与现实认知间的差异。

那么，生态索赔呢？2011 年 7 月 16 日，有报道称，"即便不考虑沿海养殖场的渔业损失以及受污染海滨浴场的旅游业损失，仅就海洋生态损失赔偿而言，国家海洋局将发起上亿元的索赔计划"。也许，这则报道的潜台词是"上亿元"已经很多。之后，国家海洋局相关负责人在回答记者就此事的求证时表示，"由于渤海溢油事故生态索赔的相关工作正在进行之中，国家海洋局从未向任何媒体公布渤海溢油索赔金额，'渤海溢油索赔上亿元'报道不实"。

即使从做好渤海漏油索赔报道的角度讨论，我们又应如何避免这类问题？最简单的是，寻找性质类似、体量相应的参照事件和数据。

相对于渤海漏油事件，曾经引起国际社会广泛关注的墨西哥湾漏油事件就是一个很好的参照。2010 年 6 月，经过谈判，英国石油公司与奥巴马政府达成一项初步协议，同意建立一支总额为 200 亿美元的基金来支付与墨西哥湾漏油事件相关的索赔请求。检索一下相关事件就会发现，"上亿元"（人民币）与英国石油公司的"200 亿美元"基金相比，显得太少；各方反应与人们在渤海漏油事件后的强烈反应比，也显得太小。有此发现，至少可以帮助记者判断采访中所获得的重要细节与数据，避免在基本判断上出问题。

（三）从海权思维到战略思维：南海争端报道的利益视角与战略权衡

1. 从战略层面权衡新闻事件与复杂现象背后的核心利益所在

新形势下的海洋危机事件报道，应当是具体的有内涵的行动，而不应是空泛的概念或口号，这就要引入新的核心内涵加以支撑。

在传统的海权思维左右下，人们往往认为海洋危机背后一定有大国争斗的背影。从总体上看，历史走到今天，诸多危机不断在证明这一点。海洋从来就是战略利益的交织体，海洋大国在其中又扮演着特别的角色。

尤其是近些年，大国围绕海洋的重大举措，就是从战略层面着眼的。以海峡为例。海峡是指两块陆地之间连接洋与洋、洋与海、海与海的较狭小的水道。世界上的上千个大小海峡中，可以航行的约 130 个，其中作为国际航行通道的有 40 多个，其重要性首先由其地理位置所决定。随便翻开一张世界地图，就可体悟其政治、经济和军事意义。

上述例子都说明，海洋强国皆在以深谋远虑、强力投入、超大格局经略海洋。从这样的层面观察海洋强国和平时期的军事行动与其在国际舞台上的诸多声音与举动，就会有完全不一样的感觉：原来，许多行动与声音的背后，有完整清晰的战略谋划与战略利益诉求。那么，对新闻报道来说，面对这样的大格局下的新闻事件，仅仅是局部涉及、细节体现，会不会让受众不明其所以，而有盲人摸象的感觉？而要让受众有更清晰的全局认识，传媒自己是不是更需要先有全局与宏观的认识与把握？

同样，对照地图就可清晰地看到，南海争端的背后，不仅有已经着手开发南海石油资源的相关国家关注的经济利益问题，更体现着海洋强国对南海附近的马六甲海峡等具有全球战略价值的咽喉要道的强烈关注。因而，有关所谓南海航行安全的话语才会屡次出现在报端。当然，对于对对外贸易依存度越来越高的中国而言，南海附近的咽喉航行通道的安全，属于2011年公布的《中国的和平发展》白皮书中所界定的中国六大核心利益的范畴。这六大核心利益包括国家主权、国家安全、领土完整、国家统一、中国宪法确立的国家政治制度和社会大局稳定、经济社会可持续发展的基本保障。

从报道角度说，这种新的核心内涵远不只是从控制权角度理解的“海权”概念，还必然包括当代政治家与公众更为关切的核心利益所在。如果仅仅是从控制权角度着眼海权，人们会争论：从二战起就已经是“没有制空权就没有真正的海权”了，如今则是“如果没有在太空、电磁空间、信息领域等的控制能力，就没有真正的海权”。如果超越传统的控制权角度看问题，我们就会发现不同形式的占用，其目的还是在于利用。因而，凭借利益视角，我们可以更容易也更贴切地发现诸种矛盾交织中的关键所在。

应当说，涉及海洋的许多新闻焦点，并不简单地如一般危机那样是一种由意外事件引发的紧急状态，而是一种内在的角力过程：内部充满张力，外部复杂因素交织，从表面看还远不到危机程度，有多种声音预测其未来走向。这种角力状态，往往持续时间较久，一个个新的爆发点会牵动多个方面、多个因素。

在传统的危机事件框架下，人们常常套用陆地危机事件的形态，去定义海洋危机事件，因而，就会忽视相关事件温和表面下的危机状态，在报道应对上，就可能缺乏将其作为危机事件的诸多考虑。比如，2009年12月的哥本哈根世界气候大会之前，太平洋岛国马尔代夫在水下召开内阁会议，就曾成为传遍全球的新闻。人们普遍将其视为一个小国充满创意的行动，以提醒人们注意气候变暖、海平面可能上升的问题。但当人们事后回味起在哥本哈根世界气候大会上太平洋岛国所体现出的影响会议进程的力量，才能体悟到在水下开内阁会议的创意与行动所实际表现出的诉求方式的巧妙与影响力之大。

把握这样的角力过程，需要全局地看、历史地看、从战略层面着眼，我称之为战略权衡。因为，战略本来就是统领性的、全局性的、左右胜败的谋略、方案和对策。

2. 着眼于全球传播确定南海局势的报道立场与报道策略

应当说，一个国家内部的舆论反应既给政府带来了一定压力，又给其对外交涉乃至决然的强硬态度提供了有力的支撑或依据。人们都记得，在钓鱼岛海域日本非法抓扣中国渔船船长詹其雄之后，中国外交部做出的强硬反应，特别是日方冲绳县那霸地方检察厅准备以日本国内法起诉中国船长，更是为中方所坚决不能容忍。在这期间，舆论反应就形成了这样的有力支撑。

南海局势与东海局势的更大不同在于相关方更多、涉及问题更复杂，因而，南海局势的发展从来就不是单线条的。1987 年 3 月，联合国教科文组织政府间海洋学委员会第 14 届年会讨论了开展全球海平面联合测量问题，要求中国建立 5 个海洋观测站，其中南沙、西沙各建一个，所获测量资料共同享用。中国政府选定永暑礁建立了海洋观测站，这体现了国际社会对中国享有南海诸岛主权的承认，但南海涉及现实与战略利益如此巨大，又决定了斗争的复杂性。

从某种意义上说，南海局势的发展演变过程，就类似一种角力过程，其间会不断出现各种新闻事件，回旋反复又指向渐明；不同代表人物于不同时间在各种舞台上发出的声音嘈杂，又利益诉求清晰；小国在其中扮演着重要角色，但大国的身影又隐现其间。面对这样的事件，简单的跟进式报道，哪怕是间或有回顾性报道与深度分析，都不一定得当。很可能，这样的报道还会成为一种放大器，不经意间传递了相关方的威慑性意图。

怎么办？越是面对复杂事件和现象，确立报道立场与报道策略就越重要。这里，我们在战略层面做出权衡的同时，还应当有很强的对策思维，选择适当的切入方式、展开方式、报道节奏、报道强度；还应当有很强的全球传播思维，选择体现国际法规则的相关案例，选择让非事件相关方容易理解与赞同的表达内容与表达方式。

南海局势的报道，从根本上说，不仅是对内报道，更是对外报道。即使是一张中文的专业报纸、一个中文的地方性传媒，关于这类海洋危机事件的报道，都不仅仅是对内说话。其报道所形成的舆论力量，不仅影响直接读者，还是外部世界所关注的舆情的一部分。分析者可以从一个国家各种传媒关于此报道的声音、立场、着眼点、关注重点等，分析出其民众的关切所在与舆论指向，就可以推测其政府可能有的政策选项与可能做出的反应。因此，媒体必须基于全球传播来确立自己的报道立场与报道策略。

（四）从陆地传媒到海洋传媒：传媒立身基础的再调整

比较目前传媒在报道陆地危机事件与海洋危机事件时的不同表现，比较传媒在处理与海洋有关的新闻时的思维方式与报道展开方式，也许应当说，目前绝大多数传媒还只是陆地传媒。

什么是陆地传媒？显然，是指其报道从总体上看还没有从较高层次上关注海洋、报道海洋、利用海洋。

2008 年，金融危机爆发。青岛一家传媒准备举行座谈会，一位记者朋友颇为如何报道金融危机犯愁。“为什么不去盯住青岛港呢，它是晴雨表啊！”我这样建议。那朋友说，去过，曾经报道过那儿的模范装卸工。现在吞吐量小了，没什么可报道的了。看来，虽然身在一个大港，但记者未必会把眼光转向与港口连接的大洋。而面对那样的历史契机，一个地方性传媒如果关注到青岛港的活跃程度，就可以从一个特殊的角度报道好应对金融危机这样一个具有全国意义和世界意义的新闻。历史把揭开渤海漏油这样一个迷雾重重事件的机遇给了渤海周边的媒体，特别是山东沿海地区的传媒。其如不具有足够的海洋传媒意识，就很难充分利用好这次机遇。

之所以称许多传媒还停留在陆地传媒阶段，至少是因为，许多立身于海滨大城市的传媒，没有充分利用报道范畴内的海洋资源，诸如海洋经济，诸如海港与世界经济的天然关联。在其版面或时段里，其对沿海、海洋、海洋经济、海洋事务的报道量是很小的，甚至，报道思维里就没有真正把自己所在的城市视为海滨城市。除了海边的情侣路、海滨浴场与海景房，媒体望向海洋的目光应当更远，视角应当更多样，认识应当更深入。如此，相应的报道切入点与报道资源就会更丰富，给媒体带来的影响力就会更大。

实际上，一个传媒看待自己城市的眼光，报道自己城市的方式，就颇可以说明其立身基础与运作逻辑。从世界范围看，河口型海港城市与海湾型港口城市各有其不同的发展逻辑，从全球比较的角度报道与自己城市相类似港口城市的发展历史与发展逻辑，可以给自己的城市提供更有价值的参照系，读者怎么会不感兴趣呢？城市各方面的管理者怎么会不感兴趣呢？从陆地传媒到海洋传媒，在这个时代，传媒的立身基础需要再调整。人们常常从资源角度看待海洋，确实，从这样的角度分析，更容易找到海洋危机事件背后的关节点与利益关切所在。因此，仅仅从报道资源角度着眼，传媒也需要从陆地传媒走向海洋传媒。

也许，我们还应当从更宽广的角度看待传媒与海洋的关系。海洋，如今不再只是陆地之间的间隔，而是经济与文化的活力之源与联系纽带，其为何不能成为传媒的活力之源呢？

梳理 2008 年金融危机的应对过程就会发现，有两个数字常被政治家们引用，以说明经济受影响与复苏状况：一个是用电量，另一个是波罗的海干散货指数。用电量可以从一个方面说明制造业与服务业的活跃程度，而波罗的海干散货指数虽然是航运业的经济指标，但因为全球化时代航运业与世界经济的关联程度，其可以在一定程度上，有一定提前量地反映世界经济的景气程度与变化趋向。

其实，许多新闻事件，不仅可以并需要从陆地的角度看，从陆地人的角度看；还可以并需要调过头来从海洋角度看，从陆地与海洋两个维度观察。就像一个海滨城市，从城市向大海望去，有人们习惯了的自然美；而从大海向城市望去，则有人们经意或不经意形成的城市天际线，是另一种美。利用波罗的海干散货指数，人们试图测知世界经济的温度，这是另一种观察角度与思维方式，是对波罗的海干散货指数功效的拓展。那么，对于报道，转向陆地与海洋两栖，不同样是立身之基的拓展吗？

（五）从哪里催生更多具有战略视野的海洋传媒

2012 年 6 月，当时中国最年轻的地级市三沙市诞生[①]。这个由国务院批准建立的地级市，管辖西沙群岛、中沙群岛、南沙群岛的岛礁及其海域，涉及岛屿面积 13 平方千米，海域面积 200 多万平方千米，它是中国面积最大、人口最少的城市。

近年来，一系列海洋危机事件，对中国人进行了一次次比以往任何历史阶段都更为普及的海洋权益教育。从钓鱼岛到黄岩岛，从“购岛”闹剧到不断出尔反尔的海上对峙，一系列事件提醒公众，更提醒传媒人，不能仅仅关注脚下的那块土地、那个市场，还必须昂首远眺，关注海洋。

2011 年，我在上海《新闻记者》杂志发表的《从陆地传媒到海洋传媒》一文中提出了一个命题，即传媒的立身基础必须再调整，必须从单纯的陆地传媒走向海洋传媒。在《从陆地传媒到海洋传媒》中，我曾经感慨：沿着中国海岸线看过去，有多少传媒把自己的城市通过海洋与世界联系在一起，有多少传媒把海洋与自己城市的命脉联系在一起，有

① 2012 年 6 月 21 日，民政部发布公告，国务院正式批准，撤销西沙群岛、南沙群岛、中沙群岛办事处，建立地级三沙市，政府驻西沙永兴岛。2012 年 7 月 17 日上午，海南省第四届人民代表大会常务委员会第三十二次会议通过了《海南省人大常委会关于成立三沙市人民代表大会筹备组的决定》，三沙市的政权组建工作正式启动。2012 年 7 月 23 日，三沙市第一届人民代表大会开幕。来自西沙群岛、中沙群岛、南沙群岛的共计 45 名代表出席了会议。2012 年 7 月 24 日上午，三沙市成立大会暨揭牌仪式在永兴岛举行，重达 68 吨的三沙市碑在永兴岛正式揭牌，三沙市人民政府、党委、人大和解放军三沙警备区挂牌成立，同时启用新邮编、邮戳，银行、医院等各机构换牌，三沙市正式成立。

多少传媒表现出确实善于拿水做文章？

李亚虹博士的《21世纪我国海洋产业报道研究》，统计分析了《人民日报》2001年到2011年的海洋产业报道，横向比较了《天津日报》《青岛日报》《解放日报》《厦门日报》《广州日报》《海南日报》在2011年4月的海洋报道。作者从纵、横两个维度进行统计分析，其结论是否能够让读者赞同也许并不重要，重要的是，她的解剖给了人们新的观察视角与启发。更有对比价值的，也许是作者运用大致相同的分析方法，对《纽约时报》2011年4月海洋主题报道的主题内容与消息来源的分析。两相对比，可以帮助我们进一步讨论今天如何走向海洋传媒。

从哪里走向海洋传媒？也许只能从传媒此刻的运作开始，从今天的报道开始，从重新观察思考正在面对的新闻事件开始。走向海洋传媒，并不排斥其作为陆地传媒发挥作用。

从哪里催生更多具有战略视野的海洋传媒？那只能从一个群体的理性思考开始。人们曾经费了很多力气走向市场，这当然是必要的，但也许会忽视了对自己立身之基的观察，忽视了对自身使命的再认识。历史地看，国家崛起的过程，无不与经略海洋的过程相吻合。海洋，从来就是战略利益的交织体。因而，我们更需要问，传媒关注市场的同时，是否对此有足够的认识，是否以此认识为基础，将足够的战略意识作为把握报道的基础？

关注海洋，不仅是关注海洋危机事件，还要关注海洋经济，也还要学会或习惯将其与海洋意识、海洋权益、海洋战略等联系在一起。传媒的责任，包括但不限于此。

第三节　灾难报道：能力展现与必要约束

每逢重大突发事件，特别是灾难事件，传媒都会动员尽可能多的能力去紧急应对，迅即反应，投放力量，展开报道。电视媒体所着力竞争的，则往往是能否以最快速度打开直播窗口，能否把应急力量迅速投向核心现场，提供现场画面；能否动员足够的采访力量和专家资源，以支持直播，展现报道的宽度与厚度。今天，面对灾难事件，传媒有了足够的施展空间展现其系统应对能力。随着灾难报道的增多，人们对灾难报道究竟应当如何实施，有了更多的思考。

灾难事件对人类显然是悲剧，对直接受灾难影响的人们尤其是。在这样的悲剧事件面前，传媒如何看待自己的灾难报道，如何预想自己的灾难报道所可能达到的效果与不应产生的影响？从全球视野对比不同媒体如何实施灾难事件的直播报道，更可以看出比较研究与思考的必要。在互联网条件下，在信息全球流动的时代，一个可能进行的是跨文化传播的传媒，一个同时影响多个文化背景下的人们的传媒，应如何适应不同文化背景下的族群的心理特点与特殊需要？灾难事件发生时，灾区内外的人们依赖电视直播报道，但这种依赖更提出了严肃的问题：面对灾难，电视直播能力体现的边界在哪里？传媒在对灾难进行电视直播报道时，应当确立并遵守什么样的基本准则？

一、百年一遇的海啸：因其直播更加震撼

日本当地时间 2011 年 3 月 11 日 14 时 46 分，日本宫城县发生地震，震中位于宫城县以东太平洋海域，震源深度 20 千米。东京有强烈震感。日本气象厅最初发出的震级信息是里氏 7.9 级，并预报地震可能引发海啸。美国地质勘探局曾将地震震级从里氏 8.9 级修正为里氏 8.8 级。3 月 13 日，日本气象厅将震级修改为 9.0 级。仅是震级，也足以让各新闻机构紧急动员。

地震发生后，日本气象厅发出的地震快报，通过正在直播日本国会会议的 NHK 自动播放出来。NHK 直播画面上跳出了一个警示框，同时有声音警示：紧急地震预警，请小心即将发生的强烈震动。警示画面同时显示出正在传导地震波的地震震中和可能影响到的日本的六个县。然后，直播画面显示了人们感受到晃动后的反应；随后，电视台开始报道

处在东京的演播室感受到强烈震感。

之后，NHK 的电视记者登上直升机，一场无论是高度还是广度都是百年一遇的大海啸，就在直播镜头下发生了。据说高达 14 米的浪墙冲击着日本东北部太平洋海岸，将轮船推向防波堤，数以千计的汽车在浪潮中如同玩具般漂荡，房屋被冲散了，被冲散的房屋再冲击着邻家房屋，进而一片片房屋在浪潮中涌动、漂流。重要的是，这一切就在观众的注视中实时发生。

也许，不能说这是第一场电视直播中的海啸，但至少是极少有的电视所直播的大海啸，印尼地震引发海啸时就没有这样的电视直播。日本大地震引发的大海啸通过电视直播让公众看到，让人更加震撼，让世界更加震惊。有了电视直播，这场海啸的灾难性影响在人们面前实时展现，其影响更为深远，必然会引发人们对自然、对人类行为、对历史更深刻的思考。

可以说，海湾战争是第一场电视直播的战争。在战争开始之初进行连续直播，成就了一个面向全球播出的新闻频道 CNN 的声名。那么，这场巨震引起的海啸蹂躏大地的情景被 NHK 直播，当时及其后的直播画面被遍布世界的电视台一再引用，而这会使 NHK 在很久的时间里为人们所议论。

二、灾难事件直播：电视台的能力展现

如果一家媒体能够成为人们在重大突发事件发生时的第一选择、第一依赖、第一信息源，这一定是传媒努力的结果。这种努力，其核心应当是系统层面的，而不是零散的；是体现理性认识与思考的，而不只是体现经验积累的。有了这样的努力，媒体才可能在灾难事件发生时有很好的能力展现。

这次日本地震、海啸以及由次生危机演变成主要危机之一的核泄漏，几乎是 NHK 13 天报道的全部内容。比较分析其直播报道，NHK

的能力展现，是通过以下四种路径完成的。这也给灾难事件直播时电视台的能力展现，提供了有启发价值的分析样本。

（一）地震海啸预警播报：公共预警平台的特殊功用

这次日本地震及海啸的直播，首先让日本以外的人们注意到的，是电视台所发出的地震影响预警信息。这种信息，哪怕只早几秒，也可能救人性命。这使得电视发挥了公共预警平台的作用。

重放 NHK 在地震发生之时的直播画面，可以清楚地看到地震发生之初人们的反应。当时 NHK 正在直播日本国会关于预算的讨论，发言者正在讲："我们将要增加 1 000 亿日元的区域补助，通过这个额度……"在两声铃声后，直播画面上跳出警示框，显示已发生的地震的地震波可能影响的区域，自动播放的提示声同时传出："紧急地震预警，请小心即将发生的强烈震动。"跳出警示语 35 秒后，相关地震信息显示在屏幕上，刚刚发生的地震的震中、震级等信息出现。跳出地震信息约 5 秒钟后，直播画面中正开会的人们明显受到传导来的地震波的影响，开始向上看。然后是播音员的声音，国会会场感受到震动，然后再说："震动持续 10 秒。"这时，画面切到 NHK 的主演播室，播音员播报：议会的直播中，插播关于地震和海啸的信息。在播报中，画面上可以看到演播室在剧烈晃动。然后，画面切入外景，显示正在剧烈晃动的东京街景，稍停，又在晃动。之后，一阵长长的铃声后，用日语、英语、汉语、韩语、葡萄牙语播出日本气象厅发出的海啸预警，同时显示可能受影响区域的地图和名称。

这里，首先需要正名以避免争论的是这种警示信息，其警示的是刚发生的地震所产生的地震横波即将到来，其是对地震波影响范围内人们的一种警示，而不是某个地点可能发生地震的预报。相较于汉语语境中"地震预报"的含义，更应当把这种警示称为"地震影响预报"。而海啸预报，则更是根据已经发生地震的地点、强度，预计可能引发的海啸到达不同地点的时间以及海浪的可能高度。

NHK等日本广播电视机构之所以能够发出这样的警示信息，是基于日本从2006年8月1日开始启用的全国地震预警系统。

经过30年的努力，日本虽有雄心勃勃的计划和巨额投入，但仍然没能成功地预报地震。反省之后，日本将努力重点转向地震影响预警。地震会产生两种地震波，即横波和纵波。两种地震波的传播速度与破坏力有明显区别。纵波大约每秒传播7千米，造成上下震动，相对来说破坏力较小。而纵波之后产生的横波，虽然每秒传播大约4千米，但对建筑物破坏力更大，因为经过纵波颠松的房子，往往经不起横波的摇动。日本气象厅在2006年称，通过地下深处的探测器已构建了一个及时监测地震的网络。一旦地壳发生断裂，可利用两种地震波在地壳中传播速度不同造成的时间差，在地震波传到地表以前争取时间，发出警报。毕竟，传感器感知地震波后形成的信号，会跑得比地震波快。一个有足够密度与智能处理能力的地震预警系统（不是预报系统），就可以让地震波可能影响的人们提前获得地震横波即将到来的信息。

这样的地震预警信息能够在广播电视机构自动播出，是因为日本广播电视机构的播出系统，有与日本气象厅相连的特殊装置，一旦地震发生，日本气象厅在三分钟左右会自动发出地震预警信息，广播电视机构就可以自动播出。因而，才会有NHK播音员的提醒——房屋家具停止晃动后再处理火源，然后就会提醒不要关闭广播电视。

事实上，在3月11日日本地震后NHK日语频道和英语频道的直播中，一直不断插播这种地震与海啸预警信息。电视直播成为地震中人们离不开的信息源。虽然人们心理上可能希望安静或暂时逃避一会，但对于安全信息的需求，或是对事态的关注，使得人们还是会紧紧盯着提供灾难信息的电视直播。

可以说，公共预警平台就是灾难事件来临时，人们对于电视的最直接最迫切要求。

（二）海啸袭击场面直播：综合应急能力的集中体现

日本巨震引起的海啸，在地震发生 30 分钟后就到达了陆地。这次地震的能量，据日本科学家估算，相当于阪神大地震的 178 倍。如此大的能量，再加上涉及的陆地地形特殊，在一些三角形海湾，其深处的海浪可能高达 30 米。

让人们印象深刻的，是海啸到来时，除了有恰在宫城海边采访的记者和居民赶快转移到高处，拍摄下了海啸袭击的场景，更有电视记者已经登上直升机，对海啸到来时令人惊叹的场景实时直播。海啸到来，一切面目全非的场面，实时呈现于人们面前。

这样的海啸直播能够实现，集中体现了电视台的直播能力。这并不单纯指硬件的投入，如拥有直升机这种可以应对海啸这样大场面的设备。虽然硬件一定是重要的，但即使拥有直升机，没有可以迅速启用的直播队伍，类似海啸直播这样的直播报道也是不能实现的。即使记者正好就在直升机上拍摄别的选题，地震时迅速转向拍摄海啸，那也需要整个直播系统的迅速对接。海啸的直播画面是如此珍贵，不仅被 NHK 反复播放，也不断出现在其他电视台的报道中。多次传播，放大了海啸的影响，更放大了 NHK 的影响。

突发事件到来时，能够迅即打开直播窗口，当然是重要的。中央电视台、上海东方卫视都很快打开了直播窗口。新华社同样在第一时间打开直播窗口，开始报道日本地震。

能够在 30 分钟的时间里，实现直升机航拍这样特殊手段的运用，在海啸到来时让记者能够拍到现场、实现直播所体现出的应急反应能力，是与新媒体竞争的大背景下一个电视台真正需要的。不管直升机和在上面拍摄的记者是因为别的任务恰好处在那样的工作状态，还是获知地震预警信息后马上行动，都体现出了一个电视台的素质——训练有素、准备充足、反应专业。

（三）超长时段连续直播：日本大地震直播的四个特点

从连续 12 天的跟踪看，NHK 的直播可谓是超长时段的连续直播。

这次日本地震和海啸引发的灾难，与以往其他地震和海啸最大的不同，就是引发了核泄漏危机。而且，历经核电站爆炸、辐射量加大、注入海水等一波三折后，核危机仍没解决，用国际原子能机构的话说，“仍然事态严重”。这自然引起了日本社会与全世界的高度关注。

在整个危机的处理过程中，NHK 的连续直播，呈现了与国内灾难事件电视直播大不相同的特点。

一是构成简单、手法清晰，以提供权威信息和现场画面为基本手段。

NHK 国际频道关于日本地震、海啸与核危机的直播，总体上由几部分构成，即新闻播报、预警信息播报、新闻发布会直播、核心事件（核电站）现场监控画面直播、救灾动态报道、影响城市生活报道等。海啸袭击画面（航拍与后来收集到的当时的画面）、核电站的结构示意图等，会反复插播。即使是新闻播报，主播出现的时间也很短，而出现得更多的是相关画面。

二是基调冷静、焦点集中，较少采用演播室嘉宾访谈等手段。

与 CNN 等大不相同的是，在超长时段的直播中，NHK 较少使用演播室嘉宾访谈等手段，而主要采用提供画面、提供报道、提供信息的方式。其中一些重要画面、报道、信息，会频率很高地重复播放。但整个直播，专注于盯准新闻焦点（如核电站），较少涉及其他新闻点。特别是较少使用演播室嘉宾访谈的直播模式，形成了与 CNN 截然不同的特色，也相应形成了与之不同的收视体验。

三是重复提示、专注预警，多媒体式提供地震和海啸预警信息为直播重点。

在超长时段的直播中，特别是在最初一周，地震和海啸预警信息是直播的主要内容，而且会以五种语言多次重复播出。同时，画面右下角日本版图形状的角标中，还会闪现海啸可能影响的区域，以警示观众。

四是盯住发布、回应关注，以权威信息源巩固特殊地位。

NHK在日本广播电视领域具有特殊的地位。在这次超长时段的直播中，NHK充分利用其特殊地位，直播内阁官房长官和东京电力公司频繁举行的新闻发布会、记者见面会，频繁连线政府相关机构等。其直播内容，不断为世界其他新闻机构所引用。这也巩固了NHK权威信息源的地位。

（四）超视野场面反复提供：依据事件性质选择核心报道手段

发展中的这次大地震灾难，聚集在三个核心事件上，一是地震及其余震，二是海啸，三是核电站危机。

NHK所做的直播，重要的特点是提供大量超越一般人视野的现场画面。这包括航拍的海啸袭击场面，也包括监控镜头中的核电站，当然还包括以往会有的演播室中的晃动场面。

这次灾难的特点，决定了采用传统的拍摄、报道手段不足以与事态相匹配。也因为如此，中央电视台在日本租用直升机进行航拍的前所未有的举动得到了称赞。

三、灾难事件报道竞争的实质是系统运作能力的竞争

灾难事件的电视直播，看起来比拼的是直播窗口的打开速度，实际上比拼的是一个电视台的综合实力，是一个电视台的系统运作能力。而一个主流电视台的系统运作能力，甚至是其所在国家应急系统运作能力的直接体现。

从日本地震的电视直播回溯其他灾难报道的电视直播，可以看出，这样的系统运作能力，至少体现在响应速度、动员能力、支持能力等上。

（一）灾难事件响应速度

灾难事件发生，一个电视台能在多短的时间内播报事件信息，给出必要提示，进而打开直播窗口，体现的就是一个电视台的灾难事件响应速度。

这首先是在考验一个新闻机构的信息采集能力——有没有足够的信息源保证在第一时间、第一地点发出第一声音。

与传统新闻模式相比，新媒体时代信息获取模式发生重大变化。传统新闻模式下，除了自家记者和其他信息源的信息，通讯社是一般新闻机构突发事件的重要信息源和提示器，通讯社发出的突发事件快讯（breaking news），成为一般新闻机构应急响应的触发因素。但在新媒体时代，新媒体工具使用者往往成为突发事件信息的第一提供者。比如，舟曲泥石流的相关信息 2010 年 8 月 7 日凌晨就出现在一个回家度假的大学生的微博上，而早晨 8 点左右，通讯社才发出泥石流发生的消息。当然，这位大学生的微博信息是缺少关键要素的，但如果注意到他发的一系列信息，是可能意识到当地已发生重大灾难的。2008 年 5 月 12 日 14 时 28 分 4 秒汶川地震发生时，据报道腾讯有 3 000 万 QQ 用户同时掉线，按常规分析，一定发生了不同寻常的事件。

在微博大发展之后，微博上的信息发布常常是比较快的。只是这种信息往往隐没在新媒体平台的芜杂信息中，其提供者也淹没在人海中。过大的或然性使得识别突发事件微博信息源的难度太大，降低了微博上单个信息提供者的价值。人们不知道哪个新媒体使用者会在第一时间发出有关灾难事件的声音。这正给传统媒体提供了机会，那就是对其进行发掘并加以利用。

响应速度很多时候不仅体现了一个新闻机构的报道时效与竞争能力，更反映了一个国家的应急系统运作能力。在日本大地震的案例中，NHK 能在地震发生而地震波还没有到来的时候发出预警信息，就是借助了日本的全国地震预警系统。而全国地震预警系统的探测成果通过广播、电视、短信等工具在第一时间广为传播，才可能为人们争取一点宝贵的反应时间。

这也是在考验一个新闻媒体的系统反应能力。这就是看其各个岗位能以多快的速度转向直播。

汶川地震时，中央电视台 15 点的新闻档播出了刚收到的新华社快讯。5 分钟的新闻播报后，播出线自动播出了预定的一档 15 分钟的节目。电视台用这 20 多分钟的时间完成了调整，然后打开了直播窗口。

日本当地时间 2011 年 3 月 12 日 15 时 36 分，福岛第一核电站一号机组发生爆炸，几分钟后消息传来。24 分钟后，即北京时间 15 点整，新华社打开直播窗口。

（二）报道系统动员能力

在灾难事件发生后，一个电视台在做出第一反应时，除了以最短时间打开直播窗口，还应视事件的级别、动员报道系统的相应能力，投入报道。

动员哪些报道力量？传统思维是调动记者尽快进入核心现场。但面对海啸、核电站危机等类型的灾难事件，传统报道思维就显得力度不够，着力点不完全吻合。使用航拍就成为一种应急的选择。NHK 能够实现通过航拍直播海啸场面，就是这种动员能力的体现。民用无人机的发展，给媒体在灾难事件中的航拍提供了新工具、新手段。

但对其他电视台，这种系统动员的重点就应当有所不同，其就应当根据客观条件与报道追求调动自己的报道系统。在最初打开直播窗口时，新华社已经获知地震将引发大海啸。因而，其报道思维，除了使用好事件发生地的各个信息源，包括新华社东京分社的采访力量，也包括其他信息源，更要尽快动员起相关区域的报道力量，即以区域思维、网状思维调动相关区域报道力量。海啸会影响到的区域，除了日本，还包括中国沿海、菲律宾等，因此，第一场直播的连线，除了要连线驻日本的记者，也要连线相关区域的记者，看各方的应对措施如何。

（三）持续报道支持能力

媒体面对一个灾难事件，做出适当应急反应是不容易的。但这相对于持续报道一个事态复杂、不断演变的灾难事件，又相对容易得多。日本核电站危机的不断反复，使得媒体对日本大地震的报道，演变成一个长周期的工作。特别是这期间又发生了一系列突发事件，更突显多焦点、长周期报道的难度。这对相关新闻媒体的持续报道支持能力是一种考验。

在对一个突发事件做出快速反应后，媒体马上就会转而面对如何持续报道的问题。对于电视直播来说，其想方设法将记者投入核心现场后，媒体便可以获得源源不断的信息支持。但同时，还要动员相关权威信息源、专业信息源，动员相关内部力量，保证直播报道对关注领域的报道深度与准确。

很多时候，让报道人员感到心力交瘁的，是要针对突发事件中后期演变缓慢的事态，不断找出新的切入角度与关注主题，不断提供新的素材与新的观察角度，这会让报道群体深感压力，但这也正是在考验报道持续支持能力。

四、灾难事件直播中电视影响能力的必要约束

灾难事件中，受灾难影响的，实际上超出了地理意义上的灾区。而在其中，灾难信息的传播，既满足了人们的知情需要，动员人们救援，同时又相应扩展、放大了灾难的影响。这也就是传媒发达时代的灾难显得格外震撼的原因。

在灾难事件报道中，传媒究竟应当立足于什么样的角色定位，有什么样的行为准则，这是值得认真思考的。

（一）角色定位：抚慰者与动员者的结合

灾难事件发生时，传媒首先是动员者，这是其职责所在。无论是发

出预警信息，还是迅速投入报道，都是对个体与群体的一种动员，以便让人们赶快有所反应，或避险，或救助，都是在动员人们对灾难事件做出适当应急反应。

但在灾难事件发生时，传媒不能仅仅是动员者，还应当是抚慰者，应当通过报道，让公众知道事态是否及如何得到控制，以稳定公众的情绪，实现有序应对。

灾难事件必然会对群体心理产生强烈冲击，这已经为理论与事实所证明。受冲击的个体与群体，会产生恐慌，会做出不理智的行为，这也从日本核电站危机后发生又迅速退去的“囤盐潮”得到了证明。

群体的行为，并不等同于一个集体经过一定程序做出的理智选择。正如法国社会心理学家古斯塔夫·勒庞所说，群体行为往往是无异议、情绪化的。群体行为可能是突然的和极端的，在群集情况下，个体会放弃独立思考，转向盲从。态度坚决的断言、周而复始的重复和特定场景下的传染，都可能使一个人放下理性而盲从。做出群体行为的人，并不意味着其都没有自己的判断与思考。大多数人做出选择时会有趋同心态。如果一个人感觉自己的意见属于少数，担心被多数人孤立，就可能选择不表达自己的意见，最后转而与优势群体、优势意见保持一致，从而形成沉默螺旋。这种传播学意义上的沉默螺旋，在一定条件下，就会导致群体心理学意义上的群体行为的产生，多数人的盲从就会形成非理性的群体行为。正因为如此，群体心理的旋涡，更需要迅速抚平。

因此，传媒面对已经受灾难事件冲击的公众，就应当反应有度、报道有度，让群体稳定有序，而不是不加控制地运用传媒的动员能力和影响能力。

观察 NHK 在这次日本大地震后的持续直播，就会发现，NHK 在总体上采取的是一种冷静、客观、职业化的处理方式。主播的声音和神态是冷静而职业的，除了在报道东京演播室也在晃动时表现出一定感受外。整体上，报道应内敛于正在演变与处理的焦点事件，而不是刻意放大人们的悲惨感受。这样，可能更容易让人们的情绪平复下来。

（二）功能定位：信息平台与报道平台的结合

让信息帮助救命，而不仅是满足知情需要。这就是在地震这样的灾难事件报道中媒体应当有的意识。

因此，在灾难事件报道中，传媒不仅要客观、全面地报道动态与进展，更要强化信息提供。不断提供海啸预警信息，不断提供如何应对核都是在提供人们所需要的信息。汶川地震发生时，直播平台不断提供如何救人的信息，提供需要什么样的具体支援，起到了信息平台的作用。

值得注意的，是我们在灾难报道中应当提供什么样的信息。其基本原则，是至少应当保持信息的客观、全面、准确、专业。观察 NHK 的这次直播，其很少使用嘉宾访谈，特别是很少让一个嘉宾连续出现在屏幕上。专业人士接受访谈提供信息是必要的，但面对灾难事件，一个或几个嘉宾的个人意见的连续提供，会不会造成信息不够全面、个人化意见产生太大影响呢？至少，在面对灾难事件时，过多将单一嘉宾作为信息源与观点源，是不够审慎而且容易出问题的。

（三）尺度定位：审慎行事与积极行动的结合

在灾难事件中，传媒应当有效把握报道行为与媒体行为的尺度和力度，这不仅体现出对受灾难影响的人们的足够尊重、体谅，也是传媒应遵守的职业守则。

比如，完成采访的重要性要低于救人生命。因此，任何采访不能妨碍救援。在王家岭矿难救援的关键时刻，为了保证救援，新华社电视记者停下正在直播的机器，后撤到小山上。

比如，不要不经同意打扰被灾难伤害的人们，以免放大他们的伤痛。有报道说，日本海啸袭击后，其他家长到一个小学把他们的孩子接走了，有几十位学生的家长一直没有来接。校方面对采访，就是把他们集中在一起，不让任何人去打扰他们。

很多时候，记者去采访感人的故事，报道出来以感动其他人。但很多时候，接受采访对被采访者而言是一个很艰难的决定。可以报道，但不要让报道行为与媒体行为对已经受伤者形成新的伤害。这是应遵守的职业守则。

总体来看，灾难事件报道中的报道行为、媒体行为，应当是一种规则行为，应当是在一些底线约束下的行为。我们已经经历了如此多的灾难事件报道，应当从中总结出一系列基本规则。对电视直播更是如此。这也是一个传媒走向成熟、拥有更强公信力的体现之一。

第四章　案例解析

传播，既是不同主体利用一定媒介和途径所进行的、有目的的信息传递活动，也是一个互动过程。每一个产生良好影响的报道案例、传播案例，都既是报道主体与报道对象、传播主体与传播对象的互动过程，也是一个伴随多个选择、决断、执行、反馈的实践过程。

时政短视频做到有温度比较容易，但如何做到有深度？一个重大事件报道，比如奥运会报道，如何谋划、实施协同传播？一个电视频道这样的传播终端、传播平台，如何基于增强影响力有效运营、多维拓展？无论是在电视时代还是在新媒体时代，如何有效利用信息流，体现传播力、创造影响力、增强竞争力？

回望、剖析、解读案例，无疑可以帮助人们了解创意、策划、实施过程和方法，无疑是有方法论价值的。

第一节　政治传播：境界在于既有温度又有深度

2018 年 8 月 30 日，中非合作论坛北京峰会第一场双边会见之后，新华社以“第 1 视点”为冠，推出了一个竖屏时政微视频《习主席这样欢迎第一位客人》。这是中国新闻史上，也是中国政治传播史上，第一次以竖屏短视频呈现的中国主要领导人报道。

以此竖屏短视频为起点，新华社第一次推出《第 1 视点》栏目作为中国主要领导人视频报道专用栏目，第一次对主要领导人双边、多边外事活动进行近身视频拍摄，从而也第一次实现了主要领导人外事活动文字、图片、视频等全媒体形态的现场采访报道。自 2018 年 8 月 30 日至 9 月 6 日，新华社《第 1 视点》栏目就中非合作论坛北京峰会共发原创短视频八条，其中一些全网推送，点击量过亿。这是新华社在守正基础上的重要创新，也是报道业务上的重大突破。

冷静回顾，《第 1 视点》栏目的初创，既有温度又有深度的时政短视频的创意、采访、制作，更是政治传播的一次有启迪意义的探索。

一、时政短视频创新是更高水平的政治能力检验和素质考试

以往，对主要领导人的双边外事活动进行报道，新华社只派文字记者和摄影记者在现场采访，我接到派电视记者现场采访双边外事活动、制作“有温度又有深度”的时政短视频任务时，距第一场双边外事活动开始，只有 4 个工作日和一个休息日了。

这无疑是一场素质考试。新华社开展视频业务已经有 20 多年的历史，也曾在一些重大主场外交和主要领导人出访等报道中进行过多场视频直播和报道，但在双边外事活动中近身拍摄并制作时政短视频，这还是第一次。6 天的准备时间，可以做许多思想、流程、技术性准备，但 6 天时间不可能在综合素质和时政视频报道能力上有质的提升。因此，这就是一场素质考试，要看这支队伍的基本素质与日常准备情况如何。我常与同事们交流，为了未来的重大政治任务要为新华社准备一支高水平的电视摄像队伍和编导队伍。现在，考试的时刻来了。

这更是一场政治能力测试，考的是这支队伍的政治站位、政治素质、认识水平、思想水平，考的是这支队伍特别是负责人“把握方向、把握大势、把握全局的能力”，考的是这支队伍及其中的每个人“善于从政治上分析问题、解决问题”的能力，考的是“炼就一双政治慧眼，

不畏浮云遮望眼，切实担负起党和人民赋予的政治责任”[①]的能力，考的是把我们的政治站位、思想水平、业务能力切实有效表现出来、完成政治任务的能力。

这同样是一场检验创新素质与创新能力的考试。在我看来，这次任务不只是拍摄一次主场外交的所有双边、多边外事活动，制作几条短视频。要完成这次任务，不辜负上级和新华社领导同事的期望，就既要守正，又要创新。时政视频报道，特别是关于习近平总书记的时政视频报道若想有所创新，前提首先是提高政治站位、把握报道规律、稳妥得当表达，就必须知“正”所在、依“正”而行、达“正”之效。这就必须研究几十年来从摄影时代到新闻电影纪录片时代、到电视时代、到新媒体视频时代，时政视频报道特别是主要领导人视频报道的规则规律、原则要求、表现特性、禁忌底线、传播要求。而制作适合移动新媒体传播的时政短视频，做到既要有温度又要有深度，就必须在守正的同时有所创新，或者说必须有重大创新，必须做别人可能没有做过的事。

而在时政视频报道领域进行创新，考验的则是更高标准的政治能力考验的和创新能力。虽然，在新媒体领域，媒体处在同一起跑线上。但时政视频报道的特殊性，决定了在这个领域的任何创新设想和创新举动，都必须是在吃透要求、把握规律基础上进行的，而不是不知深浅地莽撞行动。

虽然，就领受任务的时间而言，这是一场“临时大考”。但我们在应考的同时，还应不断厘清思想脉络和工作要点。正是在这样的思想基础上，我们开始了《第 1 视点》栏目的创办和“有温度、有深度”短视频的制作播发。

这次报道，在新华社总编辑何平同志、副总编辑周宗敏同志直接指挥下进行。8 月 23 日下午，在周宗敏同志主持的专题会议上，确定了由音视频部牵头，国内部中央新闻采访中心、中国新华新闻电视网

① 《把党的政治建设作为党的根本性建设 为党不断从胜利走向胜利提供重要保证》，《人民日报》2018 年 7 月 1 日，第 1 版。

（China Xinhua News Network Corporation，CNC）等部门参加，我作为总负责人的工作安排。这时，中非合作论坛北京峰会记者注册已经结束，我们只能从新华社国内部中央新闻采访中心（简称“央采中心”）、音视频部、CNC的摄像记者已注册人员中挑选主摄像队伍，再在编辑部中组建包括上述三方人员的大编导组，其中，音视频部各处室抽调的精兵强将占了大多数。新华社总编室、央采中心、技术局给予了我们有力支持。高度协作，这是《第1视点》栏目在15天夜以继日努力奋战中取得圆满成功的重要基础。

仅有的6天准备时间，专项报道团队一分钟都不想浪费。24日，我们即组织起采访、编导团队，统一思想、提高站位、精准策划、专业训练，并梳理问题清单，一项项解决问题。25日是周六，专项报道团队和新华社各主要新媒体终端的相关人员仍然开了专题策划会，集思广益。26日即周日下午，我和胡晓梦召集专项报道团队进行选题论证，初定了选题方向和工作方式。27日上午，何平、周宗敏同志在社党组会议室听取了专项报道团队的专题汇报，观看了模拟样片。在会上，何平、周宗敏同志确定以《第1视点》作为新华社专门报道习近平总书记的原创短视频栏目。27日下午和次日，音视频部召集专项报道团队连续深化选题策划，模拟演练，利用资料制作多个模拟样片，并分别请新华社专门从事时政采访的摄影记者进行专项培训。

为保证首场成功，我们决定，特别报道任务必须采用特别报道方式，包括全体编导组在拿到拍摄素材的第一时间一起观看，包括编导组以自报选题、自由组合的方式组成多个编导小组，以同任务但内部竞争的方式，确保能出多项工作成果，确保送审稿件的可选择度。30日中午，在第一场双边会谈视频拍摄资料送回编辑部后，周宗敏同志和采编团队一起观看了第一场双边外事活动的拍摄素材，并观看了部分照片素材。30日下午三点半，第一场社内审稿会开始，专项报道团队交出的答卷，是根据上午两场双边外事活动拍摄素材制作的六条短视频，其中一条是竖屏的。何平、周宗敏同志审看后，确定以竖屏短视频为基础，吸取另外五条短视频的优点，制作出第一条作品《习主席这样欢迎第一位客人》。当晚十点，完成所有审稿流程的第一条视频稿件，终于成功发出。音视频部大会议室里，编导团队击掌而庆。

至少，第一场考试圆满通过了。

二、六个关键：短视频温度何呈、深度何达

如何在主要领导人双边和多边外事活动中，做出既有温度又有深度的短视频？这个要求意味着什么标准、什么路径、什么原则、什么底线、什么方法？这一系列问题自领受任务开始就不断萦绕在我心中。午夜梦回，我依然可能因为一个问题而萌生新的想法，难以再眠。

有温度又有深度的时政短视频，目标传播渠道主要是新媒体，特别是移动新媒体，传播策略为在移动新媒体传播基础上力争在社交传播中形成多轮再传播效应，以刷屏之效形成特殊影响力。这样的时政短视频，与传统电视时政报道相比，关键区别绝不在于时长的短，而一定在于其他因素。在我看来，关键之处至少在于以下几个方面。

关键之一，在于立意。立意的高下，决定于能否让人在被感染的同时被影响，不知不觉地影响或有所感受地被影响。

关键之二，在于角度。角度选取得好坏，在于其是否既适应移动传播又能揭示出意义，从而形成传播的点击效应和穿透效应。

关键之三，在于叙述逻辑。叙述逻辑的高下，在于能否在短短的篇幅中以一系列影像的组接形成自洽的逻辑；能否让流动的影像自身有其清晰的逻辑，以期感染、影响、说服人；能否让配上的画外音强化关键内容；要让配上的少量文字强化说服力和感染力。

关键之四，在于内容表达。内容表达应当是适应移动传播、社交传播的，必须有明确的价值点、得当的切入点、有效的共鸣点和坚实的共振点，才可能在简短中有足够的分量、厚度、说服力。

关键之五，在于细节选取。关键影像、决定性细节的选取体现了报

道者的深层认识、发现能力和表达能力，所选取的关键影像和决定性细节本身就有足够感染力和说服力。

关键之六，在于叙述节奏。叙述节奏必须适应移动传播状态下人们的心理需求和行为需求，适应各种场景和手机观看这样的传播场景。拖沓的节奏和多余的细节，会影响叙述逻辑和叙述节奏，会影响人们的观看意愿和观看行为的持续，从而影响一条时政短视频本身的传播力。

短视频，以视觉语言呈现，花团锦簇容易表现，但在守正的前提下，在符合双边外事活动报道要求这个规定性前提下，如何呈现温度？既让不同年龄层的受众都愿意接受，都能受感染，又能传达出我们想传达的东西，并不是一件易事。

短视频时长不过一分钟，如何体现深度呢？这深度，是信息的累积与深化，是对背景的增厚，还是对意义的开掘？即使只是对意义的开掘，应当如何得当地表现？这些问题，从领受任务一开始，就在我和同事的脑海中不断盘旋。我的一位不管工作压力多大都表现得优雅得体的同事，有一天不经意说出，她的心跳都快多了。

在第一条短视频发出后，我们这个专项报道团队依然每天认真研究如何守正创新，研究各方面心目中对有温度、有深度的短视频的显在和潜在要求；仔细揣摩每一次审片的具体修改意见中透露出来的审稿标准和深层考虑，仔细揣摩各方面人们看到播发的成品，认真或不经意间表达出来的反馈，认真观察他们是否有主动转发、点评等传播强化行动。我们组织专项报道团队不断认真研究双边、多边会见拍摄要诀，认真推敲已经形成的短视频创意，并不断自我否定再否定，以争取日有所进。之后，9 月 3 日深夜、4 日白天和 5 日分别发出两三条短视频，创出了新纪录。

在实践和探索中，在与有关方面的磨合中，我们越来越体会到，短视频既要有温度又要有深度，是一种更适应移动传播规律的要求，是相对传统电视时政报道的一种“错身竞争”要求，是希望实现更高水平的政治传播和形象塑造，是希望在万花纷呈的短视频中达到政治传播目的的同时，达到一种传播境界和特殊的传播效果。这远不是一般新闻报道思维可以实现的。

按照报道任务要求，我们需要在现场捕捉精彩瞬间，展现习近平总书记大国领袖的风范和个人魅力，制作有温度、有深度的短视频。这需要专项报道团队整合新华社记者在峰会期间于所有习近平总书记的双边、多边外交场合拍摄的视频和照片素材，以独特的眼光，发现特别能够体现习近平总书记大国领袖风范和个人魅力的场景和细节；以兼顾并打通对内对外传播的思维确定报道角度；以挖掘、放大人们不一定注意到的细节，含而不露地体现思想性；以适合移动传播和易为年轻人接受的时长、叙述节奏制作展现；同时需要不断探索竖屏方式的特殊表现规律。

在实践探索过程中，我们不断思考、探索如何小中见大，以思想深度体现有温度、有深度的要求。从接受报道任务到报道结束的 15 天里和报道结束后，我们仔细研究每一个过审发出和没能过审的时政短视频稿件，仔细揣摩审稿中所提的每一个问题，进而总结成工作规则和提示，总结出报道诀窍和方法。比如，我们发现，按日常思路、以单纯新闻性细节为切入点做的时政短视频往往不能过审。通过分析什么样的选题和成品能过审，要求做什么样的修改，我们发现，我们需要通过放大有说服力的细节，以平实的方式体现温度（感染力、接受度）和深度（思想性和说服力）。有关要求甚至包括，不要用过多的特技和其他包装手段，这不仅是对制作风格的要求，实际上是对政治传播特质与把握标准的要求，是以此标准来形成一种传播风范，形成与治国理政相适应的新闻品格。这与日常新闻报道的习惯与做法相比，迥然不同，其要求比一般新闻报道提高了好几个台阶。这样的报道要求，需要我们专项报道团队不断加深对大国领袖风范和治国理政的理解，不断提升政治能力和视频表现能力，同时，还需要让前后方专项报道团队和协作团队的所有人按照这个要求共同努力。

在实践中总结出来的工作规则、工作提示、报道诀窍、创意方法，对于确保《第 1 视点》栏目质量和短视频的温度、深度，确保在守正的基础上创新，起到了重要作用。这不仅使后续的时政短视频制作更为顺畅，而且为形成《第 1 视点》长效机制和专业能力奠定了基础。

我们要求，专项报道团队必须提高政治站位，要站在比一般新闻报道更高处理解、领悟所报道内容及所拍摄影像的深刻内涵，以此作为思想保障，并基于此确定短视频的价值点、切入点、共鸣点、共振点。我们精中选精，优中选优，形成分工明确的高水平专业团队，以保证具有较高的政治能力、创意水平、保密素养。《第 1 视点》时政短视频编辑制作政治要求高、创意要求高、专业要求高、生产链条长，特别是为保证政治安全和保密安全，高水平的专业采编团队的选择、组建、管理、培训非常重要。开展这样的专项报道，专业采编团队的感觉和能力非常重要。这更需要形成规范的工作规则和工作机制。以往在核心报道中，我们逐渐形成了不同报道任务和报道类型由相应专业编辑处理和协作分工的工作方式，并明确了专业操作方式。这次，我们根据审稿经验和思考，不断优化工作制度和工作规则，比如不断补充完善了限制性规则和禁止性规则。所谓限制性规则包括，所有纳入有温度、有深度短视频的空镜头，编导都要能说清这个空镜头的时间、地点、内容；所有短视频镜头中涉及的人物，都要能说清来历、背景、代表性；所有时政短视频使用的资料性画面，都要在重新审核的基础上明确其内容含意。专项报道团队每事回顾、每日梳理，把审稿要求变成工作规则，把已发出、未发出稿件变成对照样本，把培训融入日常报道协调、沟通之中，并加强复盘和演练，摸索适合有温度、有深度的时政短视频要求的拍摄规律和方法，构建起一种工作机制。同时，我们在工作中不断完善生产流程和技术支撑，并根据六种工作场景，预研、制定了不同技术方案、设备准备、传输方式、保密措施。

三、影响力构建的基础：有思想的短视频传播不是浅传播

视频将成为或者已经成为最重要的传播形式，这大概是很多人的共识。视频拍摄、制作工具的普及与便利化，使得小视频的风行有了基础。而小视频的风行，也使得人们在习惯上认为移动传播所需要的短视频、小视频就应类似他们以往所看到的。但恰恰因为有了这样一些小视频平台的兴起和相应风格小视频的流行，才更应当提出这样的问题：主流媒体需要怎么做短视频、小视频？时政短视频应当走什么样的路径？在我看来，时政短视频的制作，既要适应移动传播的需要，适应受众偏好的变化，更要在其中形成时政短视频应有的风格和气派，形成自己的影响逻辑和影响力构建基础。时政短视频是政治传播的重要形态，而不是一般的新闻传播形态。在视频时代，影响力的构建与以往相比，有一以贯之的规律，也有特殊性。

为此，我们形成了《第 1 视点》栏目的几个工作原则并努力坚持。

一是体现高度政治站位，明确政治传播定位。对《第 1 视点》的策划编辑制作，新华社党组高度重视，新华社总编辑何平、副总编辑周宗敏直接参与策划、点题、审片、修改。从一开始，《第 1 视点》栏目就明确，在所有现场拍摄、立意策划、编辑制作中都要明确政治传播的定位，都明确集中于习近平总书记的大国领袖风范和个人魅力的传播，集中于习近平总书记思想和行动的传播。专项报道团队自 8 月 23 日接到任务后，夜以继日研究如何通过现场短视频，塑造习近平总书记大国领袖形象，体现既定的政治传播意图，实现政治传播目的。我们所发出的所有时政短视频也都很好地实现了这个定位和意图。

二是发挥全媒体综合实力，展现视频采编水平。新华社文字、摄影记者多年在内事、外事活动现场报道主要领导人国事活动，摄像记者从中非合作论坛北京峰会前的系列双边会见开始，加入对主要领导人双边外事活动的近身拍摄。新华社多年来着力培养视频拍摄、制作队伍，为突然而至的这一任务进行了长期积累，《大道之行》等视频的制作也相

当于实战准备，积累了影响力。在《第 1 视点》栏目创办中，新华社文字、摄影记者给予了多种形式的支持，协同效应明显，体现了新华社的全媒体综合实力。

三是实践守正创新，打造清新品格。《第 1 视点》专项报道团队认真研究关于习近平总书记的传统电视报道，认真研究国内外关于领导人的短视频报道，以守正创新为基本宗旨，以与传统电视错身竞争为工作方法，着力打造体现新华社优势与特点的《第 1 视点》时政短视频的“精、高、实、新”的风格。“精”是选材要独具慧眼，一帧一帧地从海量视频中选择可用的素材，立意更要精巧，从人所共见的场景中，发现细节中的大意义。“高”是政治站位要高，传播站位也要高，要着眼于世界，传播于中国，影响于海外。“实”是通过平实的风格、坚实的事实支撑、体现创意而不是炫技的制作，实现可控而有效的传播效果。“新”是采用更易被年轻人接受、适应移动传播的新表达形态、产品形态，给人耳目一新的传播效果。

四是以视频体现思想性，实现既有温度又有深度。《第 1 视点》专项报道团队打破视频传播就是浅传播的传统观念，注重在视频立意中体现思想性，以创意表现思想性，以精巧制作为思想性含而不隐提供物质基础，做出了一系列既有温度又有深度的时政短视频。至 9 月 6 日，《第 1 视点》共推出《习主席这样欢迎第一位客人》《习主席与 30 位领导人的握手》《行相同、心相通》《习主席与非洲客人的超级圆桌会》《谈起中非携手，习主席用了一个比喻》《习近平：青年是中非关系的希望》《习主席的 12 个小时》等时政短视频，圆满收官。

五是注重把握时度效，实现效果可控。政治传播，必须既符合意图又效果可控、可预期。我们深刻认识到，越是报道习近平总书记的栏目和时政短视频稿件，越要注意时度效的把握，以得当有效地实现对习近平总书记大国领袖风范和个人魅力的传播。因此，专项报道团队注意从多个角度想问题，从多个层面推敲取舍，从多个方面预想传播效果。《第 1 视点》的时政短视频发出后，都取得了很好的传播效果。

我们深知，完成此次近身视频拍摄习近平总书记双边、多边活动并制作有温度又有深度的短视频是一项重大政治任务，必须采取各种措施确保安全有序完成。为保证《第1视点》的质量和专项报道的安全有序，我们采取了一些特殊措施。

一是坚持特殊定位。我们坚持列入《第1视点》栏目的短视频，一定是直接展现习近平总书记活动风采和魅力的，一定是根据现场拍摄的影像制作的，一定是有专门创意的，而不是一般制作的，更不是根据直播信号简单切条的。

二是发挥体系能力。充分发挥新华社全球视频智媒体平台全流程设计时预先设置的特殊功能，支撑在多地点完成《第1视点》栏目的采编制作流程；充分发挥新华社全球视频采集网络基于这个平台所形成的体系竞争能力，支撑《第1视点》实现创意和编辑构想。为此，我们当机立断、克服困难，在审稿地点紧急安装了新华社全球视频智媒体平台系统的终端，实现了可以远程调用全球视频智媒体平台系统中的素材和半成品，可以前后方协同修改，保证审稿、修改时效。

三是确保安全有序。从组建专项报道团队开始，就实施了确保拍摄素材安全和半成品安全的一系列措施，包括严密制度，严格控制相关信息的知悉范围，在系统中划分特殊工作群组，确立特殊权限，采取多项措施配合系统数据记录，确保所有接触、使用系统和素材的活动都留痕可查。

四是同题多组竞争。从第一场双边活动开始，对于每天的每场活动，专项报道团队都以同题多组同时工作、各自创意创作、初期内部竞争、中期取长补短、后期无私协同的方式工作，确保工作有效率、有质量、有保证。这里的初期、中期、后期是指一个具体场次、一个具体选题在实施时的初、中、后期。因为有这样的机制，大家对到中期阶段几稿合一都自觉配合，对后期阶段稿件发出，都共同欢欣。针对30日上午两场双边活动，六个编辑小组同时运用各自的创意制作稿件，就是这种同题竞争的方式确保了当日下午有质量相对较高、有新意的短视频送审。

五是发挥综合优势。在双边和多边外事活动报道中，新华社的文字报道、摄影报道有几十年的经验，更有优势。我们作为后来者，就要充分发挥新华社文字、摄影采访资源的整体优势，综合利用新华社自主拍摄的视频、照片素材。在30日播发的《第1视点》第一条视频稿件《习主席这样欢迎第一位客人》里，就集中体现出这种综合优势的合力。

四、好感传播是政治传播的境界：温度、深度再审视

《第1视点》栏目的创办和系列时政短视频的探索，是政治传播的一次成功实践。从中，可以引发对移动传播、社交传播、视频传播时代的政治传播应当如何做的思考，对政治传播的境界有更深的体悟，对更有效地运用驱动传播规律做好政治传播和其他传播有更深的理解和更强的运用能力。

从效果角度来说，一切能够传递政治信息、获得政治效果、实现政治意图的传播都是政治传播。因而，政治传播可以借助多种新手段，运用更具吸引力的表达方式。这次报道直接运用更适合用手机观看的竖屏形式展现习近平总书记的大国领袖风范和个人魅力。而这些时政短视频，既有温度又有深度；既实现了传播意图，又效果可控、可预期。

以政治传播思维来审视传播活动，可以帮助人们超越一般，有更深刻的认识。如何有效进行政治传播？一是要基于谋势把握如何传播。传播之道基于谋势，要因势而谋、应势而动、顺势而为、因势利导。引导舆论，说到底就是塑造形势、促成趋势、催成大势，最终影响人心。要讲好中国故事，应着眼于谋大势而排兵布阵，而不是分散、孤立地讲一个个故事。要塑造好中国形象，就要既有温度又有深度，既有感人细节，又有能说服人的思想力量。二是要基于战略思维考量舆论博弈。领导干部重要的素质之一就是要有战略领悟能力，领悟中央的战略决策、

战略目标、战略底线、战略定力。只有从战略层面上去领悟，才能够在战术层面上更好地执行，才能很好地应对舆论博弈。三是要基于战略布局运用传播资源。我们必须依据中国的战略布局，运用传播资源、实施传播。四是要基于解释权竞争推进好感传播。政治传播的最高境界是好感传播，这仅仅靠讲故事是不够的，因为政治博弈、商业博弈的核心往往在解释权竞争上有淋漓尽致的体现。好感传播最硬的内核，恰恰是价值观传播。价值观的外在体现，则可以是多样的、多手段的。

正因为政治传播的最高境界是我们所追求的，以竖屏时政短视频展现习近平总书记大国领袖的风范和个人魅力，既有温度又有深度，就可以很好地达到好感传播的效果。

正是因为要达到好感传播的境界，所以政治传播比一般的新闻传播更需讲究规律。

好感传播是政治传播追求的最高境界，对此有更多的共识和体悟，显然更有利于人们在《第 1 视点》初创基础上的再探索，更有利于人们在时政短视频如何更好地既体现温度又体现深度上再创新，从而取得更多更令人欣慰的成果。

第二节　事件传播：奥运会的多媒体协同传播

一、奥运开幕式：创意十足的跨文化影像传播事件

2012 年伦敦奥运会开幕式与以往的奥运会开幕式有什么重要不同？可以给中国电视大型活动制作以什么样的启示？

在我看来，至少有以下几个方面值得借鉴。

（一）超越现场转播思维，以电视影像展现为核心整体设计

传统的电视大型活动的制作思维，是现场转播思维，工作重心集中

在把现场活动尽可能原汁原味地拍摄下来、传播出去。无形中电视转播成为现场活动的附属，尽管，现代电视已经不断创新表现手段，优化影像效果。

而现代奥运会的发展却越来越注重电视的传播。其表现，一是从1948 年 BBC 花 1 000 英镑购买转播权开始，国际奥委会越来越倚重电视转播权收入；二是奥运会开幕式越来越趋向于围绕电视传播而组织；三是奥运会开幕式的创意设计开始一步步走向把现场内的活动与现场外的影像创意展现有机地结合起来，以电视影像展现为核心进行整体设计。

这一点于北京奥运会开幕式已经有所体现。北京奥运会开幕式开始时，大脚印影像给电视观众以奇妙的视觉体验，这段影像并不是当时烟花的实况转播画面，而是引入的电脑合成影像效果。

在北京奥运会开幕式这种变化的基础上，伦敦奥运会开幕式进一步体现了超越现场的转播思维，以电视影像展现为核心进行整体设计。

比如，一分钟倒计时之后是两分钟短片，镜头从一块刻着“Isles of Wonder”（神奇之岛）的石碑开始，从空中掠过泰晤士河，从英国乡间进入伦敦，中间插入大本钟等标志性建筑和参加过奥运会的英国运动员们以往比赛的画面。再比如，点火仪式前，电视画面中是被灯光映成金黄色的泰晤士河，贝克汉姆和一个小姑娘乘船驰来，带来火炬。现场的活动同步进行，而由电视画面先行交代，才能连接起来。

以电视影像展现为核心进行整体设计，是伦敦奥运会开幕式的基本构架。如果说数千人的团体表演还是现场观看与电视上观看两相宜的话，那么伦敦奥运会开幕式的四个篇章的诸多环节，只有借助无所不在的摄像镜头，才能看出真正的英伦范儿。我们从社交媒体上几乎看不到在现场观看伦敦奥运会开幕式的人用“震撼”之类的词对开幕式进行描述。而从电视镜头中观看，就可以把导演多条线的影像展现在脑海中组合起来。也许，应当有这样的对比研究，谁能更清晰地感知伦敦奥运会开幕式的整体与细节，究竟是现场观看的人，还是电视观众？也许，人们通过两种方式看到的是有明显不同的“两个”开幕式。

这种超越现场的转播思维，以电视影像展现为核心对大型活动进行整体设计，值得中国的大型晚会制作者们借鉴。以央视春节联欢晚会为例，总体是办一台晚会，通过电视现场直播。虽然，几十年来，春节联欢晚会已经越来越电视化，但毕竟还是在会场里、围绕一些节目做文章。能超越现场吗？能以电视影像展现为核心选择非演播室的现场，从而利用现场内外的场景体现构思吗？至少，沿着这个方向，我们还是可以展开思维碰撞、头脑风暴与创新设计的。

（二）超越团体表演程式，以符号化的故事编织体现整体设计

大型赛事必然在开阔场地举办，开幕式必然包含必要的仪式环节以及种种历史因素，以往大型运动会的开幕式设计，往往是大型团体表演加仪式。

伦敦奥运会开幕式整体上可以说就是一组故事，导演试图从故事中让人们感受到英伦文化，感受到活力。这些故事的讲述，借助了一系列在世界上有影响的人物，包括电影、戏剧中的艺术人物，如伏地魔、憨豆先生等；同时，还借助了一系列超出人们想象的人物，那些被称为志愿者的农夫、护士、翻跟斗的孩子，以及活生生的马。围绕这些符号的一系列创意展现，节目编织出不同于人们原有印象的故事。

按传统团体操思维看伦敦奥运会开幕式，很难有整齐、壮观等描述。但这样的表现方式，却适合电视按影像传播的逻辑选择场景和细节。也许，打动世界观众的正是这样的局部和细节。当然，以“浇铸”圆环的工业化方式展现五环是一个壮观的场面，但以象征工业革命的钢水现场浇灌圆环，再缓缓升空，并与空中飞来的四个圆环拼在一起，就是以讲故事的方式完成一个规定环节。女王和007从天而降，更是电视故事。镜头把天上的替身和现场出现的真人衔接起来。这也打破了开幕式宣布者的出场程式。

每一种带有艺术性的活动，有其历史，就会形成一定程式。程式是

可以突破的吗？当然可以。如果不遵循原有程式，就不是这种艺术活动的延续；如果不打破这种程式，就没有这种艺术活动的发展。正是这种解构式的对原有符号性形象的使用，让人们看到了英国创意之都的创意能力与正试图展现的活力。

伦敦奥运会开幕式的启示在于，创新可以是作品级的，比如精心制作一个个作品，在原有程式下组合起来；创新也可以是程式级的，即突破原有程式去重新定义开幕式的文艺表演，可以是故事表演的串接。

其实，所有程式，都是在遵循与打破中一步步形成的。这在中国春节联欢晚会的历史上已经体现过。比如，小品在春节联欢晚会上的走红就是一个偶然，却促成练习性小品[①]成为独立的作品。

如果寻求程式级创新，春节联欢晚会的程式可以有哪些变化呢？比如，零点敲钟已经是春节联欢晚会的一个仪式，也已经从现场看钟倒计时，延伸到用电视展现寺庙的钟声。那么，今天还可以怎么变化呢？春节联欢晚会开场舞加歌唱表演加小品再加歌舞的程式，可不可以变化呢？

当然，这种解构，必须建立在对原有程式的深刻解析与对受众心中潜藏愿望的体悟上。

（三）超越现场效果思维，以事件传播效应为目标实现多重影响

从整体上看，伦敦奥运会开幕式已不仅仅是一个现场仪式，而是一个创意十足的跨文化影像传播事件。

之所以称其为传播事件，首先，是因为其整体设计与着力重点，超越了现场效果思维，既注重现场即时获得的效果，注重其所担负的仪式功能，又注重多重传播效果。奥运会开幕式的功能，几十年来已经发生

① 通过形体和语言表现一个简单场面或艺术形象的单一表演或组合表演，称为小品。小品常作为考核艺术素质和基本功的面试项目。1983 年中央电视台第一届春节联欢晚会上严顺开表演了小品《阿 Q 独立》，其首次运用小品这一表演形式。1984 年春晚，陈佩斯、朱时茂表演的《吃面条》使小品成为一种独立艺术表演形式。

明显变化，至少可以大略分成三个阶段：一个简单的开幕仪式、一个负载多种意图的仪式与一个希望引人关注的传播事件。而想要成为传播事件，获得多重传播效果，就必须超越仅注重现场即时效果的思维。

其次，这个开幕式体现出有自己意图的传播策略，筹备时就体现出适度透露信息、适时成为人们议论话题的传播策略。其做法是以往类似重视现场效果的开幕式或大型晚会很少采用的。

比如，大型活动的核心细节，通常是高度保密的。但伦敦奥运会开幕前，不仅主办方早早透露开幕式要使用欧洲最古老的大钟，而且，其还在 2012 年 7 月 27 日组织了一个全民响铃仪式，不仅英国文化大臣参加，当时许多游客、记者等也都购买了小铃，使得这个仪式成为开幕式仪式的前伸。虽然媒体说，有关开幕式的许多细节被英国新闻界透出，但不过是开幕式要展现英国田园风格等主办者希望让人们有所知的细节，而主火炬是什么样的与如何点燃仍然是一个谜，直到最后时刻才揭开。如此种种，使得开幕式的电视传播效果超越了现场效果。

最后，这个开幕式不仅注重现场效果，而且注重把自己演变成一个不断出新闻的事件，寻求事件传播效应。比如，以往的奥运会开幕式是没有发生过主火炬点燃后再换个位置的。伦敦奥运会开幕式就这样做了，而且舆论反应总体上是正向的，尽管有消息说，移位时为了安全甚至曾熄灭了火炬。

这个传播事件，当然是影像传播事件，而不仅是现场传播事件。伦敦奥运会开幕式的诸多设计，是围绕电视与新媒体影像传播展开的，现场的体验可能与观看影像的体验相当不同，一些影像效果是现场的人们难以感受到的。

这个影像传播事件看起来是注重跨文化传播的。主办者借以讲故事的诸多符号，是有世界影响力的或有英伦特色的，但为了让其他文化背景下的人们有更好的观看体验，其会事先利用媒体介绍故事背景。比如，人们很早就知道会朗诵莎士比亚《暴风雨》中的名句。

在社交媒体崛起时代，对任何大型活动而言，现场效果虽重要，但已经不是最重要的了。最重要的是传播中形成的影响、获得的评价，这应当成为主办者着力经营的。今天，分享式传播、关系链传播已经与传统传播方式同时产生重要影响。一些电视文艺活动，如某些晚会，按传统标准来看，现场效果很好，但传播中形成的影响，特别是传播中获得的评价，却与现场效果形成差异，甚至获得差评。这值得人们思考。

也许应当说，在今天，任何一个大型电视活动，不管是电视文艺活动，还是某个重要仪式，都需要被当作传播事件来设计、来运作，其不仅应追求现场效果，而且要以事件传播效应为目标实现多重影响。

二、新媒体式奥运直播：变革中的电视与传播方式

2008 年北京奥运会注定要在电视发展史上留下浓重的印记。这不仅是因为全球电视直播成功地实施，使北京奥运会真正成为全世界的节日，更是因为这是第一个同时有新媒体直播的奥运会。第一次实现全球网上直播的现实驱使电视加速变革。观察北京奥运会的电视直播，就会发现电视的一系列变革已经初见端倪。

（一）历史契机与电视变革

在电视发展史上，往往是一个具有强大冲击力的重大事件推动着传媒的发展。尽管在这之前，技术条件已经隐隐具备，但传媒形态或运作方式的转折、突破、演变往往是在某个事件的需求和影响等力量推动下，才会成为现实，传媒进而实现新的发展。在和平年代，这种具有强大冲击力的事件，越来越多地集中到体育事件上来。北京奥运会这样一个历史性事件，就成为电视人寻求变革的历史契机。

到 2008 年，在电视 80 年的历史中，现场直播已经从一种需艰难努力才能实现的技术手段，变成了一种常态手法，而且，体育比赛等已经促使直播演变成了一种多机位、高清晰度的复杂表现形式。回顾电视发展史，往往是一场对一个重大新闻事件的直播报道，成就了一个媒体的

名声与长远影响力。人们经常举到的例子是海湾战争与CNN，是抗击“非典”与中央电视台（China Central Television，CCTV）新闻频道。特别是新闻类频道，其在一个重大事件发生时所做的成功的直播报道，往往就是其成人礼，就是其奠定影响力的基础。电视，天生就是为现场直播报道而生的。

回顾历史，2008年，是电视介入奥运会报道的第60年。1948年，在伦敦举办的第14届奥运会，大约有50万人从电视上观看了比赛。第14届奥运会成为历史上首次有电视转播的一届奥运会。但2008年在传媒发展史上更具有里程碑意义。因为，2008年，是高清电视直播奥运会元年，是新媒体正式介入奥运会报道的第一年。这对奥林匹克运动和传媒发展的推进作用是不言而喻的。这是人类历史上第一次通过高清电视直播信号共享奥运会，第一次实现奥运会直播信号全球网络覆盖。CCTV.com作为北京奥运会官方互联网/手机转播机构，提供上千小时的视频节目，实现了向中国内地和澳门地区直播奥运会；同时，谷歌旗下的视频网站YouTube获得北京奥运会每天约3小时的独家内容播放权，其在韩国、印度和尼日利亚等77个国家和地区进行相关内容播放（其他地区的数字视频点播版权已被独家买断）。拉美最大网站Terra于2008年7月3日获得北京奥运会在拉美地区的互联网与手机转播权，通过13个频道24小时不间断转播。在此之前的历届奥运会中，国际奥委会从未向互联网/手机开放视频转播权益。因此，一家报纸在奥运会前曾经“严肃地”提问：“电视、手机、报纸、网络各个平台都已经准备就绪，普天之下，都能看到奥运，那么你到底会在哪里看奥运？”

（二）奥运直播中电视传播方式的演变

奥运直播改变了人们接触电视的方式，更改变了电视在传播关系中的位置。电视已经从传播终端，演变成了伴随媒介；从被动等待观众观看，到出现在人们生活的每一个环节，伴随人们的生活，“主动”展示给人们看。

1. 链式传播：从室内电视、户外电视到手机电视

传媒移动化的变革取向，给电视带来的是接收工具移动化与接收地点移动化，更使人们摆脱了在固定地点接触电视的传统模式。

从人与电视的关系的角度说，电视已经是个人化的电视、偶遇式的电视、移动着的电视。所谓个人化的电视，是说电视越来越多地脱离家庭共同信息终端和娱乐工具的传统特征，走向个人化的接收工具。看电视越来越多地是个人行为而不是家庭行为。而过去看电视是家人共同的选择与共同生活的重要部分，曾经是家庭聚会、家庭娱乐、家庭生活的主要部分，甚至是家庭生活的象征之一。所谓偶遇式的电视，是说看电视越来越不是家庭生活的主体，而只是日常生活的一部分。人们可能在任何地点接触到电视，注意到电视在播放，注意到电视提供的内容。人们接触什么节目，更多地源于随机结果，源于搜索过程中的偶然，而不是固定的生活模式，不是电视人期望的那样对某些频道有品牌忠诚。电视可以称为移动着的电视。所谓移动着的电视，是说电视已经从客厅走到了广场上、电梯中、手机上，已经不再是以往那样静止的、等待观众观看的状态。从电视形态的演变看，是电视节目一直在寻找观众和观众最可能选择电视的场所。这些，都深刻地改变人们的收视行为与节目形态。

人与电视关系的改变，更深刻地体现在传播模式上。最明显的变化，反映在这次奥运直播的收看方式上。人们观看一场心仪的比赛，或是跟踪金牌获取瞬间，不再需要停下脚步、坐在电视前，而是可以在不同形态的电视间切换，出门办事依然可以在路上收看移动电视或手机电视，延续在室内的收看过程。因而，从室内电视到户外电视或手机电视，形成了链式传播，一改往日的点式传播模式。人们不再被动地成为“沙发上的土豆”式的收看者，而是链式传播中的自主的人。

营造链式传播环境本来就是传媒发展史的基本线索。使用多媒体就是在争取使用人的所有感觉器官，毕竟，传媒是人的感觉器官的延伸。

但在传统媒体中，只有广播可以做到链式传播，广播可以形成从室内到室外的延伸。而便携式收音机的出现，更使享受链式传播成了生活的一部分，比如，晨练的人们带着收音机。这一现象也催生了新的产业、新的生活方式和新的产品，比如，“Walkman”（随身听）的诞生。如今，电视也能够做到链式传播，这对在新媒体时代继续拓展电视的影响力起到了关键作用。

2. 复合传播：从以提供视频为主到提供复合信息

面对这次奥运会，CCTV 新闻频道做出的调整和选择最引人注目，其不仅改变了屏幕的基本形态，还改变了惯常的事件报道处理模式。北京奥运会期间，CCTV 新闻频道不仅开出了几个视窗，还一反常态地在屏幕的右方和下方辟出了字幕区，以超常的大字体和醒目的黄颜色，吸引人们观看这个区域。所提供的文字信息不是与画面同步的字幕，而是异步提供的与画面不相关的信息。文字此时不再是辅助，而是另一个信息通道，是同时发生影响的几个传播手段之一。而过去，电视人是很少采用这种大面积异步提供文字信息的传播方式的。在这次奥运直播中，CCTV 新闻频道的处理模式与其他频道相比，形成了自己的竞争优势——文字与视频形成了多信息流的复合传播模式。

复合传播体现了新媒体环境下电视直播理念发生的变化。从技术载体来区分，新媒体大致有四类，即基于互联网的，如网站、搜索引擎、即时通信工具；基于通信技术的，如手机短信、流媒体式手机电视；基于广播电视的，如广播式手机电视；基于卫星的，如直播卫星。这四类中，前两类的影响，人们已经深刻地体会到。它们拥有强大的内容聚集能力和用户聚集能力，因而，也获得了较强的经济实力。实际上，40 多年前我国将卫星用于电视转播时，就拓展了电视的影响空间。2008 年汶川地震，北斗卫星导航终端所具有的发短报文（短信）功能步入实用阶段，已经让人们看到了新的空间，看到了八年前手机短信的影子。新媒体中，内容网站的传播方式的最重要特点，就是多信息流异步复合传播与多内容单元整合传播的结合。同一页面，多视窗、多频道、多主题、多焦点；同一题材，多手段、广链接、全互动，形成丰富的吸引点和较大的选择性。不可否认，年轻受众已经是网络的一代，习惯了网络的传播方式，他们对传统电视的批评之一就是单一选择性。人们在遥控器上点个不停，不仅是不同频道节目选择性小所致，也是电视单线条传播方式所致。如果是多信息流提供，显然选择性更大一些，吸引力更大一些。尤其是对于奥运会这种多新闻点同时发生变化的大事件，单信息流传播方式所能做到的最多是多点传播，而多信息流可以同时做到多线传播。这是新媒体直播的吸引力不亚于甚至超过电视直播的原因，虽然新媒体直播的画面质量、视觉享受与传统电视和高清电视难以相比。但毕竟，多信息流传播的优越性超过了视觉享受的优越性。这次奥运直播，高清机顶盒的增长数量远远低于专业人士的预期。由此可以看出，奥运没有根本性改变观众的选择，说明人们做选择的第一根据是有效信息量、是便利性，而不是视觉享受、画面质量。这当然不能归因为观众分不出传统电视、高清电视、移动电视、网络电视的画面质量的高低。

（三）奥运直播中电视定位的演变

传媒移动化的变革取向，给电视带来的不仅是外在形态的演变与分化，更是电视在传播格局中的定位的演变。

1. 从传播终端到伴随媒介

从奥运直播中电视的功能和作用可以看出，电视定位的变化之一，是电视不再只是摆在室内的传播终端，而是在户外与口袋里与人保持接触的伴随媒介。

在传统观念里，人们把电视机看作一个传播终端，把观众视为传播终端前的被动接收者，据此形成了广播式的传播理念、单线条式的传播模式。在传统模式下，观众的需求被表示为收视率，但收视行为、收视心理与传播模式是否对位，却少见描述和调查。一个网站可以专设一个部门，以科学试验的方式和手段不断研究网民浏览自己的网站和其他网站的体验；甚至可以使用瞳孔测量仪来探究人们上网时的真实心理感受，用测量页面上重要按钮的位置改变后点击率是否变化的方式，检验按钮功能与位置安排是否得当。尽管2008年，人们正在庆祝中国电视事业诞生50周年，但我们却很少见到对电视观众收视体验的研究成果，更未听闻采用类似的研究方式。

人们对某种传媒的使用行为模式是改变一个传媒地位的最终动因之一。文明史上有许多这样的例证。人类从以水运为主转向依靠陆路运输，就使得一些重要内河港口所在城市，从当时世界上人口最多最繁华的城市，蜕变为中国的三线城市。虽然在中国人的词汇中，依然用大码头称呼大地方。说书，曾经是人类重要的文化传承方式，但使用模式的改变，使得它在文明传承中的地位与往日不可同日而语。固定电话保有量的下降，使得10年前一号难求的情景不再，其原因是人们转向使用移动电话。而人们对电视的使用方式，随着外在条件的变化，也会变化。只是，在奥运直播中人们看到了这种变化，不过是把一部分使用时间转移到手机电视上而已。这值得电视人庆幸。

电视成为通过多种外在形态与人保持接触的伴随媒介，使得电视传播的连续性或黏性大为增强，影响力能够在人们生活进行中持续保持。

2. 从渠道性传媒到引导性传媒

传统的电视传播方式，可以说是线性传播，这既是指节目编排方式，更是指人们习惯于把电视视为渠道性传媒运作的线性思维。所谓人们把电视视为渠道性传媒，主要是指电视人习惯于把自己制作的节目从这个渠道推出去，吸引观众的主要手段是改进节目质量，是适应观众对具体节目内容的收视心理，而不是适应观众对电视的需求心理、对传播节奏的收视心理。

对于北京奥运会，观众内心的最大敏感点是如此多的比赛同时进行，怎么能够同时关注、同时观看。传统的应对方式，是观众可以同时打开“画中画”（这是电视厂商20年前对观众心理揣摩后用的吸引购买的手段），或同时打开几个电视（这也是让电视厂商比电视人还高兴的事情，电视人希望观众只看自己的频道），或是同时上网看视频直播

（这是电视人有些担心的事情，但事后看看收视率可能又会觉得新媒体直播没什么了不起的），或是通过手机短信及时接收报道信息（但缺少同步直播的心理体验），或是打开手机电视（这是个更适应传媒移动化时代的选择）。CCTV新闻频道的选择切中了观众的敏感点，满足方式是替观众当守望者（新闻频道自己的表述方式是当遥控器、广角镜），派人盯着47个有直播信号的屏幕，一旦哪个现场激战正酣或临近金牌决出，就转过去。虽然，这样的选择未必适应所有观众群体的心理，但毕竟使电视发挥了引导性传媒的功能。

所谓引导性传媒，是对传媒功能优化发挥的一种要求，也是许多传媒赖以成功的重要原因。成为引导性传媒，是指这个传媒成为人们信息接收的主要引导者，影响着人们的选择行为和选择结果。成为引导性传媒，就要求传媒对受众的需求内容、需求结构、需求心理、需求节奏、需求方式有更深切的体悟和把握。成为引导性传媒，就要求传媒运作中选择性更大，选择结果更为吻合人们的需求结构。20世纪，报人们追求读我一份报、便知天下事，就是想充当引导性传媒。平面媒体中，文摘类杂志、报纸居发行量前列的现象，说明它们作为引导性传媒获得了“福利”。电视的读报节目事实上就是通过充当引导性传媒，起到信息顾问的作用，从而获得稳定的收视率。而所谓门户网站地位的竞争，展示了人们对于引导性传媒激烈竞争的方法和过程。之后，搜索网站作为重要的信息整合者，成为传媒格局中最重要的引导者之一，许多人已经形成事实上的搜索依赖。这更加强了搜索网站与其他类型网站相比的优势地位。搜索网站在资本市场上的高估值，不过是这种优势地位的一种体现而已。

从渠道性传媒到引导性传媒，不仅是电视定位的变化，更是电视理念的变化。在与新媒体的竞争中，电视的渠道性传媒的运作方式，给新媒体留下了太多的发展空间。适应新媒体时代，对电视来说，就是向新媒体学习，增强自己的选择性，提升与受众需求内容、需求结构、需求心理、需求节奏、需求方式的吻合度。这必然会增大对观众的吸引力。

我们发现，越是重大新闻事件，越是迫使观众重新做出选择的契机，观众的需求越需要被重视。

（四）传播方式与定位的变化给电视提出的问题

传播方式与定位的变化有一个过程，这个过程需要电视的节目形态、处理模式与编排方式与其相适应。在奥运直播中，这些不适应被表现出来。这可能是因为新的模式与选择虽然已经做出，但理论与理念准备并不足，好像新的选择是偶然之举的结果。更可能是因为，即使有了新的理念，也需要有较长的磨合与适应的过程。

这从解说就可以看出来。体育解说是广播时代的重要遗产。在没有画面的时代，要想把比赛过程、关键细节和现场反应传达出来，解说员的选择只能是用尽可能多的语言和词汇描述，用稍显夸张或很夸张的语调强化传达效果（比如美国拳击比赛的解说）。到了电视时代，如果还用广播时代的解说模式，就会让观众感觉“话密”、用词太过或语调不舒服。而在新媒体时代，在多信息流复合传播模式下，解说的内容、频度、语调应当是什么样的？显然，应当是更加简约、更加专业、更加个人化的。对于这次奥运直播，就有观众表示了不满，认为在比赛的某些关键时刻，观众需要的是静静地去感受、分享结果来临的那一刻，或是现场式地经受心神紧凝的一刻，而不是听解说。这时，电视可做的是把现场气氛与声音放进来，而没有解说的干扰。这时，电视可给予的，是保持解说员的安静。同样，有这种要求的，通常还有比赛或仪式现场播放音乐的时刻，这时的解说也应当是内敛的。

需要回顾研究的，是转换节奏，是如何更适当地从一个比赛转换到另一个比赛。多信息流、多视窗的直播，对现场切换节奏提出了更高的要求。这种转换节奏，要适应观众的收视心理，至少要通过某种提示，给观众调整收视心理的时间。否则，观众就会感觉凌乱。

更重要的是选择性。这几乎是人们衡量新直播模式效果的唯一标尺。代替观众选择，充当观众的遥控器，是一个风险不小的定位选择。

这次奥运直播，主要依从比赛本身的时间安排来进行选择，而在非比赛时间选择性相对较弱，针对几个主要观众群体的工作生活节奏的选择结果不明显。对于这样的重大比赛，当比赛时间与观众群体工作生活节奏错位时，我们就更应当采用波段传播。

对普通观众来说，事件复杂，兴趣点多，进而增加了不少选择的麻烦，人们要付出更多精力进行搜索。人们希望传媒更多地尽到代替他们选择的责任，提供精选的结果。同时，因为生活节奏与活动方式变化，人们希望在特定的时间得到最需要的东西，这促使形成波段传播的模式：单元化的节目编排方式，波段式的传播技巧，以波段传播形成有竞争力的传播节奏。而实际上，今天电视的竞争，并不是频道与频道的竞争，而是一个个时间单元与节目单元的竞争，是一个时段和一个时段的竞争，是波段传播策略的竞争。

三、奥运报道中的广播与传媒竞争

在传媒发展史上，重大事件报道往往会促使传媒的运作理念、发展轨迹发生重要变化。广播亦不例外。在北京奥运会期间，在“两个”奥运同样精彩的理念下，奥运本身和奥运报道同样精彩。反映在广播上，就出现了一系列体现创造力的举措，其效果良好而又深有意味。中央人民广播电台作为持权转播商，以公益形式组织 140 家广播电台组成全国奥运广播联盟，全程直播奥运火炬传递，共享奥运赛事转播、报道权，实现了 32 家联盟电台同步转播奥运会开幕盛况，100 多家联盟电台与中国之声并机播出，从整体上拓展了广播的影响力。赛事报道中的解说，运动员家人等的心声实录，专家的评点，记者的描绘与感受叙述，叠加成复合信息流，形成特殊的说服力。

广播，从它诞生起就一直具有很强的应变能力。它适应了与印刷媒体的共处，适应了电视时代的到来，又在与新媒体的竞争中显现出了独特的竞争力。观察奥运报道中的广播，观察正在重新崛起的广播，我们会发现有许多可以再深入思考的地方。

（一）奥运报道中广播的竞争思维

奥运来临，广播如何在这一重大事件报道中增强竞争力?

在传媒发展史上，传媒重大发展的实现往往与某一重大事件相关联。虽然之前观念、技术等条件已经隐隐具备，但传媒形态或运作方式的转折、突破、演变往往是在重大事件的需求和影响等力量推动下，才会成为现实。只是，传媒要想主动地利用这种事件去推动自身发展，还需要有战略眼光与举措。

广播，从它诞生起就天然与重大事件相关联。回顾历史，越是具有强大冲击力的事件，越会激起广播的积极加入和变革，进而又改变了传媒运行规律。即使只在体育领域，人们仍然可以举出一系列这样的重大事件，其影响了世界，也改变了广播。直播，最早从广播进入体育领域，进而成为战地报道的有力手段，从而开辟了直播时代，改变了人们的时效观念和对新闻的认识，从此，其让受众与新闻同在成为可能。解说，最早是广播的常规报道手段，进而成为体育报道的基本形态，描绘、解释、评点的叠加，形成复合信息流，远比现场更有说服力。

当今传媒发展的主要取向就是在移动化中变革。广播重新走向强势，所适应的正是那些移动中人们的信息需求。不管是在乘车时收听，还是在移动过程中收听，广播已经成为重要的伴随性媒体。手机中增加收音机功能，正是对广播移动化趋势的特殊呼应，手机电视要争夺的正是移动中的人们的注意力与时间缝隙。

广播，从它诞生起就善于发挥综合传播功能。在抗震救灾报道中，广播体现出特殊功能和影响，传播的信息可以帮助救命，而不仅是满足知情需求，这凸显了传媒的信息发现与整合功能。实际上，围绕奥运的报道，从来就不只是针对竞技体育，而是围绕奥运项目的多领域报道的集合体；从来就不只涉及体育，而是以体育为牵引绳的涉及政治、经济、文化、社会等各方面的舆论竞争和斗争；从来就不仅是新闻与娱乐，而是一个争取开人眼目、启人思考、引人讨论的激荡过程。因而，仅仅把奥运报道局限于竞技体育本身，就是一种思维方式和认识方式的局限。可以看到，世界各国媒体都不会在这个阶段仅仅派出体育记者，现实的课题就摆在面前。

在今天，传播过程就是影响力竞争过程。人们首先就看哪类传播工具、哪个媒体能够在第一时间提供什么，能够不断地提供什么。在卫星和互联网提供了更多传播可能的时代，人们期望的第一时间，是以分钟为单位的，甚至是与新闻同步的。于是，谁能够更快，谁能够不间断地同步报道新闻，谁就可能成为重大事件中人们的第一选择、第一依赖、第一信息源。

在这样的时代，广播可以做什么？

要更善于选择。奥运时要想有效传播，必须注意到过度丰富的信息面前，令人们困扰的可能在于“过度知道”，而不在于“不知”，因而，人们会希望传媒提供精准选择。这种心理和需求就给善于应对的媒体以机会，搜索引擎式的超级媒体会提供更适应人们需求的选择服务。

要更善于提供信息流。面对奥运会面广点多事急的特殊情况，人们不满足于传媒把一个个信息碎片整合好后再提供，而希望其提供信息流，人们会愿意与寻找信息的进程同步，在接收信息中自己组合、在组合中自己判断。信息就是力量，这个时候，高流量的报道者更容易成为人们的第一信息源。

要更善于解说。解说，本来就是广播的看家本领，只是要应用到更广阔的领域。对记者来说，在现场不等于抓住了现场；报道了现场，不等于能够帮助人们认识现场。我们进行现场直播，不能迷失在现场，而必须把握现场。现场直播报道的影响力，恰恰在于报道与评论的自然有机结合，在于报道的同时让选择与评论自然得体地流出。而深层影响的体现，在于对事件关键信息的提供，更在于对事件原因、意义、影响的解析，对现场隐含信息的分析，对重要举措的价值与影响的阐释。这种解析、分析、阐释，是传媒解释能力的集中体现。谁解释与挖掘得更好，谁就能对新闻事件的真正内涵与价值更有解释权，对舆论就更有影响力。

在这样的重要时刻，什么是广播的竞争思维？那就是在适应移动化中变革，在发掘广播特性中努力。

（二）从内容竞争到能力竞争

在新媒体时代，广播不仅是自己与自己竞争，也是在和所有传媒形态和手段竞争。这种竞争，不仅是在内容采集和处理水平上的竞争，更是在满足受众需求能力上的竞争。

传统理念中，内容在决定传媒影响力中占有重要地位。这当然是正确的。拥有报道资源并有效利用，是传媒存在的理由。传媒就是收集、加工、传播新闻信息的专业组织。但在传媒移动化和受众移动化互动的时代，在新媒体时代，仅仅拥有有吸引力的内容并不足以制胜，还必须拥有满足受众需求的能力。这就要求我们在传播理念、传播形式、传播模式上必须有所变革。

这种变革，首先表现在资源利用模式上。传统上，人们认为资源独享或垄断有利于增强自己的竞争力。但当一种传播手段整体上竞争力不够强时，一家传媒是独木难支的。而资源共享，虽然降低了一个传媒的资源垄断水平，却同时增强了这个传媒和这种传媒手段整体的竞争能力。相对而言，参与共享的特定传媒还可能影响力更大，因为，其形成了一个更有影响力的群体和环境。应当说，全国奥运广播联盟就是一个很好的例子，其所代表的资源共享就是一种新媒体时代的运作理念和传播理念。在奥运报道史上，这种持权转播商与同行共享奥运赛事转播和报道权的做法是少见的。而这恰恰更大地发挥了持权转播商报道资源的效能，从整体上拓展了广播的影响力，也进一步增强了中央人民广播电台的主导地位。在传媒内部或对于传媒本身，传媒运作的核心问题就是如何提高资源利用效率与信息共享水平。提高资源利用效率与信息共享水平，显然会增强传媒满足受众需求的能力。

这种变革，还体现在对受众需求的把握上。在这个时代，手段优势并不天然地决定竞争优势。竞争优势的具备与否还取决于是否能够真正把握自己所拥有的传播手段的精髓并创造性发挥，是否能够把握受众需求并尽可能满足。

广播是什么？在今天，广播这种传播手段的精髓是什么？在我看来，就是伴随性媒体、环境式媒体，其优势在于可以在发挥耳朵这个信息摄取器官功能的同时，允许人们并行地做其他事，从而使生活更有质量、更有效率。因此，人们才会在乘车时收听广播，给自己一个信息环境，填补一个信息和娱乐空白。在最有效的信息环境中，信息点（接收终端）一定是接续式分布的，而不是点式分布的。因此，传媒要走向移动化，信息终端要走向便携式。于是，手机中增加了收音机功能，手机电视出现了。但请注意，信息终端最早走向便携式，恰恰是从收音机开始，随身听之类的创造，改变了人们的音乐消费方式，但其不过是对便携式收音机的“模式移植”而已。而要真正呼应广播移动化趋势，我们不仅仅要创造更多的移动化信息终端，更要创造无缝接续的信息环境。可以说，全国奥运广播联盟就是创造这种无缝接续的信息环境的有益尝试之一。广播环境化的趋向，整体竞争战略下的不同内容组合，把更多的听众吸引到广播环境中来。广播内部的竞争者就此实现多赢。

之所以说手段优势并不天然地决定竞争优势，是因为竞争优势的具备与否还取决于我们是否有意识地形成整体竞争战略，并相对形成有各自特点的不同内容组合。2008 年是新媒体正式介入奥运会报道的第一年。CCTV.com 作为北京奥运会官方互联网 / 手机转播机构，提供了上千小时的视频节目，实现了向中国内地和澳门地区直播奥运会。央视还向其他网站分销了转播权益，其中包括搜狐、新浪、腾讯、网易和几家视频网站，也包括 50 多家移动电视运营商。但调查公司 AC 尼尔森的调查数据显示，央视网流量增长超过 8 倍，奠定了其在国内视频网站中的领先优势。而对于花费大价钱购买了网络视频转播权的几家视频网站来说，希望借助高投入模式换取流量爆发性增长的目的没有达到，有的网站此前几千万的投入可能到2009年底才收回。

把握传播手段精髓的同时，我们还必须把握受众需求并尽可能满足。受众需求不仅包括内容需求，更包括报道方式、收听方式需求；不仅包括有形的重点需求，还包括无形的心理需求。这次奥运赛事广播报道中，有意思的例子是有16家广播电台使用全国奥运广播联盟报道中心的40路赛事信号，直播1 000多场次比赛。于是，佛山台就可以在全国奥运广播联盟报道中心开设粤语广播，用广东话第一时间为当地听众直播比赛。这样的报道模式，首先满足的是受众心理需求。这才有佛山听众听到来自北京的粤语赛场解说后“惊讶得难以置信”的描述。

（三）从手段竞争到理念竞争

今天，广播的受众群已经发生重要变化，在重新走向年轻化、重新走向主流化；广播更加深入地介入人们的生活，广播在重新走向伴随化；人们在新的层面重新发现广播的传播特性与优势，重新发现耳朵这个器官的包容性，在做事时更多地选择听广播，在移动状态下更多地选择广播。在新媒体时代，这对广播来说真是重大发展机遇。因此，广播要在新媒体时代的竞争中取胜，仅仅发挥传播手段的优势是不够的，还要根据新的需求，探索新的报道模式，从手段竞争，走向模式竞争，以形成新的优势和空间。

在建构新的模式时，至少有这样一些关系是值得讨论的。

1.“广播”与“窄播”

在新媒体时代，广播传统的定位方式显得有些中庸。与新媒体相比，广播不够细分，与细分需求的对位不够吻合，尤其广播的传播方式是线性传播，时间上的需求对位更加困难。在传媒竞争走过了稿件竞争、栏目竞争，走到波段传播、单元竞争的时代，在受众移动化的时代，在什么时间段提供什么内容单元就成为新的问题。同时，与新媒体相比，广播环境化信息提供能力不强。即使广播可以实现接力转播，实质上还是区域媒体。

因此，“广播”与“窄播”的问题又要重新提出来。讨论“广播”与“窄播”，题中之义首先是“窄播”如何变“广播”。这就需要在关注度最高的时期，在重大事件发生时，把区域性媒体的“窄播”通过协同运作变成“广播”。“阳光热线”类的栏目为何能在短时间内成为新星，获得影响力和荣誉？不仅在于其监督方式特别、力度大，不仅在于其对民生的针对性强，更在于其在全国铺开，使“窄播”变成了“广播”，成为一种环境力量，有了新的气势。而全国奥运广播联盟也是将“窄播”变成了“广播”，有了新的气势，才足以与电视竞争。“联播”的模式本来就是广播的，“联播”使广播真正成为“广播”。

而同时，讨论“广播”与“窄播”还包括“广播”如何变“窄播”，即更加细分需求，更加细分地满足需求。一个粤语赛场解说就让听众“惊讶得难以置信”，无非是击中了习惯收听粤语广播的听众心中最柔软的部分，无非是超越想象地满足了人们的细分需求。

2. 自播与转播

人们习惯的思维方式，是尽可能地提高报道内容的自采率，这当然是正确的。但是否一个媒体所有或大部分报道内容都应是自己采访来的？或者说，对广播来说，在今天这个新闻渠道信息资源丰富的时代，广播在传媒格局中处在什么位置是最有竞争力的？

应当说，这是个以非独家新闻取胜的时代。同一城市不同传媒所报道的新闻，大多是同源的。传媒所赖以取胜的是独家判断、独家分析、独家见识。从运作效率分析，一个传媒所报道的新闻全部依赖自己采访所得也是不可能的，何况，我们已经进入受众制作内容的时代。

观察传媒格局我们就可以发现，引导性传媒往往可以获得较高的运作效率和影响力。所谓引导性传媒，是善于充当信息顾问，善于把天下传媒所报道的内容为我所用，从中选择，成为新闻引导者的媒体。以往报人们的理念，就是看我一张报，便知天下事。其理念的核心就是充当引导性传媒。所谓门户网站，也有这个理念的影子。而从文摘性传媒长盛不衰，从今天电视早间节目中以读报为核心的新闻信息节目最有影响力上，我们都可以看到引导性传媒的魅力。

以天下传媒所报内容为己用，本来就是中国广播的传统。中国广播最有影响力的内容新闻和报纸摘要成为人们最重要的信息源，不仅因为其快，更因为其广。这部分内容摘选了报纸所发新闻，在选择中体现了见识。新闻学本来就是关于选择的科学。因而，广播不仅要自己报道，还要善于转播，从已经报道出来的新闻内容中再加选择，精准选择；再加组合，在组合中形成独特的判断。

3. 我播与众播

传媒与受众的传统关系模式，是专业人士制作，大众接收分享。而新媒体给人们的重要启示之一，是大众提供、大众分享。这样的模式固然不能照搬到广播中来，但至少给人们以启示，就是不仅我播，还可以众播。媒体要从传播平台走向整合传播平台。为此广播的运作理念应当发生深刻变化。仅仅依靠自我力量采集、制作内容，不能适应今天的多样化需求。广播要通过一定的机制和物质载体，整合各类内容资源，聚合具有共同指向的需求，这样才能适应与新媒体的竞争。最简单地说，突发事件发生时，不能假定记者一定在场，却可以假定一定有一个带了手机的听众在场。广播可以通过一定的机制把人们的偶然所得收集起来，这样既丰富了内容资源，也满足了人们的表达欲望。

有了整合传播平台的理念与一个足够强劲的网上平台，就造就了一种汇聚天下音频资源的机制，从而可以以几乎免费的方式获取曾经被传统眼光视为可以为王的内容资源，并以这种内容资源吸引足够的分享者，从而产生不容忽视的影响。分享平台适应了在技术进步与信息消费方式变化背景下人们复杂的心理需求与信息需求。网上播客的风行，残奥会上盲人凭借手机在赛场上采访，为盲人听众服务的事例，都告诉人们，广播应如何进行适当转型。

（四）从效率竞争到模式竞争

在一个竞争环境中，人们最初想到的当然是提高效率，希望通过效率竞争取得优势。因而，人们会追求更早报道、提供更多内容。但在传媒发展史上，每一种新的传播手段、传媒形态的出现，所带来的都不仅仅是新的竞争对手，还包括新的运作模式。与技术条件和受众需求相适应的模式，运作效率显然更高。因而，传媒竞争实际上已经从效率竞争走向模式竞争。工业化的电视剧生产模式，代替了手工作坊式的生产模式，提供了更高的运转效率，就是一例。

那么，新媒体时代的传媒竞争，要求广播的运作模式发生什么样的变化？对广播来说，至少以下几个问题值得关注。

1. 从线性传播到单元传播

传统的广播传播方式，可以说是线性传播。这既是指节目编排方式，更是指人们习惯于把广播视为渠道性传媒运作的线性思维。而在新媒体时代，广播的内容处理模式和传播方式正在发生变化，在从线性传播走向单元传播。

单元传播的基础，是受众心理与人们生活节奏、生活方式的变化等提出的要求。单元传播有其存在基础和合理性。

对受众来说，在过度丰富的信息面前，令他们困扰的可能在于“过度知道”，而不在于“不知”；在于其在希望获知相关信息的时间，获知了不需要知道的信息。因而，人们会希望传媒提供精准选择，更希望传媒在适当时间给予适当的东西。解决办法之一，显然就是单元化的节目编排方式，波段式的传播技巧，以波段传播形成有竞争力的传播节奏。奥运赛事也许是个极端的例子。对于关注度高的比赛，其决定性的时刻来临之时，解说员、主持人多说一句话都会使受众不满。受众不愿意当时的气氛和传播节奏被打破，说明那是一个不容干预的独立单元。人们希望在单元之间解说，而不希望打破这个独立单元。因而，我们就容易理解这期间听众对于解说的矛盾心理了。

2. 从需求碎片到需求结构

传媒从业人员无不清楚发现、把握、满足受众需求的重要性。但把握需求的关键是什么？满足需求的关键是什么？人们的习惯与竞争要求间还存在距离。

广播最重要的资源其实是时间资源，可以说有效时间有限，且无法延长。这种有限性决定了广播无法一般地靠综合性、多元性取胜。就报纸而言，人们可以只读自己要读的几个版面，而广播的时间传播特性，令其很难依靠某一块内容能满足受众个体的需求而取胜。

人们习惯于说满足受众需求。实际上，人们往往是根据所了解的需求碎片来决定如何满足受众需求的。因为，人们习惯于根据受众的社会角色来判断他们的不同需求，而对于同一人群的不同需求如何分布、分别占比则甚少了解。实际上同一人群各种需求的分布、占比，就构成了一个需求结构，再加上时间分布因素，就构成了完整的广播频率时间分配的对照物。不同时间所提供的内容、提供方式构成了内容结构或栏目结构。理想的状态，当然是内容结构尽可能地吻合需求结构，虽然这实际上是很难完全吻合的，但至少是一个目标。因而，对广播人来说，听众各种需求的占比和分布所形成的需求结构，显然比需求碎片要有价值得多。

问题在于通过什么手段掌握需求结构。显然，这就需要改进听众调查的模式。

3. 从经营媒体到经营内容

人们习惯于从所服务媒体的特性去考虑问题，传媒运作的重点在经营媒体。广播手段的特性，又决定了人们习惯于把广播视为特殊媒体，很少考虑其与其他传播手段的协作共享问题。

在新媒体时代，媒体运作理念应当发生的重要变化，就是要从经营媒体走向经营内容，即把内容当作经营的对象，把采编系统视为内容生产者，生产和提供可供多种媒体手段、传播终端使用的内容产品。也就是说，不要机械地把这个采编系统定位于只为广播提供内容，而是将其定位于可以通过多种传媒手段、为多种传播终端提供音影内容等内容产品。

这就需要建立相关机制和技术平台，实现集合线索、素材、成品、资料等的数据库的管理，就需要在采访和编辑的指挥、决策环节综合考虑如何运用所拥有的传媒手段、传播终端。我们经常可以看到广播重点报道的内容被用在报纸上，空中的声音落地生根。这只是内容产品多终端、多载体呈现的一种方式。广播与网络的联动，也只是另一种方式，可以创造的空间还很多。

四、分享思维：地方电视频道的奥运机会

（一）重新开始的一种契机

在传媒发展史上，重要的发展关口往往与重大事件相关联。

回顾历史，越是具有强大冲击力的事件，人们的关注度越高，越会激起传媒争涌投入，参与竞争，越会影响传媒的发展。1837 年，达盖尔发明银版摄影术；1839 年，法国政府买下该发明的专利权，并于同年 8 月 19 日正式公布，这一天被定为摄影术的诞生日。但在诞生初期，摄影设备是笨重的，摄影过程是艰难的，摄影本身更是深受绘画影响。而 1853 年至 1856 年间的克里米亚战争，使摄影术开始走向现实，记者第一次使用了摄影术来记载战争，照相机成为记录历史的最好工具。广播技术发明近 20 年后，最早的商业广播电台播出了哈定总统当选的内容，广播与政治从一开始就紧密相关。二战中，CBS 记者爱德华·默罗在伦敦 BBC 大楼上进行现场播报。20 世纪 40 年代，在开播不久的美国全国广播公司（National Broadcasting Company，NBC）固定电视节目播出中，体育赛事直播成为最早的直播节目形态。电子传媒的这些努力，开启了现场直播时代，改变了人们的时效观念，也改变了人们对新闻的认识，从此，人们更热切地追求与新闻同在。

在和平年代，这种具有强大冲击力的事件，越来越多地集中到体育事件上来。北京奥运会，既为全球关注，也是中华民族复兴征程中的重要标志，同样会带来一场高水平的传媒竞争，会带动传媒技术和运作水平的提高。

面对现实，如何分享奥运报道资源，如何在推动奥林匹克运动、支持北京奥运的同时，拓展所在传媒的影响力，是人们正在思考的问题。人们已经感受到新闻竞争的激烈程度。可以预见，随着报道进程的加快，影响力格局的调整已经在进行。这样一个历史时刻，任何一个传媒机构，都是不愿意缺席的，都会想尽办法拿出自己的对策参与其中。

现实地看，要参与奥运报道的激烈竞争，地方电视频道确有不利之处。有些媒体担心：北京奥运报道的核心资源在 CCTV，地域优势集中在举办城市的媒体，自己的竞争优势又不在竞技体育，一时难以找到施展空间。

实际上，奥运会历来是一个举世关注的超级事件，必然会形成一个事件传播的超级平台。可以看到，世界各国媒体都不会在这个阶段仅仅派出体育记者，现实的课题就摆在面前。参与竞争，扩大影响，永远都有机会。但如何抓住一次历史性的机遇，首先在于思维方式调整。我们只有调整思维方式和认识方式，才能很好地适应竞争环境，找到应对方法。

（二）视觉化表达与分享式提供

如何看待新媒体条件下电视传播方式的核心规律？那就是视觉化表达与分享式提供。

视觉化表达是人类的一种本能。岩画作为历史最为悠久的人类文明承载物，其意义和所传递的信息，至今都很难说已被今人完全解读。蒙昧时代之后的每一个历史阶段，尽管文字化表达一步步走向主流，一步步发达，视觉化表达也都是人们传递复杂、微妙情绪与认识的首选。无论是文人画，还是街头涂鸦，甚至今天的动漫、小视频，都不过是视觉化表达的体现方式。与文字表达相比，画面表达，既直观，又微妙。不管是流动的视频还是静止的照片，都比文字描述传递的信息更多一些，更复杂一些，有时更自我一些。因而，只要有条件，人们总是希望借助画面、欣赏画面。互联网时代来临后更是如此。它把人们心中潜伏着的视觉化表达欲望激发出来。

YouTube 的成功被人们视为视频时代来临的标志。这大概是因为大家发现这样一个事实，人们蜂拥而上地提供视频文件，点击视频文件。也正因为如此，我们不如称迎来的这个时代为新视频时代。因为，YouTube 展示的视频与以往的网上视频不同，这些视频不是由专业的视频制作者提供的，而是由大众提供、大众分享的。这正是所谓的分享式提供，即为了分享而提供，点击内容即分享。这就与以往的网上视频的运作方式有了较明显的区别，与那种把传统电视的制作理念、运作方式平移到互联网上的做法有了明显不同。

YouTube 的最大价值，就是打造了一种核心运作方式与物质载体的分享平台。毕竟，一个分享的理念与一个足够强劲的网上平台造就了一种汇聚天下视频资源的机制，进而使这个平台可以用几乎免费的方式获取内容资源，并以这些内容资源吸引足够的分享者，从而产生不容忽视的影响。分享平台适应了在技术进步与信息消费方式变化的背景下人们复杂的心理需求与信息需求。实际上，分享既是一种运作方式，又是一种机制，其首先满足的就是人们分享与表达的心理需求。

因此，对于新媒体发展更具启示价值的，不仅仅是视频，不仅仅是社区，而是构建一种适应人们需求的平台。这种平台在满足需求的同时，还在引导需求、创造需求，在孕育一种新的传媒运作方式。回望正在流逝的历史，也许可以说，博客的流行，就是一种分享机制在起作用。它便于人们表达，更成为新媒体聚集资源的工具。提供博客服务，就是搭建起一个分享平台。

YouTube 这个案例最有价值的，首先不是其标志着所谓的视频时代的到来。如果一定要说视频时代的到来，那至少应当从电视进入历史舞台算起。而且电视的节目形态、运作方式也发生了多次代际变化，最终不断迁移，与网络、手机这样的终端，与楼宇电视这样的发明相结合，形成新的载体与传播样式。但归根到底，基本特征还是专业人士制作、大众观赏接受。为什么一定要到网上看电视呢？ YouTube 给出了另外一个理由，就是到网上分享普通人拍摄的东西。数码相机与摄像机的普及，为满足这样的需求提供了足够的可能。在这样的条件下，需要的就是一种分享机制与物质平台而已。

视觉化表达与分享式提供的结合，实质上是传统力量与数字媒体的运作方式的结合。它催生了一种新的运作方式。这种运作方式实质上正在孕育数字媒体运作模式。

这种模式的启示之一，就是适应新媒体的竞争，传媒的运作理念应当发生深刻变化，要从传播平台向整合传播平台转变。仅仅依靠自我力量采集、制作内容，不能适应今天的多样化需求。通过一定的机制和物质载体，整合各类内容资源，聚合具有共同指向的需求，这样才能适应与新媒体的竞争。

可以说，帮助分享就是一种整合。

（三）分享机会在于分享思维

从方法论角度着眼，对于地方电视频道而言，以分享思维利用分享机会，既是一种态度，也是一种竞争方法。

如何对待奥运机会？既要看传媒环境，更要权衡受众心理。我们必须注意到，今天的传媒环境在走向移动化、分享化、精准化、社区化和单元化，必须注意到在过度丰富的信息面前人们的困扰。受众的困扰之一，有时不在于获取，而在于选择，有时不在于“不知”，而在于“过度知道”。人们总是感觉选择要付出不菲的时间成本，因而，总是感觉选择结果很稀缺，总是希望有更专业的人士和机构帮助其选择，提供选择服务。这种心理和需求，就是网民和资本市场给予谷歌和百度这样的搜索引擎式的超级媒体以高溢价的深层原因。毕竟，搜索引擎式的超级媒体节省了人们的选择成本，提供了更适应人们需求的选择服务。

提供选择服务，这个规律是否可以应用到地方电视频道的奥运报道中来？这种眼光与思维方式，也许可以帮助我们分析观众心中的问题以及地方电视频道的分享机会。

1. 需求分析

从观众构成、收视心理与收视行为分析，越是处在竞赛时刻，人们心中的期待越高，人们可能提出的问题就越多。从往届奥运会的报道实践分析，奥运会会前、会中、会后不同的时间点，传媒的报道焦点、报道模式有一定规律。比如，随着时间临近，场馆竣工问题、安保问题、兴奋剂问题会成为关注焦点。同样，当比赛开始，人们在跟随直播流观看比赛并因比赛而兴奋的同时，也会关注其他问题。梳理下来，人们的需求就可能包括以下几点。

其一，跟随直播流因比赛而兴奋的同时，还希望关注直播流之外的东西，关注公用信号关注不到的场外，关注 CCTV 没有关注到的细节。

其二，跟随直播流获取资讯的同时，需要媒体提供导引、帮助其选择。

其三，比赛开始，运动员等采访对象同时涌出，提供了许多可能的兴奋点，甚至含有一些突发事件。人们会关注冠军，也会关注其周围的人。如此种种，既提供需求，也提供机会。

其四，体育给人以力量和美的享受。人们需要在比赛进行的过程中同步分享美与快乐，也需要专业解读。

其五，热潮过后，需要回味。

这些只是片段的分析，实际上，以分享思维观察，就可以发现更多的需求。北京奥运会是一次盛会、一届成功的奥运会，需要所有传媒的努力，以长存于人们的记忆中。

2. 可以选择的对策

对地方电视频道而言，分享奥运机会可以有很多选择。以下考虑，也许是有价值的。

其一，提供选择服务。

可以预见，北京奥运会期间，CCTV 的报道可能是水银泻地，以高强度、大容量、多频道、全时段为主要竞争方式。中央台拥有核心资源，这种全面覆盖的方法，担负了主渠道的功能，但相应地，也会让观众产生选择性烦恼、信息潮烦恼、需求性烦恼。人们总是会提出这样的问题，谁来替我选择?

因此，为我的观众重新选择，为我的观众再加工，就是一种可以选择的分享奥运机会的方法。

其二，提供独特视角。

面对传媒群，所有个体观众的视角都只是局部的。面对观众群，所有电视镜头都是独特的视角。比赛，只是奥运报道的一部分，直播流之外有广阔的天地。本地化，以本地的眼光和接近性来报道运动员，只是独特视角的一种体现。可以说，比赛时运动员等采访对象同时涌出，提供了如此多样的兴奋点，这是任何传媒都不能尽述的。这种独特视角，还包括尽可能地把关注点拓展开来。周边内容的吸引力，有时不亚于直播镜头所及的内容。

其三，提供解读服务。

体育比赛是直观的，似乎每个人都可以受感染；但体育比赛又是多层面的，需要解读的帮助才能更深地体悟。竞技体育的感染式处理，可以是人文的，可以是分享的，可以是娱乐的。比赛解说，只是解读的一种，尚且能产生如此剧烈的影响；电视手段可以包容更多解读手段，可以带来新的影响力。实际上，对电视的包容性还需要有新的认识。比如，电视完全可以借用平面媒体的处理方式，如提供图表等，以集约化地传递必要信息，让观众更好地享受比较的过程。

其四，提供回味服务。

所有的瞬间都是有价值的，精彩的瞬间尤其如此。但瞬间的价值不仅存在于比赛进行时，更存在于回味时。因此，通过多种手段提供回味服务，延续人们的兴奋和分享过程，是一种有效的借力方法。

（四）新媒体的切入方式与试验机会

对于新媒体，与其说它是对媒体形态概念的拓展，不如说它体现的是一种认知方式的变化。现实地看，新媒体就是一种变化中的概念。在不同时期，人们认知中的新媒体有明显不同。仅就这十年，新媒体的主体已经更换了数次，最终，新媒体形成了一种新的传播手段和媒体形态群。它包括基于三种传播介质的新传播手段和新传媒形态。其一，是基于网络的，比如，网络电视（Internet Protocol TV，IPTV）、即时通信工具、各种移动应用等。其二，是基于通信的，比如，手机短信、流媒体手机电视、手机报等。其三，是基于广播的，比如，广播式手机电视、直播卫星等。

回顾以往，在数字电视和手机电视的发展过程中，存在三个问题。

一是过分技术思维，让人们对一种新传播方式的认知停留在技术层面。比如，说到手机电视就会想到使用的移动通信技术是3G还是4G，同样是受通信技术思维影响，广播式手机电视、移动式多媒体广播得到发展。

二是过分资本思维，只是把新媒体当作资本运作的一种方式，没有认识到新媒体在推动传播形态、传播理念变革等方面的意义。许多传媒没有把新媒体的运作纳入主体运行体系。

三是过分运营思维，缺少操作层面的探索。比如，手机电视的节目形态、传播节奏等与传统电视有什么区别，人们在移动状态下的收视心理和收视行为有什么特殊性，目前可见的研究成果还不多。

但不管怎么说，对于地方电视频道，要分享奥运机会，以新媒体作为切入手段是有价值的选择。至少，它提供了四个机会。

一是尝试需求对位的机会。即尝试对不同类别的内容采用不同的处理方式，面对新媒体的受众群，思考应当采用什么样的节目形态和处理方式。

二是尝试市场拓展的机会。手机电视总体上是填补式媒介形态，人们目前会拿它填补时间空隙。之所以没有形成大规模利用，是因为对于这种新的传播手段，最有效的接触方式，是当人们看到周围有人使用时，会人际相传，蔓延开来。概括起来，就是“体验式接触、病毒式传播”。以基于通信技术的手机电视为例，其大规模的发展，一定是在有

5%~10% 的手机用户使用手机电视后，运营商才会推出包月等有利于推广的资费政策，内容提供商才会因为有足够的正反馈、形成良性循环，而推出更有吸引力的、专为手机电视制作的节目。而推动这种时刻早点到来的最好方法，是利用一个有吸引力的事件，快速吸引尽可能大规模的使用人群。其实，北京奥运会就提供了这样的契机，只是看谁能够把握住。

三是尝试内容提供模式的机会，尝试让观众制作内容。客观地看，观众制作的内容，必然会进入传统媒体运行体系。这样，才可以弥补专业制作力量的不足，才可以更有效地捕捉热点并进行热点转换。这样做，只要掌控关键环节，就可以保证播出安全。手机电视观众的创造性，可能转化成新媒体的制作方式。

四是尝试运行模式的机会，尝试打通主体生产流程与新媒体生产流程。

总体来说，不管是新媒体手段还是传统媒体手段，只要依循分享思维，积极争取分享，借助机会尝试分享，就可以在分享中成长。

第三节　频道运作：成为基于影响力的引导性传媒

一、以影响力为标尺的新闻频道设计[1]

办一个新闻频道，这是中国电视人期盼许久、酝酿多时、呼吁多次的愿望。在中国的国情下，面对国际传媒集团的竞争，面对中国天空上的几十颗电视卫星，如何办一个有生命力、竞争力、影响力的新闻频道？这样的新闻频道如何设计，如何运作？这样的新闻频道的设计与运作会对其母体电视台的操作思路与电视人的思维方式产生什么样的影

① 中央电视台新闻频道（CCTV-13）是以播送新闻性栏目、整点新闻、现场直播、字幕新闻为主的电视频道，于 2003 年 5 月 1 日起试播，2003 年 7 月 1 日正式播出。这部分内容是本书作者在新闻频道开播前相关研讨会上的发言要点。

响？这一系列问题的讨论也许已经超越了一般意义上的对电视的讨论，而延伸到新闻人思维方式的调整。

（一）借势：资源共享与频道设计

1. 影响力资源共享：重要新闻栏目的并机播出

一个专业的新闻频道是否要把原综合频道收视率很高的关键时段的新闻栏目拿过来？这个问题会有一个显而易见但颇需斟酌的答案。为了保护人们的收视习惯，为了保证综合频道原有的收视率，显然，只能让这些新闻栏目还在综合频道播出。那么，如何借用原有新闻节目的影响力做强新闻频道？如何使原有的影响力能够传递？这些是在设计新闻频道时不可回避的问题。

一个可行的频道总体设计方案，一定是把新闻综合频道（CCTV-1）中的几档重要新闻栏目以并机播出的形式放到新办的新闻频道中播出。千万不要小瞧这一点。没有这一点，新办的新闻频道立不住脚。新闻频道立台之本，不是靠电视剧，而是靠新闻栏目。不借传统新闻栏目原有之"势"，新办的新闻频道立不起来。这几档重要新闻栏目 20 多年来在老百姓心中已积累起强大的影响力，如果不使其影响力传递到新办的新闻频道是很可惜的，会被视为频道设计的基本思路不清楚。办新闻频道，应当想清楚如何使用原有的新闻资源和影响力资源。

2. 新闻资源共享：《新闻地图》的重新描述

如果从整体格局着眼重新思考，从促进新闻资源共享的角度认识问题，可以把一些栏目向更有运作空间的方向拓展，比如《新闻地图》。

《新闻地图》应是一个有个性的栏目，但不应该把它当导视性栏目处理，而应该利用这个栏目名称打造一档中国电视上还没有出现过的新闻栏目样式。

任何新闻事件都是在一定地理空间、某个具体地点发生的，但观众在关注新闻事件、接收相关信息的同时，并不一定能清晰地知道这桩新闻与新闻发生地点之间的表层联系与深层联系，并不一定能把地理位置、情况与新闻联系起来。而实际上，同一个人在不同的时间、地点对同一事物的认知是不一样的，不同人的差别则更大；一定的地理环境与新闻事件的发生、演变、走向、影响等一定有重要关联。因此，就存在这样的强烈需求，即把新闻事件的报道与地理描述、分析结合起来，把对新闻事件进行深层解说与将它放在一定的时空环境中还原结合起来，充分利用电视这种传播方式提供给人们的多种传播手段，尽可能还原这个事件，以尽可能地改善传播效果，增强影响力。这实际上是在借鉴人文地理学的研究方法，做地理新闻学、人文地理学式的拓展，从而以这样的思维方式进行深度报道和新闻解说。

任何一桩新闻事件都会在某一个地域、区域产生影响。2003 年 1 月，英国首都伦敦市中心发生地铁列车出轨事故，32 名乘客受伤。为什么伦敦的地铁总出事？一定有其特殊的原因。这次事件发生前，司机连续八次跟不同的管理人员说列车有问题。这次突发新闻事件的第一点已经有人抢到了，报道过了，可不可以用“新闻地图”的形式来做新闻的第二点。打开伦敦市中心的地图让相关人讲解发生了什么事件，具体在什么方位。这时，很多其他电视台的图像资料都可以拿过来用。这样，“新闻地图”就成了非常精彩的报道样式。如果把《新闻地图》做成导视性栏目，就把一个非常具有人文色彩的、前卫的新闻栏目当成门童了。

《新闻地图》要做的，就是告诉观众这件新闻在一个什么样的地理空间中发生，为什么在这样的空间中会发生这样的新闻。这个栏目当然需要其编导很有见识。也许，这个栏目的制作成本是比较低的，只要电脑里储存有数字地图就够了，而世界重要地区的数字地图可以买到，或做示意图。但是，这个栏目需要主持人见多识广，有判断力，有功力，可以把很多信息串起来。同样以这桩新闻为例，就可讲到英国铁路国有化和私有化之争，这是 20 世纪 80 年代经常上报纸的新闻内容之一；就可讲到伦敦铁路的几次大事故。能做到这些，确实需要这个栏目有一个很好的操作团队。

在伊拉克战争的相关报道中，几乎所有的电视直播都利用了地图做辅助传播手段，很多报纸都刊登了战场形势示意图。这样的报道实例，足可以给人很多启发。

3. 总监制与流程设计

要保证一个新闻频道正常运行，应该打造一个个线条清晰的操作流程。在目前状况下，只有娱乐节目可以在开放系统下运行，因为有足够的电视剧可供挑选，而电视剧制作可以有充裕的运作时间。新闻栏目则不能这样运作。所以，我们要为新闻频道设计前端采访与后端播出平顺连接的流程，前后期分开，纵向有序运作。具体采访部门不必奢求一个自己的节目出口，但一定要有节目出口的观念。

也许，一个简单的解决方式是在新闻频道设立一个总编室，其对新闻采访各部分有调动权，对新闻采访各部分以外有协调权。更重要的解决办法是设立频道总监岗位，并选择一个合适的总监。这个总监要有足够的想象力和控制力，有系统思维能力。今后，电视台最有影响力的可能就是新闻频道的总监，他将对新闻频道运作方式的认识更清楚一些，也可以把流程设计得更清晰一些。

（二）接力：影响力共享与栏目布局

1. 以影响力为标尺的栏目布局

新闻频道的栏目布局要以影响力为核心。

我们可以把新闻频道想提供的新闻分为四大类，可以用四个词表述：事件、影响、力量、认同。我们可以用这四个词去区分新闻频道要报道的东西。也就是说，以影响力为核心倒推，来设计应当有什么栏目，什么栏目最容易打响。

“事件”就是所谓的新闻事件，事件新闻是所有新闻频道都要报道的。除了事件新闻以外，还要特别去抓一点体现“影响”、体现“力量”的新闻，再抓一点体现“认同”的东西。

“影响”就是指在报道具一定影响面的新闻事件时对其影响做足够

的分析、评点。

“力量”是指一个新闻频道一定要有很大一部分内容能体现一种力量、一种力度。这样的东西体现在新闻上应该是什么类别的？显然是军事和体育。体育被人称为和平时期的战争。有了这样一些有力量感的内容，才容易抓住一部分忠实于新闻频道的观众。这种力量感还体现在科学报道上。现在科学栏目的设计没有对观众产生多少吸引力。如果从力量感的角度去看，科学新闻的力量在于智慧与创造。为什么科学频道办得不错，而老百姓看得不多，广告商不愿意投广告呢？就是因为结合点找得不够好，可能是把着重点放在了吸引高端观众上，缺少一些通俗的东西。从现在的情况看，我们的记者把科学新闻翻译过来的能力还不够，所以一些栏目虽然做得很精彩，知识分子很爱看，但是其他观众还是觉得不好。

所谓“认同”是什么？“一切从流行开始。”所谓娱乐新闻、时尚新闻等，给人们提供的实际上是一种对于现代流行趋势、社会变化的认同信息，人们看到这个东西不一定要切身体验，但是，可以了解，从而决定是否认同。新闻频道可以从这个角度、用这个办法做娱乐新闻及时尚新闻，报道与社会心理、流行时尚密切相关的新闻事件，以此把自己与其他频道区分开。新闻频道是从社会变动、社会发展趋势、人民生活方式变化的角度去搜集、处理娱乐新闻、时尚新闻，包括社会新闻的。新闻频道在这部分这样做工作，社会各个阶层的人就比较容易接受。

生态新闻也可以用这样的思路处理。单独设立的生态栏目不容易做好，一般观众的水准不高，有的才刚刚开始认识到建草坪、栽树对提高生态质量有益，而栏目做得太专业就脱离群众了。

新闻频道的新闻报道与栏目布局不要试图从一般性类别去区分、去规划，而要从传播目的这个角度去区分、去规划。但是，财经新闻可以除外，它不仅是可以有单独栏目，而且，可以在每一个时间段都有一块财经新闻，因为财经新闻体现另外一种影响。

2. 作为主要新闻节目的“背景新闻”

新闻频道凭什么和收视率最高的 CCTV-1 争观众，法宝之一是并机播完《新闻联播》以后，自己做一档新闻分析栏目，去解读新闻，帮助受众消化分析，告诉观众今天的《新闻联播》中的某个重要新闻有什么背景，有什么影响，有什么还可以挖掘的新闻。也就是说，新闻栏目之后紧接着的一档节目一定做新闻的解读。每天的《新闻联播》后都有解读，对重大政策、事件、现象等做解读；只要有可能成为热点问题的，观众注意的，就可以加以解读，通过提供分析性、解读性内容服务观众。这样的节目所解读的可能还不是热点，但在这样的节目里一拎出来，就可能成为热点。

这种栏目的实质就是“背景分析”。有朋友说可以称其为“时事解读”或“政策解读”，但那只是一种操作模式，不像是一个栏目名称。这种栏目的切入点是做政策解读，但不必以此为栏目名称。背景分析的意思是，不一定对这桩新闻下结论，可以没有结论，但是要对这个事件做深度分析，提供更多可帮助观众理解的东西。这个事情有结论，就告诉观众是怎么回事；没有结论，可以提供对事件走向和影响的看法。这样的内容，对观众做出判断是非常有参考价值的。

为什么有的老百姓不太看《新闻联播》，其实可能是看不懂一些新闻背后的深层内容。这时的关键就是新闻报道的解读。怎么能把这种解读做快做深？新闻频道要掌握一些各方面的专家。在 CCTV-1 各档新闻节目中，2002 年下半年巴以冲突报道做得最好的是《晚间新闻》。其在重要新闻发生时请外交学院的一位教授介绍背景，做点评。及时点评是有相当难度的，记者做不到，但好的专家做得到。

怎么把这种解读做准做好？重要的是做政策解读。指向要更为清楚。许多记者说自己多年跑某个部委，获得很多信息却报道不出来。新闻频道就可以要求他讲出这个部委在行业、在所管辖的范围内要出台的重大政策的走向，讲出其对整个行业的判断。把类似内容做成节目一定是有市场的。如果做这样的节目，一定将重点放在政策解读上，精心解释每一桩新闻背后的政策、法规信息。现在的媒体很聪明，每隔一段时间会对前一阶段公布而现在要施行的法规进行集中公布。但是，只提供简单摘要、提示，人们并不一定能搞清楚这些法规实施后会产生什么影响。没有一定的专业素质和一定的见识很难做好解读。而这种能判断政策走向、利益损益、深远影响的见识，一定建立在对各方面信息的广泛掌握以及对宏观趋势的判断上。从这个意义上说，今天的新闻分析已经不再仅仅是《焦点访谈》《东方时空》那种分析，而是新模式的政策解读。这才能体现新闻报道的有效性和可用性。新闻频道在2003年一诞生便遇上了好机会，有很多信息已经清晰地显示，与电视行业有关的很多因素在发生变化。新闻频道要抓好政策解读，把老百姓应该知道但还看不清楚的事情告诉他们，这样可能效果会更好。

3. 财经新闻：新闻频道与经济频道如何区分

新闻频道应当有一档财经新闻栏目，也应当在重要时间的新闻栏目里报道财经新闻。但新闻频道的财经新闻与经济频道的财经新闻如何区分？

答案可以只用七个字概括："影响世界影响你。"某桩财经新闻，如果是既影响世界又影响观众的，那就是新闻频道应当报道的；如果其只影响财经领域，对世界和观众的影响不明显，那就是经济频道报道的。"影响世界"的是新闻，"影响你"的是财经。这里的"你"可以指财经领域，也可以指作为个体的观众。如果一件事情对观众个人的福利增加、收入增加有影响，就可以在新闻频道报道。这类新闻往往涉及许多方面。如所谓的公共支出，比如道路、桥梁、福利、生态、医疗、建设等方面属于政府支出的项目。这种公共支出体现为有益于增加整个社会的福利，对老百姓生活质量有较明显的影响。所以，它是财经新闻。而如果"影响你"的"你"是指财经领域，这类新闻就属更专业一些的东西，就可以做一些规格性限制以决定报道与否。比如说，股市每天都有波动，但新闻频道可以规定，除非一天某股市涨跌超过多少，否则不报道。

媒体应该把新闻频道与经济频道在财经新闻方面的不同任务区分清楚一些，把握好“影响世界影响你”这样的原则。如果某个新闻“影响世界”而没有影响具体的老百姓，只影响了投资者，对新闻频道而言也要报道。比如说公司并购、美国安然公司破产事件，它影响了世界，那就应该报道。有很多小的事情，只“影响你”可能没影响世界，比如像北京开始使用融雪剂，这个也可以报道。如果某个新闻“影响世界”可能不一定影响老百姓，而主要影响投资者，新闻频道就可以不报道。比如新出台的对基金的管理政策，新闻频道就可以不报道或不重点报道，因为它对老百姓没有多大影响。

其实什么都做等于什么都没做。观众与广告商对一个频道、一个节目的思路没看清楚，就可能疏远它。中央电视台经济频道思路、特征清楚的栏目不少，而《商务电视》主要在做什么，现在人们已经看不清楚了。十多年前刚出现的《商务电视》思路显得很清楚，也比较前卫，所以影响力比较大。这个例子值得深思。要保证一个新闻频道的成功，核心成员要坐下来重新讨论什么是新闻频道，以保证思路、特征都清晰一些。

二、新闻频道传播效果评估与传播策略优化

（一）开播 38 天：评估与传播策略

就新闻频道的发展，可以讨论几个问题。

其一，基本评估。对新闻频道播出 38 天的方向把握，要有专业评估，对 38 天立起来这样一个频道所达到的效果、实践和探索、下一步的发展，要进行深入研究。

网上对新创的新闻频道有一些议论是好事情。假如一个频道的出现没有引起任何议论，其效果可想而知。虽然这些议论不乏针砭之言，但是，我觉得有针砭就有希望，有批评就意味着有期待，有建议就意味着他还关注着。我们不能超越历史。在操作的时候，组织者和团队的自信

心非常重要，不能因为有批评就灰心，也不能因为夸奖就觉得自己没有缺点。所以我们首先要对已经做出的探索有一个善意的客观的估计。

就此而言，新闻频道开播38天时有很多东西是可以肯定的：第一，摆出了一个基本格局，开创了中国电视新闻历史上以新闻为主的栏目构成一个频道的先例；第二，抓住了一些大事件，特别是比较有效地做了“非典”报道、三峡报道；第三，有了一些成功的报道，比如“五一”期间的直播，我认为实现了感动人心的目的；第四，实现了安全运行，在“非典”这个特殊时期没有出现安全问题；第五，组建了一个专业团队，这个团队摸索到如何办新闻频道的主旨。这是一个基本评估框架。

其二，值得研究的问题。

不用讳言，新闻频道既然在试运行，也就意味着还是在不很成熟的状态下运行的，这中间出现问题也是可以理解的，但是我们要从下一步怎么样发展去判断，就现在的问题做出一些改变，冷静地去研究一些值得研究的问题。

一是资源共享问题。毕竟新闻频道是中央电视台所有频道中的一个。现在来看，在资源共享方面还是暴露出了一些问题，比如同一个频道中的不同栏目，大家都在报道“非典”，但是对同一个事件、在同一个时间，大家处理问题的角度和观点应是不一样的。

二是报道模式。新闻频道引到了一些讨论，说明人们对它有期待。人们在期待什么？就是期待一个更为直观、更为鲜明的新闻频道，人们期待的是新闻，而不是新闻电视。我们过去首先做的是电视，然后再做新闻，这应该有所改变。事实上对新闻人来说，电视手段和其他手段是一样的。新闻要准确，要全面，要及时，而准确报道一个新闻事件要有纵向感、全面感。有些报道只注重新闻事件的过程，不注重对它的扩展，人们看这个新闻事件时就不过瘾。为什么网上出现了对新闻频道的批评呢？就是因为习惯上网的人有很多信息来源，他们可以从很多方面去评价一个事件，而从新闻频道里他们只看到了一个方面，他们就觉得有问题了。新闻事件报道后面就应当接一个做背景性内容的节目。增加背景性内容的目的，在于增强报道与人民群众之间的联系，增强报道和社会的深层次联系，我想这才是我们所要做的。

三是整体结构问题。需要调整的是晚上 8 点档的新闻。因为《新闻联播》紧接着就是《焦点访谈》，晚上 8 点这一档新闻栏目需要做什么是最考验新闻频道的，它要有别于《新闻联播》，要有自己的新闻。

四是整体控制问题。整体配合对一个频道的发展是很重要的。在一些人心目中新闻频道更多的是以栏目为主，而不是以频道为主的。对一个频道来讲，固然应该赋予各个栏目非常强的个性，但频道总监对栏目总的调控力应该是非常强的。

五是日常协调性。整个频道的日常协调是实现资源整体配置、有效利用的关键因素。新闻频道开播一段时间后，从整体来看，日常的协调性是不错的，但考虑“非典”时期，题材比较集中，协调起来会相对容易一些，所以我们应该研究一下在日常状况下如何加强协调的问题。

其三，关于新闻频道未来发展的建议。

首先，应当加强分析。组织一个班子来做结构分析、效益分析、受众分析、意见分析。第一做结构分析，从整个中央电视台的栏目布局来考虑新闻频道的节目布局，可以把所有频道一并考虑。第二是效益分析，就是看每一个栏目对这个频道的贡献力大小，通过分时段的收视率分析，判断哪一个栏目更好，哪一个栏目的倾向应该如何。

其次，强化总体控制。应该有一个很强的控制班子，它的认识能力是很强的，各个部分都会考虑，包括节目走向的策划。这是决定新闻频道未来发展的重要因素。别的频道是看单个节目，而新闻频道是看频道整体，因为人们可能一闲下来就看新闻频道。每个时间都在发生新闻，为什么这样，又为什么那样，还有新闻背景和关于新闻的判断，观众都需要了解。

再次，应当调整一些栏目的走向。其中有两个重点。

一个是晚上 8 点档的新闻栏目，晚上 7 点开始的一个小时给了很强的信息之后，8 点档应该怎么去做？就应当是背景解读，用这些背景去解读《新闻联播》或者是今天其他值得关心的问题。这样就能给 8 点档新闻栏目一个定位，给它一个走向，给它一个特征，给它一个明显的信号。有了这样的特征，有了这样的信号，8 点档的新闻栏目就有可看性了，这是调整栏目的一个重点。

还有一个重点是要调整好周六、周日的节目布局。《新闻周刊》（以下简称“周刊”）是新闻频道被人们议论得比较多的节目。其实《周刊》的出发点比较高，其思维方式和其他平面媒体的周刊是有区别的，我认为电视的周刊比报纸的周刊还要难操作，而且周六、周日看电视的人又多，就更要做好。为什么“非典”成就了《面对面》，这是非常值得研究的。这个栏目能够成功，是由于它的主持人和制片人的思维方式给了这个栏目新生存力。

最后，报道模式优化。新闻频道出现以后，就更凸显出原有报道模式应优化，我们要从一个一个事件抓起，优化新闻报道的模式。

（二）开播五年：新闻频道的发展与优化

1. 值得研究的三个问题

一是信息需求结构。新闻频道虽然有频道收视率数据，但是面对不同的群体，比如大学生、白领，他们希望新闻报道中财经新闻占多少、体育新闻占多少、文艺新闻占多少，到目前没有统计数据。二是信息消费行为，电视是线性传播的，这跟人们的生活习惯是相关的。以前人们习惯早晨起来看一下《东方时空》，2008 年时许多人就已经是刷着牙听电视了。三是信息消费心理，人们希望如何选择？电视影响力变化的一个原因是便利性不够，同时很难让人选择。这三点值得我们深入探索。

2. 新闻频道的新闻应当怎么做

其一要做四个评估。

一是要评估总量够不够，从总体上看，新闻的量还是不够的。新闻频道在没有重大事件时新闻报道主要靠主持人解说，给人感觉量不够。

二是要评估新闻硬度够不够，一些新闻性栏目习惯说表层宏观经济现象，缺少第二层和第三层信息，缺少解读和背景，观众只能了解浅层信息。受众的最大需求一定是了解如何应对经济波动。发生了什么，怎么回事，怎么办，是人们永远会问的三个问题。

三是要评估反应速度是否要提升。反应速度要加快，比如泰国法院突然宣判选举舞弊的事件，泰国的局势由此发生一系列变化。如何迅速报道并展开分析？

四是评估容量是否要加大。这里指每一条新闻的容量，总体感觉是缺少解释，如果加一句话介绍背景，效果就不一样了。央视新闻报道最大的长处应当是对新闻的解释和对见识的展现，以争夺解释权。一个事件发生了，新闻报道的核心是争夺解释权，谁拿到解释权，谁就有最大的影响力。解释是通过评论性节目、论坛性节目、谈话类节目来实现，还是主持人来实现，那是一个手段问题，但核心是解释，对于传统形态的新闻栏目，30 分钟同样可以做解释，加一段背景、加一句点评性的话就可以体现出解释和见识，体现对解释权的竞争。在增量、增加硬度的基础上，我们一定要拿到解释权，这是成为世界大台的核心要求。

其二，给出新闻的规范。如果希望有所改变，首先要对新闻模式给出新的规范，要注重细节。另一个涉及宏观问题。新的新闻规范要规定，除了五个 W，还要有细节性的镜头，有解释和点评，还要有趋势。在变动的时代，稍大一点的新闻都要给出对发展趋势的分析判断，哪怕有个电话补充采访，这样也可以避免主要用文字稿、没有自己东西的现象。

3. 新闻频道的编排与形态

其一，整体形态。五年前媒体对新闻频道形态讨论不够，只是想做一个全天候的新闻频道。新闻频道应该秉持强化波段传播的理念，明确每个时段的对象人群，反过来确定节目形态。目前这方面不是很明确。举一个例子，晚间 7 点钟前后的节目，其对象人群很清晰，但是晚上 10 点左右的对象人群就不是很清晰了。晚上 10 点的新闻起点应该提得更高，应该加更多的背景评论，两档新闻的形态应该有区别。

午间时间段要好好讨论一下。午间很多人不睡觉，吃完饭就在办公室待着。新闻频道的下一个突破重点可以放在午间，从 11 点半开始，白领可能放下工作开始休息，后面到 2 点或者 2 点半，不应该只是午间半小时。这个时间段是下一个收视焦点和注意力的交汇点，这个时间段的对象人群应该是中青年城市工作人员、白领，包括非白领，这个时间段他们在吃饭，不一定在午睡。这两三个小时可以切分成两三个段落来做，而现在只是半个小时，其他节目一般性地填在那儿，比较可惜。

还要研究另外三个隔断性的时间。上午 9 点到 11 点，下午 2 点到 5 点，晚上 8 点到 11 点，新闻频道应该利用这三个隔断性时间做什么？应该抓和人们利益相关度最高的东西。没有规定要求新闻频道仅仅报道时政内容、一般经济行为。新闻频道应该集所有类型专业频道之精华，是新闻就可以拿过来做。和人们利益相关度最高的内容，白天是财经类内容，晚上可能是另外一类偏重于休闲、文化之类的内容。我们按照这样的波段思维和需求进行对应，重新对 18 个小时进行分配。这不是说把所有栏目重搞一遍，而是精细处理一下，效果可能更好。这样优化的前提是研究谁在以什么心理看电视，谁在什么地点以什么工具看电视，谁在看电视。切分成四个子项，即以什么心理看、在什么时间看、在什么地点看、以什么工具看，这样优化整体设计。

其二，优化结构。目前新闻频道的结构是栏目化结构。同质性节目有一点多。现在栏目时间长短是依惯例而来的，结构不够清晰。

其三，深化栏目的特色反应，提高反应速度。如果是增强解释性，像深度类、调查类的栏目要更有观点，反应速度要更快，特别要从频道角度优化所选择的题材。

从世界范围看，新闻频道的形态突出了三个关键词。第一个是快速反应，第二个是持续反应，第三个是不断给出自己的立场和判断。必须特别研究的问题是，在无突发事件的时候我们怎么提高新闻的影响力。从世界范围看，具有世界影响力的大型电视台、大传媒集团基本采用两种模式，一种是“说你爱听的”，一类是“说我要说的”。这十年（相对 2008 年来说）反而是“说我要说的”电视节目制作机构特别有影响力。假设我们关注欧美所说的挽救 2008 年这次金融危机，就看中国经济的发展、中国市场的需求对欧美市场产生的重大影响。如果这个趋势有存在的可能性，在今后几个月或者今后一两年，外界可能更加注重中国的声音，那么，大型电视台就要“说我要说的”，为中国在外界产生影响提供帮助，特别是在经济领域。

如果节目想增强对当今世界的影响，生产组织也要调整。现在的生产组织基本是栏目化的，为栏目服务的，不是流程式的新闻生产，不是内容生产基地。这个问题如果能够解决，效率和影响力可能会有很大的提高。

值得考虑的做法是缩短个人生产流程，拉长编辑生产流程。不要让一个记者从前跟到尾，可以到一个节点交给下一组人。

三、现场直播的时代与新闻频道的成熟

2009 年 5 月，是中国第一个电视新闻频道——福建新闻频道诞生十周年。

十年，就历史长河而言，是一个不长的阶段；但对中国电视特别是中国的电视新闻而言，则可能是一个发展迅速、变化巨大、标志事件众多的漫长历史进程。就中国电视的发展，人们可以从已经过去的十年选出各种各样的标志事件，但有两个关键事件是难以回避的，那就是突发事件的现场直播报道与以专门报道新闻立世的新闻频道。而就在这个场景下，人们此刻关注的中心事件——福建新闻频道诞生十周年，这两者碰撞在一起，写就了新闻频道最初的历史。

（一）重大事件的成功直播报道，往往是新闻频道的成人礼

亲历或见证福建新闻频道发展的人们，常常提起的，往往不是创立

时的艰辛付出，而是他们所经历的，并且曾经直播过的新闻事件。比如，半夜1点多发生的“9·21”台湾大地震，福建新闻频道3点多就打开直播窗口；比如，2001年美国发生“9·11”恐怖袭击这一重大事件，创建不久的福建新闻频道抓住契机，采用滚动播出的方式连续几个小时对该事件进行报道。这些，使人们在关注一个重大历史事件的同时，也同时关注一个专注于提供新闻的信息渠道。

人们这样忆起一个频道的十年，其本身，就体现着特殊意义和价值。

往往是一场对一个重大新闻事件的直播报道，成就了一个电视媒体的名声与长远的影响力。特别是新闻类频道，一个重大事件发生时其所做的成功的直播报道，往往就是其成人礼，为其奠定了影响力的基础。而正因为这样的紧密联系，每逢重大历史性事件，一个新闻频道做连续现场直播报道，以多媒体的强劲信息流，抓住观众、影响观众，往往会使这个电视媒体吸引受众的注意力，重现新的影响力。在汶川地震发生后，进行直播的最初十天，中央电视台新闻频道的收视率有多至三倍的增长就是证明。相形之下，通过对零售终端进行调查，发现刊登相应报道的报纸其零售量才增加了三分之一。

是什么因素使得在报道同样事件时电视比报纸获得了更大的影响力？显然，对新闻现场的直观展现，与新闻事件演变进程同步的报道，以多种信息流多角度地反映新闻事件的实质与影响，都是其中重要的因素。对于一个以专注于提供新闻立身的新闻频道，在第一时间同步展现现场，以多种手段提供新闻事实与新闻背后的信息，显然是在竞争中取胜的基础。现场，关键是现场；直播，重要的是直播。

现场直播报道对于增强新闻频道影响力的关键作用，实际上在从一个侧面说明现场直播报道在电视新闻报道整体中的地位与价值。现场直播报道从一种看起来新颖的、可以获取注意力的报道形态，演变为一种常规手法。随着卫星设备使用的便利化，特别是随着电视竞争的激烈与人们观念的变化，直播常态化已经成为诸多电视媒体的共同选择。现场直播，已经从一种报道手段，演变成一种报道理念、一种产品形态、一种报道方式。现场直播报道的普遍化，让电视进入了现场直播的时代。

电视，天生就是为现场直播报道而生的。社会进入现场直播时代，也许就是对电视的最好奖赏。

（二）直播常态化与增强解释力：新闻频道塑造持久影响力的必然选择

但当电视进入现场直播时代，新闻频道应该如何运作、如何竞争？直播常态化与增强解释力，是一个新闻频道塑造持久影响力的必然选择。

新闻人常常说，最难报道、最考验电视媒体整体反应能力的，是突发事件报道。但在观念、技术、报道组织等已经大大进步的今天，也许可以说，突发事件有足够的报道难度，但报道振兴经济、应对经济危机这样一个早已预知、每日演变的新闻事件，也许比报道突发事件，更考验一个传媒的综合素质与解释能力。

重大突发事件不常有，但新闻常在。关键是传媒用什么样的手段将新闻报道出来。当没有重大新闻的时候，新闻频道也要给观众更坚定的持续观看的理由，其中，不可忽视的，是在经济波动中人们对于经济运行状况、政策中的机会的关切，是人们对自己的利益是否会受影响的关切。这样的关切，就决定了新闻频道必须拿出更多的时间资源与采访资源，去报道如何应对经济危机、促进经济振兴；去报道政策中的机会与趋势性变化的信号，提供足够的信息和分析，使之成为人们思考的原料和决策的依据。

因此，在现场直播时代，考验一个新闻频道的，不仅仅是事件突发时能否迅即打开直播窗口，更是在日常报道，特别是应对经济危机这样一些长期性新闻事件的报道时，能否展现出自己的分析、判断、解释能力，展现出综合素质和见识。

重大突发事件不常有，但新闻常在。直播常态化现象的出现与普遍，绝不仅仅是技术进步与运作方式变化的结果，更是人们信息接收心理和消费方式的变化所促成的。人们的接收心理越来越向两极发展，希望信息获取更快、更专业。因而，这使得可以方便地集成几乎所有传播手段与内容产品的现场直播成为人们本能的选择。

进入现场直播时代，最明显的变化，可能并不仅仅是人们所担心的现场直播手段的泛用，而是人与传媒、人与电视、人与信息、人与现场的关系被重新定义。当人们通过电视可以很轻易地感觉就在现场，就在见证新闻事件的演进，就在亲历历史，人们实际上就更深地被电视所影响，信息被更深地整合到一起。特别是长时间、大容量的大型现场直播报道，其信息量具有大流量、高强度的特点，因而，可以被称为高流量电视现场直播报道模式。这种高流量电视现场直播报道，所提供信息的质与量，对观众渴求的满足，对受众心理的冲击，对受众关注点与行为的引导与支配作用等，是一般的现场直播报道难以比拟的。

（三）增强现场直播的影响力：新闻频道增强竞争力的基础

在现场直播时代，在人人都会运用现场直播手段的时代，现场直播的实质是什么，现场直播质量的衡量标准是什么，现场直播报道的影响力的基础是什么？冷静观察，现场直播报道的影响力有三个构成要素。

其一，现场直播报道的核心是形成信息流，而不只是提供信息。

现场直播报道，往往面对的是一个真正突发的事件，并不像面对一个预知的事件，其没有预知的流程安排与事先的背景了解，没有准备好的预制报道，因而直播团队、主持人几乎很少有寻找新的内容与调整直播节奏的空隙。这样的电视现场直播报道，必然打破了传统电视现场直播报道的一些运作常规。这样的现场直播报道与一般现场直播报道的更大不同，在于将信息的搜寻、选择、组合等直接展现在传播行为中，与报道同步进行。在最初的时间里，主持人、直播团队和观众一样缺乏信息，因而，急切地搜寻信息的过程就被直接展现在屏幕上。在没有足够外部信息源的情况下，连线等就成了主要手段。观众可以看到寻找信息的过程，也可以看到些许失误及不够专业的举止，但就是这些，恰恰与观众的心理状态在同一个节拍上，反而更有冲击力、感染力，表现出直播的价值与影响力 。

与这种提供高强度信息流的报道模式相比，一般的报道模式，只是提供了信息碎片。尤其是在事件初发、状况不明而人们又急切地想知道的情况下，人们不满足于传媒把一个个信息碎片整合好后再提供，而希望传媒提供尽可能多的信息。虽然这些也是碎片，甚至是更细碎的碎片，但只要它以信息流的方式涌出，人们也能感到些许解渴，会愿意与寻找信息的进程同步，在接收信息的过程中自己组合、在组合的过程中自己判断。这个时候，如果传媒的报道模式是对信息碎片进行选择、组合后再提供，虽然有深度，但受众感到等不及了。因此，高流量电视现场直播报道更容易成为人们的第一依赖、第一选择、第一信息源。

应当说，信息即力量，但其力量在于其是流动的。流动的范围越大，传播得越迅速，被利用的可能性与利用程度就越大，就越具有影响力与驱动力。同样是传媒，不同的信息处理、传播方式，所获得的效果差异巨大。通过比较我们就可以发现，谁能够传递高强度的信息流，谁就可以获得影响力。

其二，现场直播报道的关键在把握现场、筛选信息，而不只是描述现场。

什么是现场直播报道的关键所在?

人们经常论及直播报道的现场。对记者来说，在现场不等于抓住了现场；报道了现场，不等于能够帮助人们认识现场。直播现场，不能迷失在现场。只有把握了现场，我们才能通过或简短，或丰满的报道，准确地传达出现场发生的事件的真谛和现场本身。那么，如何把握现场，关键在选择，筛选出核心信息，通过画面或表述，将其传达给观众。选择的水平就体现了传媒的水平。对观众来说，选择的水平也许就体现在，于人们最关心的时点有相应直播画面出现。对电视传媒来说，选择的水平，还体现在能够以一定的价值观、处理准则和尺度不着痕迹地筛选。现场直播报道更需要筛选，对比不同电视台的直播，就可以看出在这一点上的水准高低。

其三，现场直播报道的深层影响在于解释能力，而不只是连续报道。

电视现场直播报道，恰恰是报道与评论相结合的报道模式，从来就不是单纯的报道。其中，选择现场地点、连线人物、报道主题、内容重点等，赋予一种观点，本身就是在做无言的评说；而且，在现场直播报道中，主持人与现场出镜记者也会在报道中加以点评。很多时候，主持人的问题，就是一种带有评价性的东西。对此该如何看待？现场直播报道的影响力，恰恰在于报道中所展现的选择与点评。回顾现场直播报道过程，可以说，这种选择与点评无时不在，观众也能真切地感受到这种直播报道模式中所提供的信息的倾向与分量。

电视媒体与平面媒体体现解释能力的方式确有不同。平面媒体需要更多地采用分析报道、深度报道、观点报道、评论等方式，而电视现场直播报道融多种因素、手段于一体，以特有的方式体现解释能力。

那么，电视现场直播报道的深层影响是如何体现的？可以说体现在对现场的把握，对人们关切的现场画面以及事件关键信息的提供，更体现在对事件原因、意义、影响的解析，对现场隐含信息的分析，对重大措施的价值与影响的阐释上。这种解析、分析、阐释，总体上是传媒解释能力的集中体现。发挥好解释能力，才能更好地挖掘现场、事件、措施等信息的价值。谁解释与挖掘得更好，谁就能对新闻事件的真正内涵与价值更有解释权，对舆论就更有影响力。

（四）努力成为引导性传媒，拓宽新闻频道的关注领域

福建新闻频道进入新的十年。与其初创时相比，其宏观形势、竞争态势、观众关切、收视要求都有很大不同，仅仅依靠传统套路难以应对新的要求。

即使直播常态化，即使进入了现场直播时代，一个新闻频道仍然不

能仅靠现场直播报道立世，就像从来未曾有一个只做现场直播的频道有长远影响力一样。一个新闻频道的成熟自有其标志，不仅要快速、要充分，而且要有深度，要体现选择、判断，以体现电视表现的专业水准；不仅要报道、要叙述，而且要分析、要预见；不仅要展现报道能力，还要展现解释能力；不仅要充分利用已有的优势资源，更要拓宽报道领域。这只有一个理由，观众最关切的就是观众最需要的；最适应观众需要的传播方式，就是对传媒最合适的。

适应这样的要求，一个新闻频道必然发生定位与竞争策略的调整，必然进行报道领域的调整。当深夜播出的财经节目依然有较高收视率的时候，新闻频道就要顺应背后的需求，把关注视野从一般意义上的新闻，向一系列专业领域拓展。

从设计新的竞争策略的角度，新闻频道更要率先努力从渠道性传媒变为引导性传媒。

从渠道性传媒到引导性传媒，可以实质性地增强一个传媒在竞争中的话语权。从其实现途径看，话语权包括选择权、解释权、传播权等部分。

所谓选择权，指关注什么事实、话题，即对注意力焦点的支配能力。对新闻媒体而言，对报道什么新闻事实以及如何报道的选择，即已体现对事实可能产生影响的支配，对人们注意力的支配。类似的现象存在于小至人际交流间、大至国家活动间。人际交流间，谁在选择交流的话题，谁就在支配可能产生的影响。国家交流和国际社会，对议题的选择，体现一种选择权；对国际社会关注热点的影响，就体现一种话语权。传播学所说的议题设置，即这种选择权的体现。

所谓解释权，指对事件、现象、趋势的成因、价值、影响等深层阐释信息的支配能力。现实已经多次证明，对人最有影响的不仅是事实，更是对事实的解释，是对事实相关因果关系、体现的价值和可能产生的影响的阐释。这种解释可以是直接分析、判断式的，也可以是通过细节强调、背景添加、叙述方式等手段进行的。很多时候，不管人们对一个事实的因果关系、体现的价值和可能产生的影响是否可以做出足够的理解和判断，人们都愿意参考其他的分析，以求根据更丰富的信息做出判断和行动。传播学上的“意见领袖”，更多的就是这种解释者。解释，很多时候就确立了价值和规则。

所谓传播权，是指对所选择事实和所做分析解释的传播力度、广度和深度的支配能力。就实现方式而言，话语权中的传播权包括话语方式、表达方式、处理方式等，即如何表达、如何解释。这包括对受众需求结构、需求重点、需求心理、需求方式等的把握水平，也包括对传播工具的利用能力。对于个体而言，既包括对语言和非语言传播手段的利用，也包括对传统媒体和新媒体等现代传播工具的利用能力。对于国家而言，则集中地体现为对所有内容产品、传播手段、传播工具和传媒形态的利用能力。

结语

总体上看，成为引导性传媒，选择权、解释权、传播权就可以得到不同程度的增强。在人工智能迅速迭代、传播格局进一步变化、舆论博弈复杂多样甚至更加激烈的环境下，不管是已经走向融合的报纸、广播、电视、通讯社等媒体还是网络媒体、移动终端，都必须把握关系链传播、驱动再传播、多模态传播、对抗性传播四种传播模式的内在规律及在智能传播变革中的变化特点并有效运用，都必须努力实施最有助于实现战略传播效益的谋势战略和适应新媒体传播的驱动传播战略。而成为引导性传媒，则是实现驱动传播的前提。